設例による

# グループ法人税制完全解説

辻・本郷税理士法人
本郷孔洋 監修／吉田博之 編著

税務経理協会

# はしがき

平成22年10月１日よりグループ法人税制が施行され，一定の期間がすぎました。まだ混乱しているところもございますが，次第に実務が定着しつつあると感じられます。

グループ経営においても，グループ法人税制施行後，少数株主のいる子会社の100％化，資産配分の見直しからのグループ法人間の資産譲渡，寄附，現物分配の実施，選択と集中の観点からの子会社清算及び子会社の繰越欠損金の親会社への引継ぎ，持株会社設立を通じた経営統合や，持株会社化に伴う連結納税制度の導入の検討など，グループ法人税制を活用した税負担の最小化，言い換えますとグループキャッシュフローの最適化へと会社運営は変わりつつあると実感します。

とはいえ，グループ法人税制は，グループ法人間の取引等に係る税制（資産譲渡損益の繰延べ，寄附，受取配当等の益金不算入，自己株式の取得，適格現物分配など），解散の税務，組織再編成，連結納税など，それぞれの項目だけでもボリュームが盛りだくさんな難解な税制でございます。したがって，スキームの選択を間違えると逆に多額の税負担が生じることになり，多額の税負担を生じさせないためにもグループ法人税制に関する正確な理解が必要になります。

本書は，Ⅰ章　グループ内の取引等に係る税制，Ⅱ章　みなし配当及び解散の税務，Ⅲ章　組織再編成，Ⅳ章　連結納税で構成されています。また，本書は，グループ法人税制の改正点のみに固執することなく，受取配当等の益金不算入，寄附金の損金不算入，みなし配当（資本剰余金の配当時，自己株式の取得時，合併時），解散の税務，組織再編成，連結納税の一般的な論点にも触れ，グループ法人税制にまつわる諸論点を網羅的に記述することを心がけるとともに，重要ポイントについては設例を設けて会計処理，税務処理，申告調整（別

表四，別表五による調整等）と知識の再確認が図れる仕組みとなっております。

平成22年７月に株式会社税務経理協会より中小企業，オーナー企業のオーナー向けに「中小企業・オーナー企業のためのグループ法人税制実務Ｑ＆Ａ」という入門書を出版させて頂きました。今回は，読者層を会社の経理担当者，会計事務所の税理士や公認会計士などの専門家の方々を対象にし，難解なグループ法人税制について設例を交えてかみ砕いて説明しております。より実践的な参考書としてご活用して頂ければ幸いです。

なお，今回も執筆にあたっては辻・本郷税理士法人のＭ＆Ａ・事業再編部のメンバーが中心になって共同で行いました。当メンバーは，グループ法人税制施行後，グループ法人税制にまつわる案件を数多くこなしており，本書においては，実務で培った経験をもとに解説しております。とはいえ，メンバーの私見によるところもあり，読者諸兄のご批判，ご指導を頂けることを望む次第です。

最後になりますが，本書の発刊にあたり多大なご尽力を頂きました株式会社税務経理協会の皆様方に紙面をお借りして深く感謝を申し上げます。

平成23年６月吉日

辻・本郷税理士法人
理事長　本郷孔洋

目　　次

## 3　完全支配関係がある法人間の寄附金の損金不算入，受贈益の益金不算入



## 4　完全支配関係がある法人間の現物分配

## 2　清算所得課税の廃止



## 3　残余財産確定の場合の欠損金の引継ぎ

# Ⅲ章　組織再編成　213

## 1　税制適格組織再編成



## 2　会社分割の改正



## 3　無対価組織再編成（合併・分割・株式交換）

## 4　その他の改正点



# Ⅳ章　連結納税制度



## 1　連結納税制度の概要



## 2　連結法人の課税所得

## 3　連結事業年度における税額控除の取扱い



## 4　連結法人税の個別帰属額



## 5　連結納税の開始



## 6　連結事業年度



## 7　子法人の連結納税への加入・離脱

## 8　連結子法人株式の帳簿価額の修正



## 9　連結欠損金の繰越し

# 序章

# グループ法人税制の概要

企業統治のあり方の多様化のニーズに応える形で，組織再編税制，連結納税税制，会社法施行に伴う税制の整備と法人税の改正はなされてきた経緯がある。しかし，単体納税制度は，依然として個々の法人を主体とした税体系で，昨今のグループ法人の一体的運営が進展している状況には課税上の障害が生じてくるようになった。また，資本の部の税制についても改正当初には想定できなかった課税上の弊害が生じてくるようになっていた。

そこで近年，「新会社法，組織再編制度，連結会計制度等を背景として，グループ法人の一体的運営が加速していることを踏まえ，実態に即した課税を実現する必要があるのではないか，また，資本に関する取引等について，最近における実態等を踏まえ，その課税のあり方を検討する必要があるのではないか，これらについて租税回避行為の防止についても検討するべきではないか」(注)という趣旨のもと財務省，日本経済団体連合会などを中心として議論がなされ，平成21年7月に「資本に関する取引等に係る税制についての勉強会　論点とりまとめ」が公表された。

グループ法人税制は，このような経緯の下，企業統治のあり方の変化に対応してこれまで行われてきた税制改正の流れの中の一つとして改正された税制である。

なお，平成22年税制改正（資本に関係する取引等に係る税制）をここではひとくくりに「グループ法人税制」と称しているが，具体的には，「グループ内の法人間の取引等」「連結納税制度」「清算所得課税の廃止」「組織再編税制の見直し」「みなし配当課税」の改正があり「グループ内の法人間の取引等」「連結納税制度」以外は，グループ法人以外の法人にも適用があるので留意する必要がある。

（注）　資本に関する取引等に係る税制についての勉強会（第１回）議事趣旨（財務省主税局）より

**・　グループ法人税制の基本的な考え方**

下記の図のような，持株会社を頂点としていくつかの事業を行うＡ企業グループと社内に事業部を設置していくつか事業を行うＢ企業を考えると，それぞれ支配する法人の数は異なるものの経済的実態としては同じと考えることができる。

＜Ａ企業グループ＞　　＜Ｂ　企　業＞

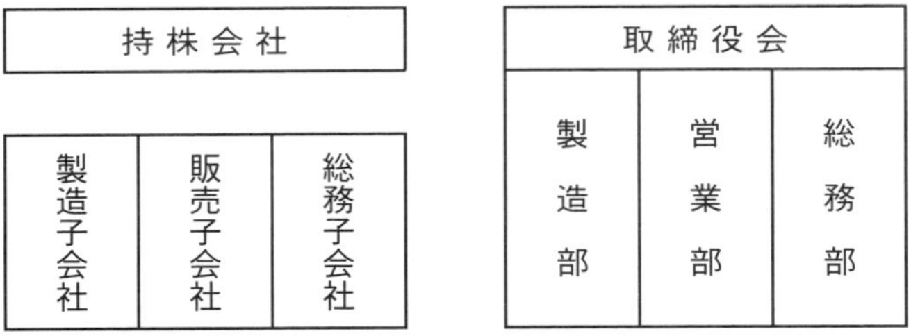


Ａ企業グループの製造子会社から販売子会社に対して資産を売却すると，製造子会社にて売却損益が発生し製造子会社の利益に影響を与えるが，Ｂ企業の製造部から営業部に資産を移転したところで社内の管理場所が変わったに過ぎず，Ｂ社の利益には影響しない。

製造部門から営業部門への資産移動という点では，Ａ企業グループにおいてもＢ企業においても実質的効果は同じである。これらに対して，異なる課税関係が生じるのでは課税の公平性，中立性が確保されているとはいいがたい。

そこで，平成22年度税制改正において導入されたグループ法人税制では，一定の要件を満たした「完全支配関係」という繋がりで結びつく企業グループ内の資産の移転について，そこから生じる譲渡損益を，企業グループの外部に売却等されるまで繰り延べることとされた。

また，資金移動を，企業グループの法人間で行うと，これまでは寄附として扱われて寄附金課税がされてきたが，これも資金の出し手において損金不算入，資金の受け手において益金不算入とすることで，単一企業内の資金移動と同じ取扱いになるような改正がなされた。

さらにグループ内の法人間の資本関連取引についても見直しが行われ，グループ内の配当金について益金不算入制度を適用する場合，負債利子の控除を行わないこととされた。

# Ⅰ章

# グループ内の取引等に係る税制

1　グループの範囲

2　完全支配関係がある法人間の資産の譲渡取引

3　完全支配関係がある法人間の寄附金の損金不算入，受贈益の益金不算入

4　完全支配関係がある法人間の現物分配

5　完全支配関係がある法人間の受取配当金の益金不算入

6　大法人の100％子会社に対する中小企業者の優遇税制

# 1　グループの範囲

グループ法人税制は，資本の一体性を有するグループ経営の実態に即した課税の実現という観点から設けられたものであり，グループ経営の一体性を重視しつつ，少数株主がいるか否かによって親法人の経営の自由度に違いがあるという実態があることや，制度の複雑化を回避するという観点から，100％株式保有による完全支配関係のあるグループ法人を対象にすることとされている。

このため，グループの範囲については，基本的には資本関係で画することとなり，100％株式を保有する「一の者」には内国法人のみならず，外国法人や個人も含まれることとなる。したがって，いわゆるオーナー会社や外国会社の日本子会社であっても，どの会社が完全支配関係のあるグループ法人に該当するのか毎期継続的に把握することが必要になる。

## (1)　完全支配関係

完全支配関係とは，一の者が法人の発行済株式等の全部を直接又は間接に保有する関係（当事者間の完全支配の関係）及び一の者との間に当事者間の完全支配の関係がある法人相互の関係をいうこととされている（法法２十二の七の六）。

この発行済株式等の全部を直接又は間接に保有する関係とは，一の者が法人の発行済株式等の全部を保有する場合におけるその一の者とその法人との間の関係（以下「直接完全支配関係」という。）とされ，その一の者及びこれとの間に直接完全支配関係がある一若しくは二以上の法人又はその一の者との間に直接完全支配関係がある一若しくは二以上の法人が他の法人の発行済株式等の全部を保有するときは，その一の者は当該他の法人の発行済株式等の全部を保有するものとみなす（以下「みなし直接完全支配関係」という。）こととされている（法令４の２②）。

すなわち，100％グループ内の親と子の関係，親と孫の関係，親と曾孫の関係，子と孫の関係及び子同士の関係のいずれも完全支配関係に該当することとなる。

**例1**

A社がB社の株式を100％保有し，B社がC社の株式を100％保有している。

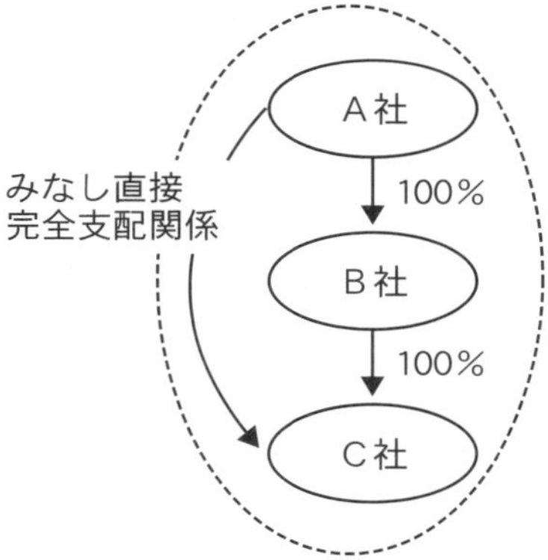


（注）　点線の範囲内が「完全支配関係」のあるグループ法人（以下同じ。）

この場合，A社・B社間はA社がB社の全ての株式を直接に保有し（直接完全支配関係），B社・C社間はB社がC社の全ての株式を直接に保有し（直接完全支配関係），A社・C社間は一の者（A社）との間に直接支配関係がある一の法人（B社）が他の法人（C社）の発行済株式等全てを保有している関係（みなし直接完全支配関係）にあり，いずれも当事者間の完全支配の関係が存在することとなる。

**例2**

A社がB社の株式を100％保有し，C社の株式をA社が70％，B社が30％保有している。

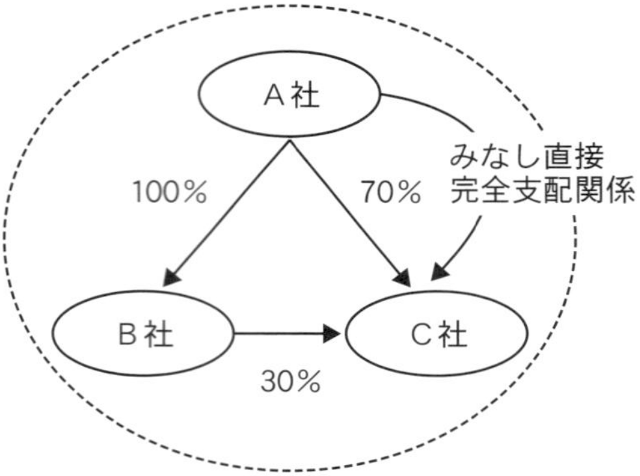


この場合，A社・B社間はA社がB社の発行済株式の全てを直接に保有し（直接完全支配関係），A社・C社間は一の者（A社）及びこれとの間に直接完全支配関係がある一の法人（B社）が他の法人（C社）の発行済株式等の全部を保有しているため，その一の者は当該他の法人の発行済株式等の全部を保有するものとみなされることから（みなし直接完全支配関係），当事者間の完全支配関係が存在する。また，B社・C社間はA社（一の者）との間に当事者間の完全支配関係がある法人相互の関係にある。

したがって，A社，B社，C社は全て「完全支配関係」のあるグループ法人に該当する。

**例3**

内国法人であるA社はB社及びC社の株式をそれぞれ70%保有しており，B社はC社の株式を30%，C社はB社の株式を30%保有している。

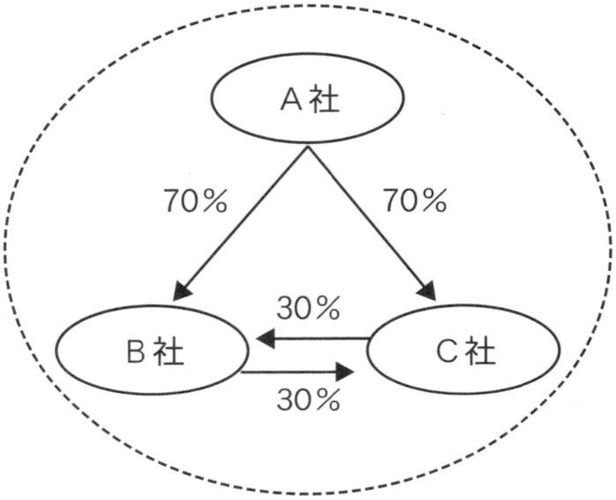


この場合，A社とB社間，A社とC社間，B社とC社間において，それぞれ完全支配関係があることになる（平成22年度税制改正に係る法人税質疑応答事例（グループ法人税制関係）（情報）（平成22年８月10日）問４参照のこと）。

したがって，A社，B社，C社は全て「完全支配関係」のあるグループ法人に該当する。

**例４**

外国法人が内国法人であるA社及びB社の株式をそれぞれ100%保有している。

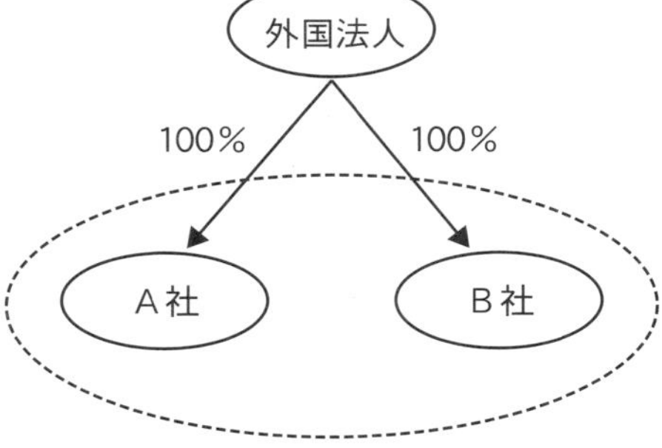

この場合，外国法人株主が頂点となっているが，法人税法第２条第12号の７の６でいう「一の者」は内国法人に限定されるものではないため，その傘下にあるＡ社，Ｂ社は外国法人（一の者）との間に当事者間の完全支配の関係がある法人相互の関係にある。したがって，Ａ社及びＢ社が「完全支配関係」のあるグループ法人に該当することとなる。なお，外国法人との取引については本制度の適用対象には該当しない。

**例５**

個人甲がＡ社及びＢ社の株式をそれぞれ100％保有している。

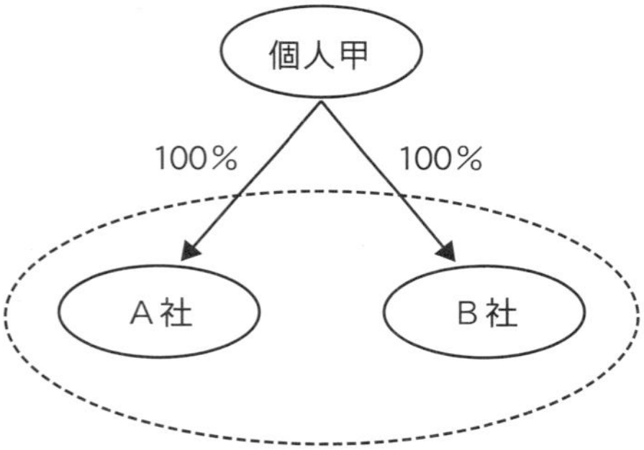


この場合，個人株主が頂点となっているが，法人税法第２条第12号の７の６でいう「一の者」は法人に限定されるものではないため，個人株主の傘下にあるＡ社，Ｂ社は個人甲（一の者）との間に当事者間の完全支配の関係がある法人相互の関係にある。したがって，Ａ社及びＢ社が「完全支配関係」のあるグループ法人に該当することとなる。

なお，個人との取引については本制度の適用対象には該当しない。

**例６**

個人甲と個人乙は兄弟であり，個人甲がＡ社の株式を100％保有し，個人乙がＢ社の株式を100％保有している。

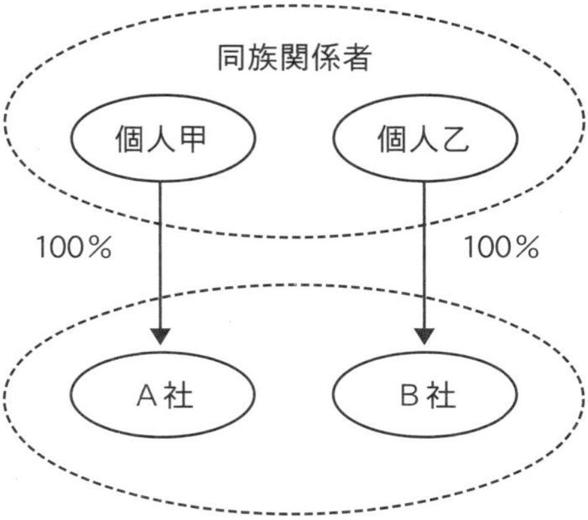


上記のように兄弟でそれぞれ会社を経営しているような場合には，「一の者」に該当することとなり，Ａ社，Ｂ社は「一の者」との間に当事者間の完全支配の関係がある法人相互の関係にある。したがって，Ａ社及びＢ社が「完全支配関係」のあるグループ法人に該当することとなる。

なお，個人との取引については本制度の適用対象には該当しない。

参考までに，グループの範囲として「一の者」による完全支配関係の場合で，「一の者」（すなわち株主等）が個人のとき，その範囲には，その者及びこれと法人税法施行令第４条第１項に規定する特殊の関係のある個人が含まれる。法人税法施行令第４条第１項に規定する特殊の関係のある個人とは，次の者をいい（法令４①），同族会社（法法２十）に規定される同族関係者の範囲と同様となっている。

ア　株主等の親族（三親等内の姻族及び六親等内の血族）

イ　株主等と婚姻の届出をしていないが事実上婚姻関係と同様の事情にある者

ウ　株主等の使用人

エ　アからウまでに掲げる者以外の者で株主等から受ける金銭その他の資産によって生計を維持しているもの

オ　イからエまでに掲げる者と生計を一にするこれらの者の親族

## (2)　完全支配関係の保有割合の算定上の留意点

完全支配関係は一の者が法人の発行済株式等（発行済株式又は出資）の全部（100%）を保有することであるが，発行済株式等の全部（100%）を保有しているか否かは次に掲げる株式の数を除いて判定することとなる。この判定は連結納税の場合も同様である。

### ①　自己株式

株式等の発行法人が自己株式を保有している場合には，保有割合を判定する際，発行済株式等の総数から自己株式の数を除外する（法法２十二の七の六）。

### ②　民法組合の従業員持株会が有する株式

その法人の使用人が組合員となっている民法第667条第１項（組合契約）に規定する組合契約（その法人の発行する株式を取得することを主たる目的とするものに限る。）による組合（組合員となる者がその使用人に限られているものに限る。）のその主たる目的に従って取得されたその法人の株式（従業員持株会の所有株式）が，発行済株式数の５%未満である場合，当該株式の数については発行済株式等から除外する（法令４の２②一）。

### ③　ストックオプションの行使により役員又は従業員が保有している株式

会社法第238条第２項（募集事項の決定）の決議（同法第239条第１項（募集事項の決定の委任）の決議による委任に基づく同項に規定する募集事項の決定及び同法第240条第１項（公開会社における募集事項の決定の特則）の規定による取締役会の決議を含む。）によりその法人の役員又は使用人（その役員又は使用人であった者及びその者の相続人を含む。以下「役員等」という。）に付与された新株予約権の行使によって取得されたその法人の株式（その役員等が有するものに限る。）（ストックオプションの行使により取得された株式）の割合が上記②と合わせて発行済株式数の５％未満である場合，当該株式の数については発行済株式等から除外する（法令４の２②二）。

（注）　上記③の新株予約権には，商法等の一部を改正する等の法律（平成13年法律第79号）第１条の規定による改正前の商法第210条ノ２第２項（取締役又は使用人に譲渡するための自己株式の取得）の決議によりその法人の役員等に付与された同項第３号に規定する権利，商法等の一部を改正する法律（平成13年法律第128号）第１条の規定による改正前の商法第280条ノ19第２項（取締役又は使用人に対する新株引受権の付与）の決議によりその法人の役員等に付与された同項に規定する新株の引受権及び会社法の施行に伴う関係法律の整備等に関する法律（平成17年法律第87号）第64条の規定による改正前の商法第280条ノ21第１項（新株予約権の有利発行の決議）の決議によりその法人の役員等に付与された新株予約権を含むこととされている。

# 2　完全支配関係がある法人間の資産の譲渡取引

## （1）　改正の内容

平成22年10月１日以後において，完全支配関係グループ内の内国法人間で譲渡損益調整資産を譲渡した場合には，当該譲渡により生ずる損益の計上を繰り延べる措置が講じられた。

この規定は，完全支配関係がある内国法人である普通法人又は協同組合等に対して適用されるものとされており，単体納税を行っている法人か連結納税を行っている法人かを問わず適用される。そのため，連結法人間で行われる資産の譲渡損益繰延規定である改正前法人税法第81条の10（連結法人間取引の損益の調整）は削除された。

また，完全支配関係で述べたとおり，グループの頂点が同族の複数個人であるグループ法人にも適用されるので，資本関係がなく，株主も異なる会社同士であっても，それぞれの株主が同族関係にある場合（下図）にはグループ内法人間の取引として譲渡損益の繰延べの対象となるため，今後は取引会社の株主にも注意が必要である。

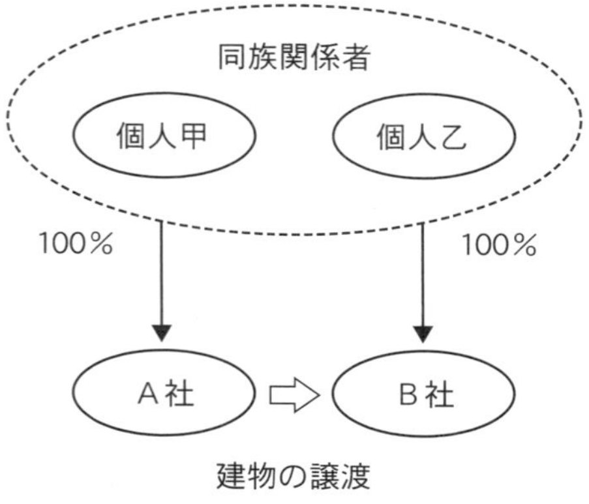

なお，繰り延べられた譲渡損益は，譲受法人においてその譲渡損益調整資産を譲渡する等の一定事由が生じた事業年度に譲渡法人の所得に計上することとなる。

### ①　譲渡利益額又は譲渡損失額の繰延べ

内国法人がその有する譲渡損益調整資産をその内国法人との間に完全支配関係がある他の内国法人に譲渡した場合には，その譲渡損益調整資産に係る譲渡利益額又は譲渡損失額相当額を，譲渡した事業年度の所得の金額の計算上，損金の額又は益金の額に算入する（法法61の13①）。

この調整により，譲渡時点においては譲渡法人の譲渡損益に対する課税が繰り延べられることとなる。

### ②　対象となる譲渡

この制度は，内国法人（普通法人又は協同組合等に限る。）から他の内国法人（その内国法人との間に完全支配関係のある普通法人又は協同組合等に限る。）に対する譲渡損益調整資産の譲渡が対象とされている（法法61の13①）。

つまり，いずれか一方の当事者が個人・外国法人・公共法人・公益法人等及び人格のない社団等に該当する場合には対象とならない。

また，譲渡損益の調整を行わない取引の一例として，完全支配関係法人を借地権者とする借地権の設定があげられている。ただし，法人税法施行令第138条第１項「借地権の設定等により地価が著しく低下する場合の土地等の帳簿価額の一部の損金算入」の規定の適用がある借地権の設定については，譲渡損益調整資産の譲渡に該当する（法基通12の４－２－２）。

### ③　対象となる譲渡利益又は譲渡損失額

調整の対象となる譲渡利益額及び譲渡損失額とは，次の算式により計算される金額をいう。

| |
|---|
| 譲渡利益額※3（マイナスの場合は０）＝譲渡対価※1・4－譲渡原価※2 |
| 譲渡損失額（マイナスの場合は０）＝譲渡原価※2－譲渡対価※1・4 |

※１　ここでいう譲渡対価とは，原則として譲渡損益調整資産の譲渡のときの価額を

いう（法基通12の４－１－１）。

※２　ここでいう譲渡原価とは，譲渡損益調整資産の譲渡直前の帳簿価額をいい，譲渡に係る手数料等の付随費用は含まれない（法基通12の４－１－２）。

※３　譲渡損益調整資産を譲渡した場合に，当該資産の譲渡益について圧縮記帳・特別勘定・所得の特別控除の適用をした場合には，上記算式の譲渡利益額から圧縮記帳等の損金に算入された金額を控除した金額が調整の対象となる（法令122の14③）。

なお，特別勘定の設定をした後の事業年度において，代替資産を取得できなかったこと等の理由により特別勘定の金額が益金の額に算入されることとなった場合にあっても，当該益金の額に算入される特別勘定の金額について譲渡損益調整額として損金の額に算入することはできない（法基通12の４－２－２）。

※４　譲渡損益調整資産の譲渡につき次の規定の適用がある場合には，これらの規定により譲渡対価の額とされる金額が譲渡対価の額となる（法令122の14②）。

・　適格合併による合併親法人株式の譲渡（法法61の２⑥）
・　適格分割による分割承継親法人株式の譲渡（法法61の２⑦）
・　株式以外の資産が交付されない株式交換による旧株の譲渡（法法61の２⑧）
・　適格株式交換による株式交換完全支配親法人株式の譲渡（法法61の２⑨）
・　株式以外の資産が交付されない株式移転による旧株の譲渡（法法61の２⑩）
・　取得請求権付株式，取得条項付株式，全部取得条項付種類株式，新株予約権付社債についての社債，取得条項付新株予約権，取得条項付新株予約権が付された新株予約権付社債の一定の事由による譲渡（法法61の２⑬）
・　完全支配関係がある法人間の自己株式の譲渡（法法61の２⑯）
・　合併及び分割による資産等の時価による譲渡（法法62）
・　適格分社型分割による資産等の帳簿価額による譲渡（法法62の３）
・　適格現物出資による資産等の帳簿価額による譲渡（法法62の４）
・　現物分配による資産の譲渡（法法62の５）

**計算例**

前提：譲渡損益調整資産（時価1,500　簿価1,200）　付随費用50

会計上：1,500－(1,200＋50)＝利益250

税務調整：1,500－1,200＝譲渡利益額300（減・留）

譲渡に係る利益250に対して300が減算調整されるため，結果として付随費用に相当する50が譲渡法人における譲渡事業年度の損金の額に算入されることになる。

### ④　完全支配関係

この制度は完全支配関係がある内国法人間の取引について適用されることとされているが，後述する寄附金等の制度と異なり，個人や外国法人が介在する完全支配関係であっても，取引の両当事者が内国法人であれば適用の対象となる。

また，完全支配関係の有無は譲渡損益調整資産の譲渡が行われた時点において個々に判定する。

この場合，株式譲渡契約日でなく，株式の引渡しを受けた日（株主権が行使できる状態になる日）が「完全支配関係を有することとなった日」に該当することに留意が必要である（法基通１－３の２－２）。

### ⑤　適用関係

この制度の適用を受ける譲渡でも資産の譲渡であることは変わらないため，原則としてその譲渡に係る対価の額は譲渡時の時価となり譲受法人は譲渡損益調整資産を購入代価（時価）で受け入れることとなる。

簿価による譲渡を行った場合，対価と帳簿価額の差額は寄附金とされ，後述する寄附金の取扱いを受ける（注）ことになる。

実務への影響として，100％グループ内の資産の譲渡取引において生じた損益が繰り延べられることとなるため，経営者は課税上の有利不利を心配することなく組織形態に適した資源の配置を適時に行うことができるようになる。一方，業績のよい事業年度に含み損を抱えた資産をグループ法人に売却することにより損失を実現させて所得を抑えるといった節税策は使えなくなる。

また，資産構成の変更が容易となったことに伴い，取引相場のない株式の評価に対する影響も大きいと考えられる。

（注）　例外的に，グループ法人間で非適格合併が行われた場合には，譲渡損益調整資産が合併法人へ帳簿価額で移転することとなる（法法61の13⑦）。

## （2） 譲渡損益調整資産

### ① 譲渡損益調整資産とは

この制度の対象となる譲渡損益調整資産とは，次に掲げる資産のうち，その譲渡原価（譲渡資産の譲渡直前の帳簿価額）が1,000万円以上であるものをいう（法法61の13①，法令122の14①三）。

なお，譲渡損益調整資産に該当するかどうかの判定は，原則として譲渡法人の勘定科目により行う。

ア　固定資産

イ　棚卸資産に該当する土地（土地の上に存する権利を含む。）

ウ　有価証券（売買目的有価証券としていたもの又は譲受法人において売買目的有価証券とされるものを除く。）

エ　金銭債権

オ　繰延資産

### ② 譲渡直前の帳簿価額が1,000万円以上であるか否かの判定単位

譲渡損益調整資産の譲渡直前の帳簿価額が1,000万円以上であるか否かの判定単位は下表のとおりとなる（法令122の14①三，法規27の15①）。

<table>
<tr><th colspan="2">資産の種類</th><th>判 定 区 分</th></tr>
<tr><td colspan="2">金 銭 債 権</td><td>一の債務者ごとに区分する。</td></tr>
<tr><td rowspan="3">減価償却資産</td><td>建　　物</td><td>一棟ごとに区分する。<br>区分所有建物にあっては，その区分所有する建物の部分ごとに区分する。</td></tr>
<tr><td>機械装置</td><td>一の生産設備又は一台若しくは一基ごとに区分する。<br>通常一組又は一式をもって取引の単位とされるものにあっては，その一組又は一式ごと。</td></tr>
<tr><td>そ の 他</td><td>建物，機械装置に準じて区分する。</td></tr>
<tr><td colspan="2">土　地　等</td><td>土地等を一筆（一体として事業の用に供される一団の土地等にあっては，その一団の土地等）ごとに区分する。</td></tr>
<tr><td colspan="2">有 価 証 券</td><td>その銘柄の異なるごとに区分する。</td></tr>
<tr><td colspan="2">その他の資産</td><td>通常の取引単位を基準として区分する。</td></tr>
</table>

なお，期首から譲渡時点までの期間に係る減価償却費相当額を会計上償却費として計上した場合には，その減価償却費相当額を税務上も当該事業年度における費用の額として損金の額に算入することになるから，譲渡損益額の計算上，その譲渡に係る原価の額に含まれない。

一方，当該減価償却資産について，期中償却額がない場合には，当該譲渡に係る原価の額は，当該減価償却資産の譲渡直前の帳簿価額となる。

そのため，譲渡損益調整資産からは，その譲渡の直前の帳簿価額が1,000万円に満たない資産が除かれるが，この1,000万円の判定にあたっても，期中償却額がある場合には，その期中償却額を控除した後の帳簿価額が譲渡直前の帳簿価額になるため，会計処理の方法次第により判定が異なるので注意が必要である（平成22年度税制改正に係る法人税質疑応答事例（グループ法人税制関係）（情報）（10月６日）問５参照のこと）。

## （３）　繰延べした譲渡利益額又は譲渡損失額を計上する事由

### ①　繰延べした譲渡利益額又は譲渡損失額を計上する事由

譲渡法人において繰り延べられた譲渡利益額又は譲渡損失額は，譲渡損益調整資産が譲受法人において，譲渡等，償却，評価替え，貸倒れ，除却され，又は譲渡法人が譲受法人と完全支配関係を有しなくなった等の事由が生じた際に，譲渡法人の益金又は損金に計上される（法法61の13②）。つまり，譲受法人における譲渡損益調整資産の帳簿価額に変動が生じた場合が該当する事由となる。ここでいう再譲渡には，連結納税制度と同様にグループ内での再移転も含まれる。譲渡損益の計上事由と，計上すべき損益の金額は次のとおりである（法令122の14④）。

なお，計上事由のうち，完全支配関係を有しなくなった場合については⑤にて述べる。

| 計上事由 | | 計上すべき金額 |
|---|---|---|
| イ　譲受法人が対象資産を譲渡等※3 | 有価証券※4 | 譲渡損益調整額のうちその譲渡した数に対応する部分の金額（法令122の14④六） |
| | 土　地 | 譲渡損益調整額を面積比により区分するなど合理的な方法による（連基通14－3－5） |
| | その他 | 譲渡損益調整額（法令122の14④一イ） |
| ロ　譲受法人が対象資産を償却 | 減価償却資産 | 譲渡損益調整額×譲受法人における償却費の損金算入額÷譲受法人の対象資産の取得価額（法令122の14④三） |
| | 繰延資産 | 譲渡損益調整額×譲受法人における償却費の損金算入額÷譲受法人の対象資産の取得価額（法令122の14④四） |
| ハ　対象資産が償還有価証券である場合，調整差益又は調整差損の損益算入 | | 譲渡損益調整額×事業年度の日数÷事業年度開始日から償還日までの日数（法令122の14④七） |
| ニ　譲受法人が対象資産を評価換え※5 | | 譲渡損益調整額（法令122の14④二，五） |
| ホ　譲受法人が対象資産を除却 | | 譲渡損益調整額（法令122の14④一イ） |
| ヘ　譲受法人が対象資産を貸倒処理 | | 譲渡損益調整額（法令122の14④一イ） |
| ト　譲渡損益調整資産の適格分割型分割による分割承継法人への移転 | | 譲渡損益調整額（法令122の14④一ロ） |
| チ　譲受法人が公益法人等に該当することとなったこと | | 譲渡損益調整額（法令122の14④一ハ） |
| リ　連結納税の開始・加入に伴い，譲渡損益調整資産が時価評価資産となる | | 譲渡損益調整額（法令122の14④八） |

※1　上記表の区分に応じた計上すべき金額と調整済額（譲渡損益調整資産に係る譲渡利益額又は譲渡損失額相当額のうち，過年度において譲渡法人の所得計算上，

益金の額又は損金の額に算入された金額）とを合計した金額が譲渡損益調整額を超える場合には，その超える部分の金額を控除した金額となる（法令122の14④）。

※２　上記のほか，法令122の14④一に規定する計上事由のうち「その他これらに類する事由」として，次のものが例示されている（法基通12の４－３－１）。

・　譲受法人において金銭債権が全額回収されたこと
・　金銭債権につき法基通２－１－34に規定する金利調整差額を譲受法人の益金の額又は損金の額に算入したこと。
・　譲受法人において償還有価証券の全額が償還期限前に償還されたこと
・　譲受法人において固定資産が災害等により滅失したこと

※３　その譲渡が適格組織再編成による一定の譲渡損益調整資産の移転に該当する場合（詳細は後述）には，分割承継法人，被現物出資法人，被現物分配法人を譲受法人とみなし，繰延譲渡損益の計上は行わない（法法61の13⑥）。

※４　有価証券の譲渡には，法令119の11①二～五（有価証券の区分変更等によるみなし譲渡）の規定により譲受法人において当該有価証券を譲渡したものとみなされる場合を含む（法基通12の４－３－１注）。

なお，譲受法人が従前から譲渡損益調整資産と同銘柄の有価証券を保有していた場合には，譲渡損益調整資産に該当する有価証券から先に譲渡したものとする（法令122の14④六）。

また，同一銘柄の有価証券を２回以上譲渡法人へ譲渡した場合には先入先出法により前に購入した有価証券から順次譲渡したものとする（法基通12の４－３－６）。

※５　ここでいう評価換えとは，法法25②・③及び33②から④に定める益金又は損金への算入が認められる評価損益をいう（法令122の14④二，五）。

**【譲渡損益調整額の戻入れ計算例】**

・金銭債権の一部が貸倒れとなった場合

計算方法：金銭債権に対応する譲渡損益調整額を合理的な方法により区分し計算する（法基通12の４－３－４）。

**計算例**

$$\text{その金銭債権に係る譲渡損益調整額} \times \frac{\text{貸倒れによる損失の金額}}{\text{譲受法人のその金銭債権の取得価額}}$$

※　譲渡法人が債権金額未満で取得した債権につき，譲受法人において一部貸倒れが生じた場合には，次の算式により計算した金額を損金の額に算入する。

貸倒発生後の債権残額－取得価額（０以下の場合は０）

・土地の一部を譲渡した場合

計算方法：その土地に対応する譲渡損益調整額を合理的な方法により区分し計算する（法基通12の４－３－５）。

**計算例**

$$\text{その土地に係る譲渡損益調整額}\times\frac{\text{譲受法人が譲渡した部分の面積}}{\text{譲渡損益調整資産に係る当初の面積}}$$

### ②　譲渡利益額又は譲渡損失額の簡便法による計上

譲渡損益調整資産が譲受法人において減価償却資産又は繰延資産に該当する場合には，譲受法人における償却費計上の有無を問わず，次の算式により計算した金額を上記①ロの計算した金額とみなして繰り延べた譲渡利益額又は譲渡損失額に相当する金額を益金の額又は損金の額に算入することができる（法令122の14⑥）。

なお，算式の月数は暦に従って計算し，１月未満の端数は切上げとなる（法令122の14⑦）。

**イ　減価償却資産の場合**

$$\text{譲渡利益額又は譲渡損失額}\times\frac{\text{譲渡法人におけるその事業年度の月数}}{\text{譲受法人がその譲渡損益調整資産に適用する耐用年数}\times 12}$$

※　簡便法の適用については，法人が１事業年度において複数の譲渡損益調整資産を譲渡した場合であっても，個々の減価償却資産又は繰延資産ごとに適用することができる（法基通12の４－３－８）。

**ロ　繰延資産の場合**

$$\text{譲渡利益額又は譲渡損失額}\times\frac{\text{譲渡法人におけるその事業年度の月数}}{\text{繰延資産となった費用の支出の効果の及ぶ期間の月数}}$$

※　支出の効果の及ぶ期間とは，譲受法人にとって効果の及ぶ期間であるため，通常は権利移転時より起算することとなる。

### ③　簡便法の適用要件等

②で述べた簡便法は，この規定を適用しようとする譲渡損益調整資産の譲渡の日の属する事業年度の確定申告書に簡便法により益金の額又は損金の額に算入する金額及びその計算に関する明細の記載がある場合に限り適用することとされており，具体的には別表十四㈣の19～26欄に記載することとなる。また，仮決算により中間申告を行う場合の要件も同様である（法令122の14⑧⑩）。

なお，簡便法の適用には次のとおり宥恕規定が設けられている。

税務署長は，上記の記載がない申告書を提出した場合においても，その記載がなかったことについてやむを得ない事情があると認めるときは簡便法の規定を適用することができる（法令122の14⑨）。

### ④　繰延べした譲渡利益額又は譲渡損失額を計上する事由の発生時期

譲受法人において譲渡損益調整資産につき①の各事由が生じた場合には，その事由が生じた日の属する譲受法人の事業年度終了の日を発生時期とし，譲渡法人の当該発生時期の属する事業年度の所得の金額の計算上，繰延べした譲渡利益額又は譲渡損失額を益金の額又は損金の額に算入する（法令122の14③）。

連結納税の場合と異なり，このような計上事由の発生時期が規定される理由としては，次の２点が考えられる。

イ　譲受法人と譲渡法人の決算期が異なることとなりうること

ロ　各事由が発生した旨は，譲受法人の当該事由が生じた事業年度終了後に譲受法人から譲渡法人に対し通知されること

### ⑤　完全支配関係を有しなくなった場合の繰延べした譲渡利益額又は譲渡損失額の計上

①で述べた計上事由の他に，譲渡法人が譲受法人との間に完全支配関係を有しないこととなった場合には，譲渡損益調整資産に係る譲渡利益額又は譲渡損失額相当額（過年度において譲渡法人の所得の金額の計算上，益金の額又は損金の額に算入された金額を除く。）は，その譲渡法人のその完全支配関係を有しないこととなった日の前日の属する事業年度の所得の金額の計算上，益金の

額又は損金の額に算入する（法法61の13③）。

ただし，適格合併により譲渡法人又は譲受法人が解散した場合で完全支配関係が継続している一定の場合には，繰延譲渡損益の計上を行わない（詳細は⑷にて述べる）。

**設例１　グループ内法人の資産の譲渡取引①**

完全支配関係のあるＰ社からＳ社に機械を売却し，Ｓ社でそれを保有し減価償却を行った場合の取扱い

**【前提条件】**

- Ｐ社とＳ社（いずれも３月決算法人）は完全支配関係にある。
- Ｐ社は平成22年10月１日に固定資産である機械ＡをＳ社へ売却した。
- 機械Ａ（譲渡損益調整資産に該当）の簿価200，時価300
- Ｓ社は機械Ａにつき，期末に75の減価償却費を計上している。
  （機械Ａの耐用年数５年　定率法（償却率0.5）にて償却）

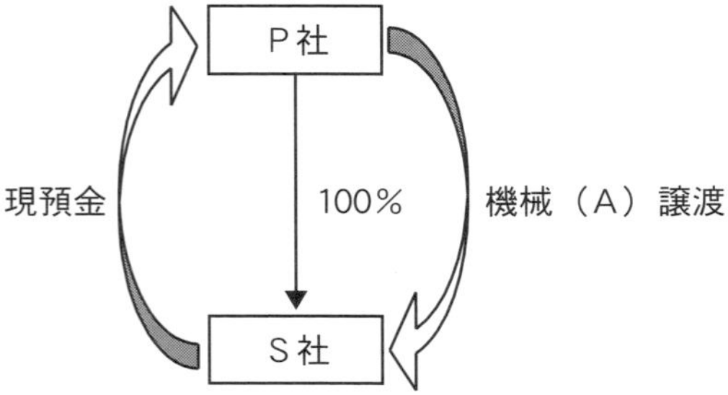


## 解説

**・譲渡損益額の調整**

機械Ａは譲渡損益調整資産に該当するため，譲渡法人のＰ社において譲渡損益の繰延べを行う必要がある。Ｐ社は会計上収益計上した金額について譲渡益相当額を損金算入して税務調整を行う。そして，Ｓ社が機械Ａについて計上し

た減価償却費に対して，Ｐ社において原則法又は簡便法により計算した金額を益金算入する税務調整を行う。なお，譲受法人であるＳ社においては税務調整の必要はない。

**1）　原則法による場合の会計処理及び税務処理**

**機械売却時**

**Ｐ社：**

**【会計処理】**

| | | | | | |
|---|---|---|---|---|---|
| （借） | 現　　　金 | 300 | （貸） | 機　械　A | 200 |
| | | | | 固定資産売却益 | 100 |

**【税務処理】**

| | | | | | |
|---|---|---|---|---|---|
| （借） | 譲渡損益調整勘定繰入額 | 100 | （貸） | 譲渡損益調整勘定 | 100 |

**Ｓ社：**

**【会計処理】**

| | | | | | |
|---|---|---|---|---|---|
| （借） | 機　械　A | 300 | （貸） | 現　　　金 | 300 |

**【税務処理】**

| |
|---|
| 調　整　不　要 |

**Ｓ社において減価償却費を計上したとき**

**Ｐ社：**

**【会計処理】**

| |
|---|
| 仕　訳　な　し |

【税務処理】

| | | | | | |
|---|---|---|---|---|---|
| （借） | 譲渡損益調整勘定 | 25 | （貸） | 譲渡損益調整勘定繰入額 | 25 |

**原則法による譲渡益計上額の計算**

$$P社における益金算入額=売却益\times\frac{S社の減価償却費}{S社の取得価額}$$

$$=100\times\frac{75}{300}$$

$$=25$$

S社：

【会計処理】

| | | | | | |
|---|---|---|---|---|---|
| （借） | 減価償却費 | 75 | （貸） | 機械A | 75 |

【税務処理】

調　整　不　要

P社：

【申告調整】

別表四　所得の金額の計算に関する明細書

| 区分 | | 総額 | 処分 | | |
|---|---|---|---|---|---|
| | | | 留保 | 社外流出 | |
| | | ① | ② | ③ | |
| 加算 | 完全支配関係間取引の損益の加算調整額（償却による調整分） | 25 | 25 | | |
| 減算 | 完全支配関係間取引の損益の減算調整額（譲渡による調整分） | 100 | 100 | | |

別表五(一)

### Ⅰ　利益積立金額の計算に関する明細書

| 区　分 | 期首現在利益積立金額 | 当期の増減 | | 差引翌期首現在利益積立金額 ①－②＋③ |
|---|---|---|---|---|
| | | 減 | 増 | |
| | ① | ② | ③ | ④ |
| 繰延譲渡利益 | | 100 | 25 | △75 |

## 原則法による場合の別表十四(四)の記載例

| 完全支配関係がある法人の間の取引の損益の調整に関する明細書 | 事業年度又は連結事業年度 | 22・4・1<br>23・3・31 | 法人名 | P社<br>(　　　) |
|---|---|---|---|---|

| | | | | | | |
|---|---|---|---|---|---|---|
| 譲受法人名 | 1 | S　社 | | | | 計 |
| 譲渡損益調整資産の種類 | 2 | 機　械　A | | | | |
| 譲渡年月日 | 3 | 平22・10・1 | | | | |
| 譲渡対価の額 | 4 | 300 | | | | |
| 譲渡原価の額 | 5 | 200 | | | | |
| 調整前譲渡利益額<br>(4)－(5)(マイナスの場合は0) | 6 | 100 | | | | |
| 圧縮記帳等による損金算入額 | 7 | | | | | |
| 譲渡利益額<br>(6)－(7) | 8 | 100 | | | | |

原則として譲渡資産の譲渡時の時価
2(1)③を参照

付随費用を含まない譲渡資産の帳簿価額

一部略

| | | | | | | | |
|---|---|---|---|---|---|---|---|
| 譲渡利益額の調整 | (8)のうち期首現在で益金の額に算入されていない金額<br>(前期の(14)) | 12 | | | | | |
| | 当期益金算入額<br>(簡便法により計算する場合には，(21)又は(25)の金額) | 13 | 25 | | | | |
| | 翌期以後に益金の額に算入する金額<br>((8)又は(12))－(13) | 14 | 75 | | | | |

一部略

| | | | | | | |
|---|---|---|---|---|---|---|
| 当期に譲受法人において生じた調整事由 | 18 | 譲渡・償却<br>その他(　) | 譲渡・償却<br>その他(　) | 譲渡・償却<br>その他(　) | 譲渡・償却<br>その他(　) | |

以下略

### 2） 簡便法による場合の相違点

原則法と簡便法では，譲渡法人の税務処理が異なることとなる。

**Ｐ社（簡便法）：**

**【税務処理】**

| | | | | | |
|---|---|---|---|---|---|
| （借） | 譲渡損益調整勘定 | 10 | （貸） | 譲渡損益調整勘定繰入額 | 10 |

**簡便法による譲渡益計上額の計算**

$$\text{Ｐ社における益金算入額}=\text{売却益}\times\frac{\text{Ｓ社の事業年度の月数（ただし，譲渡日の前日までの期間を除く。）}}{\text{Ｓ社が取得資産について適用する耐用年数}\times 12}$$

$$=100\times\frac{(12-6)\text{ヶ月}}{(5\text{年}\times 12)}$$

$$=10$$

**【申告調整】**

**別表四　所得の金額の計算に関する明細書**

| 区分 | | 総額 | 処分 | | |
|---|---|---|---|---|---|
| | | | 留保 | 社外流出 | |
| | | ① | ② | ③ | |
| 加算 | 完全支配関係間取引の損益の加算調整額（償却による調整分） | 10 | 10 | | |
| 減算 | 完全支配関係間取引の損益の減算調整額（譲渡による調整分） | 100 | 100 | | |

**別表五（一）**

Ⅰ　**利益積立金額の計算に関する明細書**

| 区分 | 期首現在利益積立金額 | 当期の増減 | | 差引翌期首現在利益積立金額 ①－②＋③ |
|---|---|---|---|---|
| | | 減 | 増 | |
| | ① | ② | ③ | ④ |
| 繰延譲渡利益 | | 100 | 10 | △90 |

## 簡便法による場合の別表十四(四)の記載例

| 完全支配関係がある法人の間の取引の損益の調整に関する明細書 | 事業年度又は連結事業年度 | 22・4・1<br>23・3・31 | 法人名 | P社<br>(　　　) |
|---|---|---|---|---|

| 譲受法人名 | 1 | S　社 | | | | 計 |
|---|---|---|---|---|---|---|
| 譲渡損益調整資産の種類 | 2 | 機械A | | | | |
| 譲渡年月日 | 3 | 平22・10・1 | 平・・ | 平・・ | 平・・ | |
| 譲渡対価の額 | 4 | 300 | | | | |
| 譲渡原価の額 | 5 | 200 | | | | |
| 調整前譲渡利益額<br>(4)－(5)(マイナスの場合は0) | 6 | 100 | | | | |
| 圧縮記帳等による損金算入額 | 7 | | | | | |
| 譲渡利益額<br>(6)－(7) | 8 | 100 | | | | |

一部略

| | | | | | | | |
|---|---|---|---|---|---|---|---|
| 譲渡利益額の調整 | (8)のうち期首現在で益金の額に算入されていない金額<br>(前期の(14)) | 12 | | | | | |
| | 当期益金算入額<br>(簡便法により計算する場合には，(21)又は(25)の金額) | 13 | 10 | | | | |
| | 翌期以後に益金の額に算入する金額<br>((8)又は(12))－(13) | 14 | 90 | | | | |

一部略

| | | | | | | | | |
|---|---|---|---|---|---|---|---|---|
| 当期に譲受法人において生じた調整事由 | | | 18 | 譲渡・償却<br>その他(　) | 譲渡・償却<br>その他(　) | 譲渡・償却<br>その他(　) | 譲渡・償却<br>その他(　) | |
| 簡便法により当期益金算入額又は当期損金算入額を計算する場合 | 減価償却資産 | 償却期間の月数<br>(譲受法人が適用する耐用年数)×12 | 19 | 月<br>60 | 月 | 月 | 月 | |
| | | 当期の月数(当期が譲渡年度である場合には譲渡日から当期の末日までの月数) | 20 | 6 | | | | |
| | | 当期益金算入額<br>$(8)\times\frac{(20)}{(19)}$ | 21 | 円<br>10 | 円 | 円 | 円 | |
| | | 当期損金算入額<br>$(10)\times\frac{(20)}{(19)}$ | 22 | | | | | |

簡便法の適用要件となる「明細の記載」欄

以下略

※　簡便法では，S社が減価償却費を計上しない場合においてもP社において繰延譲渡利益の調整を行うこととなる。

**設例２** グループ内法人の資産の譲渡取引②

翌期の取扱い

**【前提条件】**

・　Ｓ社は上記１の翌期に機械Ａ減価償却費として112を計上した。

## 解説

**・譲渡損益額の調整**

Ｐ社において前期に繰り延べた譲渡利益額のうち，Ｓ社の計上した減価償却費に相当する部分として原則法又は簡便法により計算した金額がその事業年度のＰ社の益金となる。

なお，原則法を選択している場合，Ｓ社が減価償却費を計上しない限り繰延譲渡損益の調整は行わないが，簡便法を選択した場合にはＳ社の経理処理を問わず継続的に繰延譲渡損益の調整を行う。

原則法と簡便法は譲渡事業年度に選択した方法を継続する必要がある。

譲受法人であるＳ社においては，前期と同様に税務調整は必要ない。

**１）　原則法による場合の会計処理及び税務処理**

**Ｐ社（原則法）：**

**【会計処理】**

| |
|---|
| 仕　訳　な　し |

**【税務処理】**

| | | | | | |
|---|---|---|---|---|---|
| （借） | 譲渡損益調整勘定 | 37 | （貸） | 譲渡損益調整勘定繰入額 | 37 |

$$100 \times \frac{112}{300} = 37$$

S社：

**【会計処理】**

| | | | | | |
|---|---|---|---|---|---|
| （借） | 減価償却費 | 112 | （貸） | 機械Ａ | 112 |

**【税務処理】**

調整不要

P社：

**【申告調整】**

別表四　所得の金額の計算に関する明細書

| 区分 | | 総額 | 処分 | |
|---|---|---|---|---|
| | | | 留保 | 社外流出 |
| | | ① | ② | ③ |
| 加算 | 完全支配関係間取引の損益の加算調整額（償却による調整分） | 37 | 37 | |
| 減算 | | | | |

別表五（一）

Ⅰ　利益積立金額の計算に関する明細書

| 区分 | 期首現在利益積立金額 | 当期の増減 | | 差引翌期首現在利益積立金額 ①－②＋③ |
|---|---|---|---|---|
| | | 減 | 増 | |
| | ① | ② | ③ | ④ |
| 繰延譲渡利益 | △75 | | 37 | △38 |

### 原則法による場合の翌期の別表十四(四)の記載例

| 完全支配関係がある法人の間の取引の損益の調整に関する明細書 | 事業年度又は連結事業年度 | 23・4・1<br>24・3・31 | 法人名 | P社<br>(　　　) |
|---|---|---|---|---|

1～8欄は前期に同じ

| | | | | | | | |
|---|---|---|---|---|---|---|---|
| 譲渡利益額の調整 | (8)のうち期首現在で益金の額に算入されていない金額<br>(前期の(14)) | 12 | 75 | | | | |
| | 当期益金算入額<br>(簡便法により計算する場合には，(21)又は(25)の金額) | 13 | 37 | | | | |
| | 翌期以後に益金の額に算入する金額<br>((8)又は(12))－(13) | 14 | 38 | | | | |

一部略

| | | | | | | |
|---|---|---|---|---|---|---|
| 当期に譲受法人において生じた調整事由 | 18 | 譲渡・償却<br>その他(　) | 譲渡・償却<br>その他(　) | 譲渡・償却<br>その他(　) | 譲渡・償却<br>その他(　) | |

以下略

## 2)　簡便法による場合の相違点

P社（簡便法）：

**【税務処理】**

| | | | | | |
|---|---|---|---|---|---|
| (借) | 譲渡損益調整勘定 | 20 | (貸) | 譲渡損益調整勘定繰入額 | 20 |

$$100 \times \frac{12}{5 \times 12} = 20$$

### 別表四　所得の金額の計算に関する明細書

| 区分 | | 総額 | 処分 | | |
|---|---|---|---|---|---|
| | | | 留保 | 社外流出 | |
| | | ① | ② | ③ | |
| 加算 | 完全支配関係間取引の損益の加算調整額<br>(償却による調整分) | 20 | 20 | | |
| 減算 | | | | | |

別表五(一)

Ⅰ　利益積立金額の計算に関する明細書

| 区　分 | 期首現在利益積立金額 | 当期の増減 | | 差引翌期首現在利益積立金額 ①－②＋③ |
|---|---|---|---|---|
| | | 減 | 増 | |
| | ① | ② | ③ | ④ |
| 繰延譲渡利益 | △90 | | 20 | △70 |

## 簡便法による場合の翌期の別表十四(四)の記載例

| 完全支配関係がある法人の間の取引の損益の調整に関する明細書 | 事業年度又は連結事業年度 | 23・4・1<br>24・3・31 | 法人名 | P社<br>(　　　) |
|---|---|---|---|---|

―部略

| | | | | | | | |
|---|---|---|---|---|---|---|---|
| 譲渡利益額の調整 | (8)のうち期首現在で益金の額に算入されていない金額(前期の(14)) | 12 | 90 | | | | |
| | 当期益金算入額(簡便法により計算する場合には，(21)又は(25)の金額) | 13 | 20 | | | | |
| | 翌期以後に益金の額に算入する金額((8)又は(12))－(13) | 14 | 70 | | | | |

―部略

| | | | | | | | | |
|---|---|---|---|---|---|---|---|---|
| 当期に譲受法人において生じた調整事由 | | | 18 | 譲渡・償却その他(　) | 譲渡・償却その他(　) | 譲渡・償却その他(　) | 譲渡・償却その他(　) | |
| 簡便法により当期の益金算入額又は損金算入額を計算する場合 | 減価償却資産 | 償却期間の月数(譲受法人が適用する耐用年数)×12 | 19 | 月 60 | 月 | 月 | 月 | |
| | | 当期の月数（当期が譲渡年度である場合には譲渡日から当期の末日までの月数) | 20 | 12 | | | | |
| | | 当期益金算入額 $(8)\times\frac{(20)}{(19)}$ | 21 | 円 20 | 円 | 円 | 円 | |
| | | 当期損金算入額 $(10)\times\frac{(20)}{(19)}$ | 22 | | | | | |

以下略

## 設例３　グループ内法人の資産の譲渡取引③

完全支配関係のあるW社からＴ社に建物を売却し，売却代金をもって買換資産を購入し圧縮記帳の適用を受けた場合

**【前提条件】**

・　W社とＴ社（いずれも３月決算法人）は完全支配関係にある。
・　W社は平成22年10月１日に固定資産である建物ＣをＴ社へ売却した。
・　建物Ｃ（譲渡損益調整資産に該当）の簿価600，時価1,000
・　Ｔ社は建物Ｃにつき，期末に50の減価償却費を計上している。
（建物Ｃの耐用年数10年　定額法（償却率0.10）にて償却）
・　W社は，機械Ｄ（買換資産）につき特定資産の買換えの圧縮記帳を適用し，直接減額方式により圧縮限度額100を損金の額に算入した。

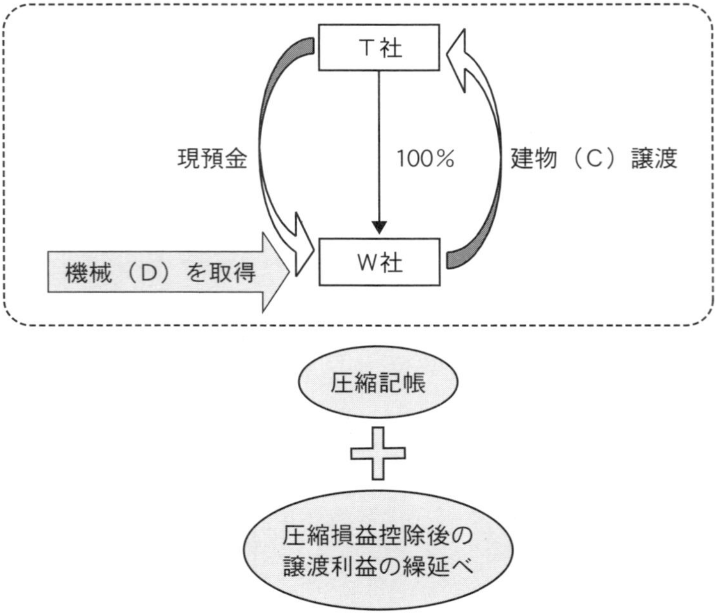

## 解説

**・譲渡損益額の調整**

建物Ｃは譲渡損益調整資産に該当するが，譲渡法人のＷ社において当該譲渡につき圧縮記帳の適用を受けているため，繰延譲渡利益については圧縮による損金算入額を控除する必要がある。

なお，譲受法人Ｔ社の税務処理は特に生じないため，説明は省略する。

**１）　原則法による場合の会計処理及び税務処理**

**建物売却・機械購入に係る処理**

**Ｗ社：**

**【会計処理】**

| | | | | |
|---|---|---|---|---|
| **（借）** | 現　　　　金 | 1,000 | **（貸）** 建　　物　　Ｃ | 600 |
| | | | 固定資産売却益 | 400 |
| **（借）** | 機　　械　　Ｄ | 300 | **（貸）** 現　　　　金 | 300 |
| **（借）** | 圧　　縮　　損 | 100 | **（貸）** 機　　械　　Ｄ | 100 |

**【税務処理】**

| | | | | |
|---|---|---|---|---|
| **（借）** | 譲渡損益調整勘定繰入額 | 300 | **（貸）** 譲渡損益調整勘定 | 300 |

**繰延譲渡利益の計算（圧縮損計上による調整）**

Ｗ社の繰延譲渡利益：400－100＝300

**Ｔ社において計上した減価償却費に係る処理**

**Ｗ社（原則法）：**

**【会計処理】**

仕　訳　な　し

【税務処理】

| | | | | | |
|---|---|---|---|---|---|
| (借) | 譲渡損益調整勘定 | 15 | (貸) | 譲渡損益調整勘定繰入額 | 15 |

* 原則法による譲渡益計上額の計算

$$\text{T社における益金算入額} = \text{譲渡利益} \times \frac{\text{W社の減価償却費}}{\text{W社の取得価額}}$$

$$= 300 \times \frac{50※}{1,000}$$

$$= 15$$

※ T社にて計上した減価償却費＝1,000×0.100×6÷12＝50

W社：

【申告調整】

別表四 所得の金額の計算に関する明細書

| 区分 | | 総額 | 処分 | | |
|---|---|---|---|---|---|
| | | | 留保 | 社外流出 | |
| | | ① | ② | ③ | |
| 加算 | 完全支配関係間取引の損益の加算調整額（償却による調整分） | 15 | 15 | | |
| 減算 | 完全支配関係間取引の損益の減算調整額（譲渡による調整分） | 300 | 300 | | |

別表五(一)

I 利益積立金額の計算に関する明細書

| 区分 | 期首現在利益積立金額 | 当期の増減 | | 差引翌期首現在利益積立金額 ①－②＋③ |
|---|---|---|---|---|
| | | 減 | 増 | |
| | ① | ② | ③ | ④ |
| 繰延譲渡利益 | | 300 | 15 | △285 |

**圧縮の特例を適用した場合の別表十四(四)の記載例**

| | | | | |
|---|---|---|---|---|
| 完全支配関係がある法人の間の取引の損益の調整に関する明細書 | 事業年度又は連結事業年度 | 22・4・1<br>23・3・31 | 法人名 | W社<br>(　　　　) |

| | | | | | | |
|---|---|---|---|---|---|---|
| 譲受法人名 | 1 | T　社 | | | | 計 |
| 譲渡損益調整資産の種類 | 2 | 建物　C | | | | |
| 譲渡年月日 | 3 | 22・10・1 | | | | |
| 譲渡対価の額 | 4 | 円<br>1,000 | 円 | 円 | 円 | |
| 譲渡原価の額 | 5 | 600 | | | | |
| 調整前譲渡利益額<br>(4)−(5)(マイナスの場合は0) | 6 | 400 | | | | |
| 圧縮記帳等による損金算入額 | 7 | 100 | | | | |
| 譲渡利益額<br>(6)−(7) | 8 | 300 | | | | |

圧縮記帳・特別勘定などにより譲渡利益の調整がある際に記入

以下略

## (4)　適格組織再編成等に伴う譲渡損益の取扱い

### ①　譲渡法人の適格合併による解散

内国法人が譲渡損益調整資産に係る譲渡利益額又は譲渡損失額について課税の繰延制度の適用を受けた場合，その内国法人（すなわち譲渡法人）が適格合併により解散したときは，その適格合併に係る合併法人のその適格合併の日の属する事業年度以後の各事業年度においては，その合併法人をその譲渡利益額又は譲渡損失額について課税の繰延制度の適用を受けた法人とみなして，この制度を適用することとされている（法法61の13⑤）。つまり，繰り延べられた譲渡損益の計上事由には該当せず，引き続き譲渡損益に係る課税の繰延制度が適用されることとなる。

この場合，譲渡法人たる地位が引き継がれる適格合併は，合併法人が譲渡法人との間に完全支配関係がある内国法人であるもの，すなわちグループ内の適格合併に限られ，完全支配関係がない場合は，譲渡法人が適格合併により解散したときは，繰り延べられた譲渡利益額又は譲渡損失額は益金の額又は損金の額に算入されることとなる。

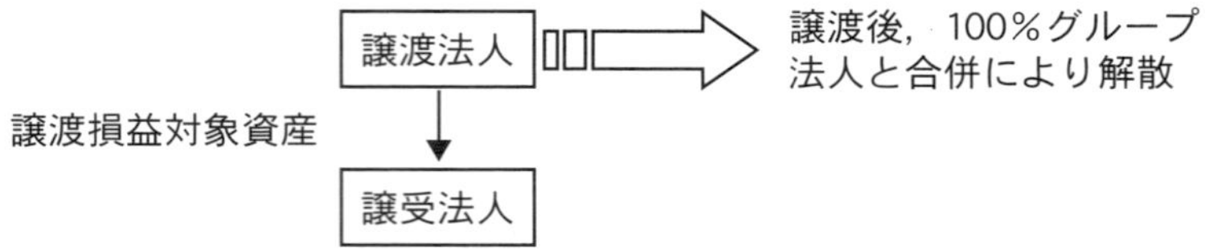


完全支配関係を有しなくなった場合や連結納税の開始又は加入による繰り延べられた譲渡利益又は譲渡損失額から除外される「益金算入の額又は損金算入の額に算入した金額」には，その適格合併に係る被合併法人（すなわち，当初の譲渡法人）のその適格合併の日の前日の属する事業年度以前の各事業年度の所得の金額の計算上，益金の額又は損金の額に算入された金額が含まれる（法令122の14⑬）。

また，適格合併により合併法人に引き継がれる資産等は，通常，簿価で合併法人に引き継がれるが，合併法人が譲渡利益額又は譲渡損失額について課税の繰延制度の適用を受けたものとみなされる場合については，負債又は資産はその譲渡利益額又は譲渡損失額（当初の譲渡法人における譲渡損益の調整済額（損益計上済額）を除く。）に相当する調整勘定を含むこととなる（法令122の14⑭）。

さらに，当初の譲渡法人が譲渡損益調整の簡便法の適用を受けていた場合（譲渡損益調整資産が譲受法人において減価償却資産又は繰延資産に該当する場合）には，合併法人も簡便法を適用することとなるが，その適格合併の日の属する事業年度のその譲渡損益調整資産については，次の算式により計算した金額を益金又は損金算入することとなる（法規27の13の３②）。

**（減価償却資産）**

$$\text{譲渡利益額又は譲渡損失額に相当する金額} \times \frac{\text{適格合併の日の属する事業年度開始の日からその終了の日までの期間（その適格合併の日の前日までの期間を除く。）の月数}}{\text{譲受法人がその譲渡損益調整資産について適用する耐用年数} \times 12}$$

**（繰延資産）**

$$\text{譲渡利益額又は譲渡損失額に相当する金額} \times \frac{\text{適格合併の日の属する事業年度開始の日からその終了の日までの期間（その適格合併の日の前日までの期間を除く。）の月数}}{\text{繰延資産となった費用の支出の効果の及ぶ期間の月数}}$$

なお，譲渡法人の残余財産の確定については，株主が二以上ある場合に通知義務の履行や譲渡利益額及び譲渡損失額の計上について困難化・複雑化する懸念があることから，グループ内の適格合併のような措置は設けられておらず，残余財産が確定した場合には完全支配関係を有しなくなったこととして譲渡利益額及び譲渡損失額が計上されることとなる。

### ②　譲受法人の適格組織再編成による譲渡損益調整資産の移転

内国法人が譲渡損益調整資産に係る譲渡利益額又は譲渡損失額につき譲渡損益の繰延制度の適用を受けた場合において，その譲渡損益調整資産に係る譲受法人が適格合併，適格分割，適格現物出資又は適格現物分配（以下「適格組織再編成」という。）により合併法人，分割承継法人，被現物出資法人又は被現物分配法人（以下「合併法人等」という。）にその譲渡損益調整資産を移転したときは，その移転した日以後に終了するその内国法人（すなわち譲渡法人）の各事業年度においては，その合併法人等をその譲渡損益調整資産に係る譲受法人とみなして，この制度を適用することとされている（法法61の13⑥）。

なお，このように譲受法人たる地位が引き継がれる適格組織再編成は，合併法人，分割承継法人，被現物出資法人又は被現物分配法人（法人を設立する適格合併，適格分割又は適格現物出資にあっては，他の被合併法人，他の分割法人又は他の現物出資法人の全て）が譲受法人との間に完全支配関係がある内国法人であるもの，すなわち，グループ内の適格組織再編成に限られる。

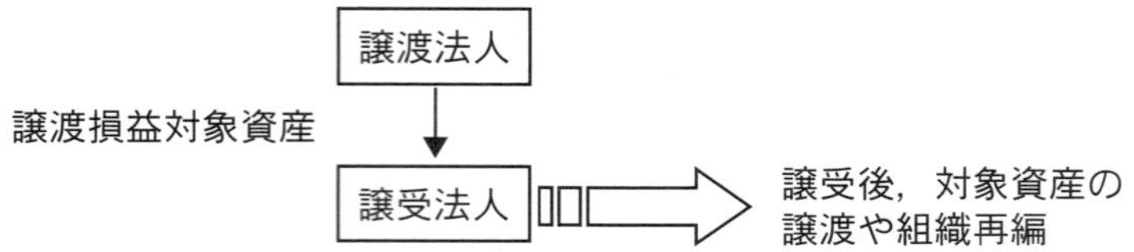


### ③　連結納税の開始又は加入に伴う繰延べした譲渡利益額又は譲渡損失額の計上

法人税法第61条の11第１項（連結納税の開始に伴う資産の時価評価損益）に規定する他の内国法人（すなわち時価評価課税の適用対象となる連結開始子法人）又は法人税法第61条の12第１項に規定する他の内国法人（すなわち時価評価課税の適用対象となる連結加入法人）が連結開始直前事業年度又は連結加入直前事業年度以前の各事業年度において譲渡損益調整資産に係る譲渡利益額又は譲渡損失額について繰延制度の適用を受けた法人である場合には，その譲渡損益調整資産に係る譲渡利益額又は譲渡損失額に相当する金額は，その連結開始直前事業年度又は連結加入直前事業年度の所得の金額の計算上，益金の額又は損金の額に算入することとされた（法法61の13④）。

ただし，譲渡損益調整資産のうち次のものに係る譲渡利益額又は譲渡損失額については，対象外とされている（法令122の14⑫）。

ａ）譲渡損益調整資産に係る譲渡利益額又は譲渡損失額からその譲渡損益調整資産に係る譲渡損益の調整済額（損益計上済額）を控除した金額（すなわち未計上額）が1,000万円に満たない場合におけるその譲渡損益調整資産

ｂ）最初連結親法人事業年度開始の日に自己を被合併法人とする適格合併（連結親法人となる法人及び連結子法人となる法人のいずれにも該当しない法人を合併法人とするものであり，かつ，譲渡法人たる地位が引き継がれる適格合併に限る。）を行う場合のその被合併法人となる他の内国法人の有する譲渡損益調整額及び同日にその直接又は間接の株主を被合併法人とする合併により連結グループから離脱する法人の有する譲渡損益調整額（法令14の８二ロ）に係る譲渡損益調整資産

ｃ）最初連結親法人事業年度開始の日に自己を合併法人とする合併により連

結グループから離脱する法人の有する譲渡損益調整額及びその合併法人となる法人にその発行済株式又は出資を直接又は間接に保有されている他の内国法人でその合併により連結グループから離脱する法人の有する譲渡損益調整額（法令14の８二ハ）に係る譲渡損益調整資産

d）連結グループに加入した法人で支配日以後２月以内に連結グループから離脱する法人の有する譲渡損益調整額（法令14の８二ニ）に係る譲渡損益調整資産

上記の「支配日」とは，原則として完全支配関係を有することとなった日をいい，例外として法人税法第14条第２項（みなし事業年度）のみなし事業年度の特例の適用を受ける場合には加入日の前日の属する月次決算期間の末日の翌日をいう。また，離脱する法人からは，連結親法人又は連結子法人となる法人を合併法人とする合併により離脱するもの及びその支配日の属する連結親法人事業年度終了の日後に離脱するものが除かれている。

### ④　引き続き繰り延べられる場合

適格合併以外でも，完全支配関係のある内国法人と適格分割，適格現物出資，適格現物分配を行った場合においても，合併法人等を引き続き譲受法人とみなして譲渡損益を認識しない（法法61の13⑥）。

#### ⑴　適格分割

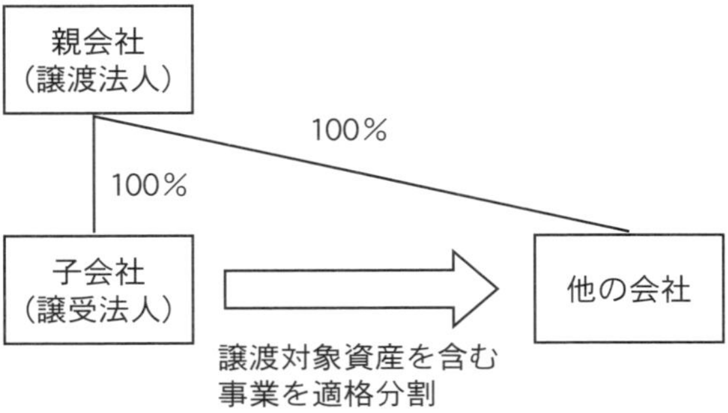

(2)　**適格現物出資**

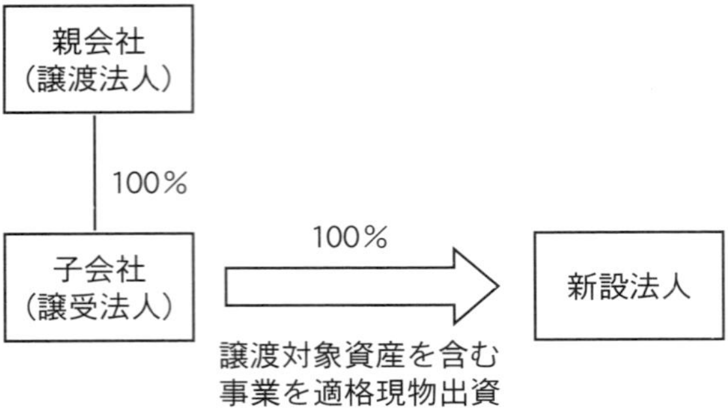


(3)　**適格現物分配**

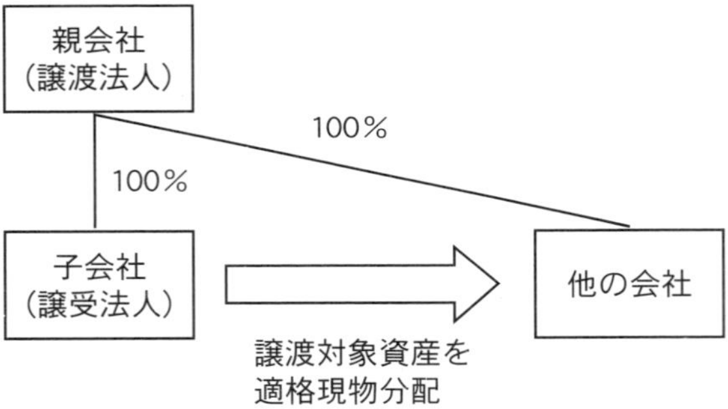


以上のように，完全支配関係のある他社との間で適格合併等により資産が移転する場合は，引き続き譲渡損益の計上を繰り延べることができる。逆にいうと，完全支配関係のない会社や非適格での移転の場合は，親会社で譲渡損益が計上されることになるため，譲渡後の譲受法人の状態についても把握する必要がある。

**設例４** 適格組織再編成に伴う譲渡損益の取扱い①

譲渡法人が完全支配関係のある他の内国法人と適格合併を行った場合

**【前提条件】**

・　Ｐ社の100％子会社Ａ社は，その保有する株式（簿価2,000　時価2,500）をＡ社の100％子会社Ｂ社に譲渡することとした。

・　その後，Ｐ社はＡ社を吸収合併（適格）することとした。

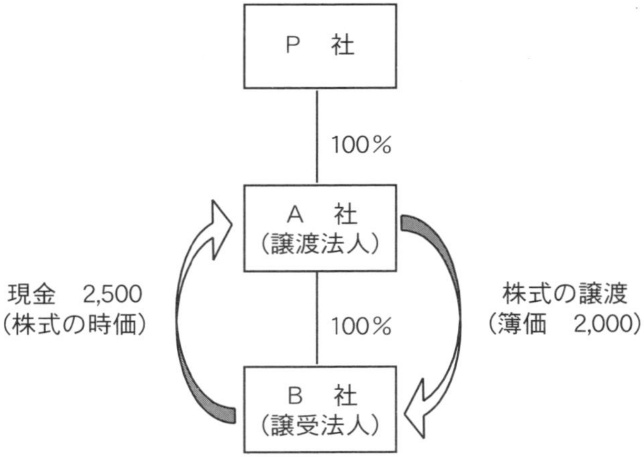


## 解説

**１）　譲渡損益の繰延べ**

Ａ社とＢ社は完全支配関係にあるため，譲渡損益調整資産である株式の譲渡損益はＡ社（譲渡法人）において繰り延べられる。

**【会計仕訳】**

**Ａ社：**

| | | | | | |
|---|---|---|---|---|---|
| **（借）** | 現　　　金 | 2,500 | **（貸）** | 有　価　証　券 | 2,000 |
| | | | | 有価証券売却益 | 500 |

Ｂ社：

| | | | | | |
|---|---|---|---|---|---|
| **(借)** 有価証券 | 2,500 | **(貸)** 現金 | 2,500 |

**【税務調整】**

Ａ社：

別表四　所得の金額の計算に関する明細書

| 区分 | | | 総額 | 処分 | | |
|---|---|---|---|---|---|---|
| | | | | 留保 | 社外流出 | |
| | | | ① | ② | ③ | |
| 当期利益又は当期欠損の額 | | 1 | | | | |
| 加算 | | | | | | |
| 減算 | 完全支配関係法人間取引の損益の減算調整額 | | 500 | 500 | | |

別表五(一)

Ⅰ　利益積立金額の計算に関する明細書

| 区分 | 期首現在利益積立金額 | 当期の増減 | | 差引翌期首現在利益積立金額 ①－②＋③ |
|---|---|---|---|---|
| | | 減 | 増 | |
| | ① | ② | ③ | ④ |
| 繰延譲渡利益 | | 500 | | △500 |

Ｂ社：調整なし

## 2）　完全支配関係がある内国法人との適格合併

Ａ社は合併による解散により消滅することになるが，合併法人であるＰ社と被合併法人であるＡ社は完全支配関係にあり，かつ，適格合併であることから，Ｐ社が譲渡法人とみなされ，Ａ社の繰延譲渡利益500はＰ社において繰延べが継続される。

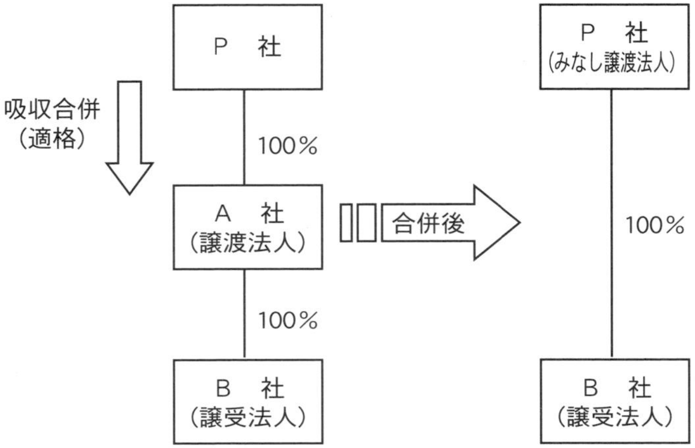


**【税務調整】**

**P社：**

別表五（一）

Ⅰ　**利益積立金額の計算に関する明細書**

| 区　分 | 期首現在利益積立金額 | 当期の増減 | | 差引翌期首現在利益積立金額 ①－②＋③ |
|---|---|---|---|---|
| | | 減 | 増 | |
| | ① | ② | ③ | ④ |
| 繰延譲渡利益 | | ※500 | | △500 |

※　A社合併に伴う調整

## 設例5　適格組織再編成に伴う譲渡損益の取扱い②

譲受法人が完全支配関係のある他の内国法人と適格合併を行った場合

**【前提条件】**

・　P社は100％孫会社であるB社に対し，土地（簿価5,000　時価3,000）を譲渡することとした。

・　その後，P社の100％子会社A社がB社を吸収合併（適格）することとした。

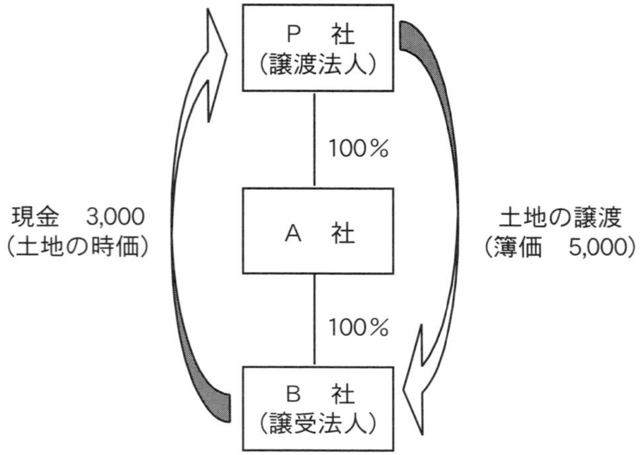


## 解説

**1）　譲渡損益の繰延べ**

P社とB社は完全支配関係にあるため，譲渡損益調整資産である土地の譲渡損益はP社（譲渡法人）において繰り延べられる。

**【会計仕訳】**

**P社：**

| | | | |
|---|---|---|---|
| （借）現　　　金 | 3,000 | （貸）土　　　地 | 5,000 |
| 土地売却損 | 2,000 | | |

**B社：**

| | | | |
|---|---|---|---|
| （借）土　　　地 | 3,000 | （貸）現　　　金 | 3,000 |

**【税務調整】**

**P社：**

**別表四　所得の金額の計算に関する明細書**

| 区分 | | | 総額 | 処分 | | |
|---|---|---|---|---|---|---|
| | | | | 留保 | 社外流出 | |
| | | | ① | ② | ③ | |
| 当期利益又は当期欠損の額 | | 1 | | | | |
| 加算 | 完全支配関係法人間取引の損益の加算調整額 | | 2,000 | 2,000 | | |
| 減算 | | | | | | |

**別表五(一)**

**Ⅰ　利益積立金額の計算に関する明細書**

| 区分 | 期首現在利益積立金額 | 当期の増減 | | 差引翌期首現在利益積立金額 ①－②＋③ |
|---|---|---|---|---|
| | | 減 | 増 | |
| | ① | ② | ③ | ④ |
| 繰延譲渡損失 | | | 2,000 | 2,000 |

**B社：**調整なし

## 2）　完全支配関係がある内国法人との適格合併

合併法人であるA社と被合併法人であるB社は完全支配関係にあり，かつ，適格合併であることから，A社が譲受法人とみなされ，P社の繰延譲渡損失2,000は継続して繰り延べられることとなる。

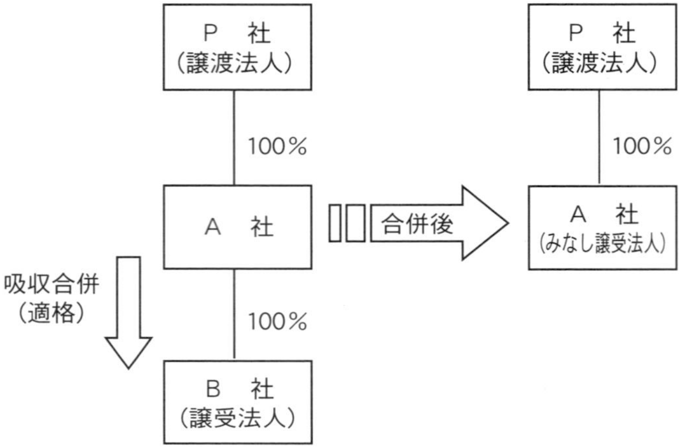


**【税務調整】**

**P社：**調整なし

別表五（一）

Ⅰ　**利益積立金額の計算に関する明細書**

| 区　分 | 期首現在利益積立金額 | 当期の増減 | | 差引翌期首現在利益積立金額①－②＋③ |
|---|---|---|---|---|
| | | 減 | 増 | |
| | ① | ② | ③ | ④ |
| 繰延譲渡損失 | 2,000 | | | 2,000 |

（注）　A社とB社（譲受法人）の合併は，土地の譲渡事業年度の翌期に行われたと仮定

## （5）　取得資産の圧縮記帳がある場合の取扱い

交換や特定資産の買換えの一環としてグループ法人間で譲渡損益調整資産を譲渡した場合，対象資産について「圧縮記帳」と「譲渡利益の繰延べ」が重複して適用されることがある。

「圧縮記帳」と「譲渡利益の繰延べ」が重複して適用される事例として下記のものが考えられる（法令122の14③，155の４）。

Ⅰ　グループ法人間で固定資産の「交換」をする場合

Ⅱ　特定資産の買換えを実施したとき，売却先がグループ内の法人である場合

この場合，繰り延べる譲渡利益は下記のように計算されることになる（法令122の14③，155の４）。

| |
|---|
| 繰り延べる譲渡利益＝（譲渡対価－譲渡原価）－圧縮記帳による損金算入額 |

つまり，先に圧縮記帳を行って損金算入し，残った譲渡利益に対して繰延べの処理を実施するということになる。

## （６）　完全支配関係のある法人間の非適格合併の場合の譲渡損益の繰延べ

100％グループ内の合併について，例えば合併法人の株式以外の資産を合併対価とする場合には非適格合併となる。この非適格合併による資産の移転は，原則として，資産の時価譲渡として譲渡損益が計上されるが，今回の改正において，100％グループ内の非適格合併による資産の移転についても譲渡利益額又は譲渡損失額の繰延べの対象とされた（法法61の13①）。

この場合に，譲渡法人が消滅することから，譲渡利益額又は譲渡損失額の計上方法については特殊な処理を行うことになる。具体的には，非適格合併に係る被合併法人がその非適格合併による譲渡損益調整資産の移転について譲渡損益の繰延制度の適用を受けた場合には，その譲渡損益調整資産に係る譲渡利益額に相当する金額はその非適格合併に係る合併法人のその譲渡損益調整資産の取得価額に算入しないものとし，その譲渡損益調整資産に係る譲渡損失額に相当する金額はその合併法人のその譲渡損益調整資産の取得価額に算入される（法法61の13⑦）。つまり，グループ内の非適格合併においては，譲渡損益調整資産については被合併法人で譲渡損益を計上せずに帳簿価額で移転することになる。

非適格合併による資産の移転について被合併法人において譲渡利益額又は譲渡損失額を計上しないこととされた場合には，完全支配関係を有しないこととなった場合の繰り延べられた譲渡利益額又は譲渡損失額の計上の対象外とされている（法法61の13③）。

なお，合併法人において上記のとおり譲渡損益調整資産の取得価額に算入しない金額から譲渡損益調整資産の取得価額に算入する金額を減算した金額は，合併法人の利益積立金額の期末の減算項目とされている（法令９①一ル，９の２①一ル）。すなわち，合併法人において，本来の取得価額と被合併法人における帳簿価額との差額は利益積立金額に直接計上することとなる。

また，譲渡損益調整資産は実質的に帳簿価額により移転することとなることから，各制度によっては帳簿価額による移転という面に着目して適格合併と同様の取扱いとする整備が行われており，具体的には以下のとおりとなっている。

**①　棚卸資産の取得価額**

その取得のときにおけるその資産の取得のために通常要する価額及びその資産を消費し若しくは販売の用に供するために直接要した費用の額の合計額からその資産に係る譲渡利益額に相当する金額を減算し，又はその合計額にその資産に係る譲渡損失額に相当する金額を加算した金額をもって取得価額とみなす（法令32③）。

**②　減価償却資産の取得価額**

その取得のときにおけるその資産の取得のために通常要する価額及びその資産を事業の用に供するために直接要した費用の額の合計額からその資産に係る譲渡利益額に相当する金額を減算し，又はその合計額にその資産に係る譲渡損失額に相当する金額を加算した金額をもって取得価額とみなす（法令54④）。

**③　寄附金の損金算入限度額**

非適格合併に係るこの制度の規定を適用しないで計算した金額とする（法令73②五，155の13②一ロ）。

**④　欠損金の繰越し**

100％グループ内の非適格合併が，適格合併等が行われた場合の合併法人等の控除未済欠損金額の切捨ての対象に追加されている（法法57④，81の９⑤三）。

### ⑤　特定株主等によって支配された欠損等法人の資産の譲渡等損失額の損金不算入

100％グループ内の非適格合併により法人税法第57条の２第１項に規定する他の者から移転を受けた資産のうち，この制度の適用があったものが，譲渡等損失額の損金不算入の対象となる特定資産の範囲に追加されている（法法60の３①，法令118の３①）。また，欠損等法人がこの制度の適用がある非適格合併により特定資産を合併法人に移転した場合には，合併法人を欠損等法人とみなすこととされている（法法60の３②）。

### ⑥　有価証券の取得価額

その取得のときにおけるその有価証券の取得のために通常要する価額からその有価証券に係る譲渡利益額に相当する金額を減算し，又はその通常要する価額にその有価証券に係る譲渡損失額に相当する金額を加算した金額とする（法令119①二十五）。

### ⑦　親法人株式のみなし譲渡損益

法人が，自己を合併法人等とする合併等の対価として親法人株式を交付しようとする場合において，その合併等に係る契約をする日後に適格合併等の事由により親法人株式の移転を受けたときは，その移転を受けた日において，その親法人株式をその移転を受けた日の価額で譲渡し，かつ，その価額で取得したものとみなすこととされているところであるが，この適格合併等の事由の範囲にこの制度の適用がある非適格合併が追加されている（法令119の11の２②一）。ただし，親法人株式が譲渡損益調整資産に該当するものに限られる。

### ⑧　特定資産に係る譲渡等損失額の損金不算入

100％グループ内の非適格合併が特定引継資産及び特定保有資産の譲渡等損失額の損金不算入の対象となる特定適格合併等の範囲に追加されている（法法62の７①）。ただし，この制度の適用がある非適格合併により被合併法人から移転を受けた資産のうち譲渡損益調整資産以外のものは，譲渡等損失額の損金不算入の対象となる特定引継資産に該当しないこととされている（法令123の8③六）。

### ⑨　特定同族会社の特別税率

留保金額及び所得等の金額は，非適格合併による資産の移転がないものとして計算することとされている（法法67③一，81の13②一，法令155の43②一）。すなわち，これにより，非適格合併による資産の移転に係る譲渡損益額の益金又は損金算入額及びこれを相殺するためのこの制度による譲渡利益額又は譲渡損失額に相当する金額の損金又は益金算入額の両方を計上しないで留保金額及び所得等の金額を計算することになる。

**設例６**　非適格合併による資産の移転と譲渡損益の繰延べ

次の前提においてグループ法人間で非適格合併が行われた場合の被合併法人及び合併の申告調整等の処理はどうなるか。

**【前提条件】**

・　被合併法人の合併直前の貸借対照表は次のとおりであった。

（被合併法人の合併直前の貸借対照表）

| 科　目 | 金　額 | 科　目 | 金　額 |
|---|---|---|---|
| 資　産　A | 1,800 | 利益積立金額 | 1,900 |
| 資　産　B | 600 | 資　本 | 500 |

・　資産Aは譲渡損益調整資産に該当する（時価2,000）。

・　資産Bは譲渡損益調整資産に該当しない（時価900）。

・　最後事業年度の当期利益の額は1,000とする。

・　合併対価は2,900とする。

・　被合併法人から合併法人への移転資産（資産A，B）の移転は，会計上，被合併法人の帳簿価額が引き継がれ，簿価と時価との差額はのれんとする。

**[被合併法人の処理]**

（資産Ａ）　申告調整の必要なし

（資産Ｂ）　時価譲渡したものとして時価と帳簿価額との差額について申告調整をする必要がある。

**[合併法人の処理]**

（資産Ａ）　被合併法人の帳簿価額で受け入れるとともに，本来の取得価額（時価）との差額を利益積立金として処理する。

（資産Ｂ）　時価で受け入れるとともに，時価と会計上の帳簿価額との差額を利益積立金として処理する。

## 解説

### 1）　処理の概要

非適格合併（適格合併に該当しない合併をいう。）が行われた場合には，被合併法人である内国法人が合併法人に対して移転する資産及び負債はその移転時の価額により譲渡したものとされ，その移転した資産及び負債に係るその移転による譲渡利益額又は譲渡損失額は被合併法人の最後事業年度（被合併法人の合併の日の前日の属する事業年度をいう。以下同じ。）の所得の金額の計算上，益金の額又は損金の額に算入される。

また，合併法人においては，その移転を受けた資産及び負債はその移転時の価額により受け入れることになる。

ただし，グループ法人間で非適格合併が行われた場合において，被合併法人である内国法人から移転した資産が譲渡損益調整資産に該当するときには，被合併法人においては，その譲渡損益調整資産に係る譲渡利益額又は譲渡損失額を計上しないこととなる。一方，合併法人においては，移転を受けたその譲渡損益調整資産を被合併法人の帳簿価額により受け入れることになる。

つまり，グループ法人間で非適格合併が行われた場合には，その合併によって移転した譲渡損益調整資産に係る譲渡損益は合併時に被合併法人において認識することなく，合併法人に帳簿価額で移転し，例えば，合併法人がその譲渡損益調整資産を他に譲渡したときなどに損益を認識することになる。

### 2） 被合併法人における処理

非適格合併により移転した資産が譲渡損益調整資産に該当する場合には，その譲渡損益調整資産に係る譲渡利益額又は譲渡損失額に相当する金額は，被合併法人の最後事業年度において，損益の額又は益金の額に算入されることになるので，被合併法人の所得の金額に何ら影響しないこととなり，前提のように帳簿価額による引継ぎが行われているときには，被合併法人がその最後事業年度において行う申告調整は結果としてなく，したがって，資産Aに係る申告調整はない。

また，譲渡損益調整資産に該当しない資産を移転した場合において，帳簿価額により引継ぎが行われているときには，時価と帳簿価額の差額を移転資産に係る譲渡損益として申告調整を行うこととなるため，資産Bについては，その資産に係る時価と帳簿価額の差額について申告調整を行うこととなる。

具体的な処理例については，次のとおりとなる。

### ○ 被合併法人の処理（申告調整）

#### イ 別表四

**別表四 所得の金額の計算に関する明細書**

| 区分 | | | 総額 | 処分 | | |
|---|---|---|---|---|---|---|
| | | | | 留保 | 社外流出 | |
| | | | ① | ② | ③ | |
| 当期利益又は当期欠損の額 | | 1 | 1,000 | 1,000 | | |
| 加算 | 非適格の合併等又は残余財産の全部分配等による移転資産等の譲渡利益又は譲渡損失額 | 40 | 300 | | ※ | 300 |
| 所得金額又は欠損金額 | | 44 | 1,300 | 1,000 | | 300 |

#### ロ 別表五(一)

記載なし

（注） 法法61の13③（完全支配関係がある法人の間の取引の損益）において，完全支配関係を有しなくなった場合の譲渡損益の戻入れについて規定されているが，非

適格合併による合併法人への譲渡損益調整資産の移転により被合併法人が同条1項の規定の適用を受けた場合を除く旨が規定されているため，譲渡損益を繰り延べた直後に合併法人との間に完全支配関係を有しないこととなった場合であっても，譲渡損益の戻入れを行う必要はない。

この譲渡損益については，被合併法人において戻入れを行わないが，その譲渡損益調整資産は合併法人に帳簿価額で移転するため，合併法人がその譲渡損益調整資産を他に譲渡したときなどに損益が認識されることとなる。

### 3）　合併法人における処理

非適格合併により被合併法人において，譲渡損益調整資産に係る譲渡利益額又は譲渡損失額を計上しないこととされた場合には，その譲渡利益額に相当する金額はその非適格合併に係る合併法人のその譲渡損益調整資産の取得価額に算入しないものとし，その譲渡損失額に相当する金額はその合併法人のその譲渡損益調整資産の取得価額に算入するものとされる。

この場合において，合併法人において譲渡損益調整資産の取得価額に算入しない譲渡利益額に相当する金額から譲渡損益調整資産の取得価額に算入する譲渡損失額に相当する金額を減算した金額は，合併法人の利益積立金額の期末の減算項目とされている。

したがって，資産Ａについては，譲渡損益調整資産に該当する資産の移転であることから帳簿価額で受け入れ，譲渡利益額に相当する額（本来の取得価額（時価）と被合併法人における帳簿価額との差額）を利益積立金額の減算項目として処理する。

また，資産Ｂについては，譲渡損益調整資産に該当しない資産の移転であることから，時価で受け入れることになる。

帳簿価額引継ぎなど，前提条件に基づく具体的な処理例については，次のとおりとなる。

### ○　合併法人の処理（申告調整）

合併法人において，非適格合併により受け入れた資産Ａ及び資産Ｂについて，会計上，簿価（資産Ａ1,800，資産Ｂ600）で受け入れ，簿価と時価との差額はのれんとして処理している。この場合の申告調整は次のとおりとなる。

**【会計処理】**

| | | | |
|---|---|---|---|
| **（借）** 資　産　A | 1,800 | **（貸）** 合　併　対　価 | 2,900 |
| 資　産　B | 600 | | |
| の　れ　ん | 500 | | |

**【税務処理】**

| | | | |
|---|---|---|---|
| **（借）** 資　産　A | 1,800 | **（貸）** 合　併　対　価 | 2,900 |
| 資　産　B | 900 | | |
| 利益積立金額 | 200 | | |

**【申告調整】** ※

| | | | |
|---|---|---|---|
| **（借）** 資　産　B | 300 | **（貸）** の　れ　ん | 500 |
| 利益積立金額 | 200 | | |

※　この処理の考え方を仕訳によりすれば，次のとおりである。

・　非適格合併における移転資産の移転時の時価による受入れ

| | | | |
|---|---|---|---|
| （借）資　産　A | 200 | （貸）の　れ　ん | 500 |
| 資　産　B | 300 | | |

・　被合併法人において繰り延べた譲渡損益調整資産に係る譲渡利益額に相当する金額を移転資産の取得価額に不算入（法法61の13⑦）

| | | | |
|---|---|---|---|
| （借）利益積立金額 | 200 | （貸）資　産　A | 500 |

**イ　別表四**

記載なし

## ロ　別表五(一)

### Ⅰ　利益積立金額の計算に関する明細書

| 区　分 | 期首現在利益積立金額 | 当期の増減 | | 差引翌期首現在利益積立金額 ①－②＋③ |
|---|---|---|---|---|
| | | 減 | 増 | |
| | ① | ② | ③ | ④ |
| (資産A) | | 200 | 200 | 0 |
| 資産B | | | 300 | 300 |
| のれん | | 500 | | △500 |
| 計 | | 700 | 500 | △200 |

# 3　完全支配関係がある法人間の寄附金の損金不算入，受贈益の益金不算入

## (1)　改正前の制度の概要

### ①　支出法人における寄附金課税の取扱い

#### a)　寄附金の範囲

法人税法上の寄附金とは，寄附金，拠出金，見舞金その他のいずれの名義を問わず，金銭その他の資産の贈与又は経済的利益の無償の供与等をいい，贈与又は供与時の時価が寄附金の額とされる。ただし，広告宣伝，交際費，福利厚生費等とされるべき一定の支出は除外される（法法37⑦）。

また，無償の場合に限らず，資産を時価より低い対価で譲渡する場合や経済的利益を時価より低い対価で供与する場合における時価と対価の差額（法法37⑧）も寄附金の額に含まれる。

ここで寄附金の額とされるのは，あくまで現実の支払いが完了したものである。つまり，法人の経理処理上仮払金とされ，寄附金として損金経理されていなくとも寄附金に該当する。逆に支払手形の振出しによる寄附は，寄附金を支払うための手段に過ぎず，現実の支払いは未了であるため寄附金には該当しない（法基通９－４－２の３，２の４）。

また，経済的合理性のない子会社に対する債権放棄や無利息貸付けも寄附金に該当することとなる（法基通９－４－１，２）。

#### b)　寄附金の支出先法人区分と損金算入額

##### ア　国等に対する寄附金

国及び地方公共団体に対する寄附金は，支出した事業年度において全額損金に算入される（法法37③一）。

**イ　指定寄附金**

財務大臣が指定した公益法人等に対する寄附金は，支出した事業年度において全額損金に算入される（法法37③二）。

**ウ　国外関連者に対する寄附金**

国外関連者に対する支出寄附金は，支出した事業年度において全額損金不算入とされる（措法66の４③）。

国外関連者とは，資本関係上支配される外国法人又は特定の事実によって実質的に支配される外国法人である。

**エ　特定公益増進法人に対する寄附金及び一般の寄附金**

特定公益増進法人とは，教育又は科学の振興，文化の向上，社会福祉への貢献，その他公益の増進に著しく寄与するものとして法人税法施行令第77条に列挙される法人等である。

法人税法第37条第１項に規定される一般の寄附金（上記以外の寄附金）と特定公益増進法人に対する寄附金（法法37④）については，以下の２つの算式で計算される金額のうち多い金額が損金不算入とされる。

| |
|---|
| Ａ：〔支出寄附金－損金算入限度額－特別損金算入限度額〕<br>Ｂ：〔支出寄附金－損金算入限度額－特定公益増進法人及び認定ＮＰＯ法人等に対する寄附金の額〕 |

**ｃ）　損金算入限度額と特別損金算入限度額の算定方法**

寄附金を支出する法人の区分によって一般寄附金の損金算入限度額及び特定公益増進法人に対する寄附金の特別損金算入限度額の算定方法は異なるが，普通法人の場合は以下のように算定される。

一般寄附金の損金算入限度額

$$= \left(\text{所得金額} \times \frac{2.5}{100} + \text{資本金等の額} \times \frac{\text{当期月数}}{12} \times \frac{2.5}{1{,}000}\right) \times \frac{1}{2}$$

（法令73①一）

特定公益増進法人に対する寄附金の特別損金算入限度額

$$= \left(所得金額 \times \frac{5}{100} + 資本金等の額 \times \frac{当期月数}{12} \times \frac{2.5}{1,000}\right) \times \frac{1}{2}$$

（法令77の２①一）

### ②　受領法人における受贈益課税

#### a）　一般的な取扱い（法法22②）

法人間において資産又は経済的利益を無償又は低額にて譲り受けた場合，経済的合理性のない債務免除を受けた場合，譲受法人においては，法人税法上受贈益として取り扱われる。

資産等を無償で譲り受けた場合，当該資産等の時価が受贈益の金額であり，低額で譲り受けた場合には，時価と譲受対価との差額が受贈益の金額となる。

経済的合理性のない債務免除を受けた場合の受贈益の金額は，その債務の額である。

これらのケースにおいては，譲渡又は債権放棄を行った法人側では，寄附金として取り扱われることとなる。

#### b）　例外的な取扱い（法基通４－２－１～２）

ただし，法人間で無償又は低額で譲渡される資産が，①専ら広告宣伝に使用される看板等である場合や②広告宣伝目的であることが明らかな資産である場合においては，法人双方において一定のメリットが存在することから，例外的に取り扱われている。

**ア　専ら広告宣伝に使用される看板等の資産**

当該資産を譲り受けた法人においては，受贈益はないものとされる。

**イ　広告宣伝目的であることが明らかな資産**

これらの資産を譲り受けた場合の受贈益の金額は，メーカー等の取得価額の３分の２の金額から譲受法人の負担額を控除した金額が受贈益の金額と算定される。さらに，この算定額が30万円以下の場合には受贈益はないものとして取り扱われる。

なお，これらの場合において，譲渡した法人側では，受贈益相当額を繰延資産として処理する（法基通８－１－８）。

## （２）　改正の内容

### ①　寄附金の損金不算入及び受贈益の益金不算入

#### a）　寄附金の損金不算入

法人が各事業年度においてその法人との間に完全支配関係（法人による完全支配関係に限る。）がある他の法人に対して支出した寄附金の額（受贈益の益金不算入を適用しないとした場合に当該他の法人の各事業年度の所得の金額の計算上益金の額に算入される受贈益の額に対応するものに限る。）は，その法人の各事業年度の所得の金額の計算上，損金の額に算入しないこととされた（法法37②）。この場合損金算入限度額の計算は行わずにその全額が損金不算入とされる。

#### b）　受贈益の益金不算入

法人が各事業年度においてその法人との間に完全支配関係（法人による完全支配関係に限る。）がある他の法人から受けた受贈益の額（寄附金の損金不算入又は連結事業年度における寄附金の損金不算入の規定を適用しないとした場合に当該他の法人の各事業年度の所得の金額の計算上損金の額に算入される寄附金の額に対応するものに限る。）は，その法人の所得の金額の計算上，益金の額に算入しないこととされた（法法25の２①）。

### ②　対象となる寄附金及び受贈益

#### a）　寄　附　金

法人が，当該法人と完全支配関係にある他の法人に対して金銭その他の資産，経済的利益の贈与又は無償の供与をした場合，支出側の法人の所得の金額の計算上，支出寄附金（法法37⑦）の全額が損金不算入とされる（法法37②）。従前，一定金額が損金算入限度額として損金算入されていたが，これとは扱いが異なっている。

ここで留意すべきは，適用対象となる「完全支配関係」とは，法人による完全支配関係に限定され，個人による完全支配関係は除外されている。したがって，個人が支配する100%グループ法人間で寄附が行われた場合には，従前と同様の取扱いとなる場合があるので留意する必要がある。

また，外国法人が完全支配関係におく内国法人間において支出される寄附金は，法人税法第37条第２項の適用により全額損金不算入とされる。

さらに親会社が，子会社に対する債権放棄をする場合，その債権放棄に経済的合理性が認められる場合には，親会社は貸倒損失として損金算入できるが，経済的合理性がない場合には寄附金の額に含まれる（法基通９－４－１，９－６－１）。この債権放棄をする側の取扱いは，従前と変更ないところである。

b）受　贈　益

一方，支出法人の所得計算上，法人税法第37条第２項により損金不算入とされる寄附金を受領する内国法人側では，受贈益（法法25の２②）全額が益金不算入とされる（法法25の２①）。従前では，寄附金を受ける側の法人では，受贈益は益金に算入されていたが，これとは扱いを異にしている。

つまり，結果として，当該改正により，従前から問題視されていた二重課税が回避されることとなった。

また，親会社から経済的合理性の認められない債務免除を受けた子会社においても，従前の取扱いでは受贈益として益金算入されていたところ，100%グループ法人内で同様の非合理的な債務免除を受けた場合においても，益金不算入されるところである。従前では，免除益を受ける側では経済的合理性の有無にかかわらず益金算入されていたところであるが，今後は合理的債務免除の場合には債務免除益として益金に算入される一方，非合理的な債務免除の場合には，益金不算入とされ，グループ全体としては法人税の影響はないことになる。

### ③　受贈益側の利益積立金額等の処理

受贈益側の法人では，益金不算入とされた受贈益の額に相当する金額は利益積立金額の期末の加算項目とされ（法令９①一ニ，９の２①一ロ），また，特定同族会社の特別税率の計算上留保金額及び所得等の金額に含むこととされている（法法67③四，81の13②二，法令155の43②二）。

### ④　連結法人税個別帰属額

完全支配関係がある法人間の寄附金の損金不算入及び受贈益の益金不算入の改正に伴い，連結法人税及び付帯税の負担額及び減少額を受け取らないことを経済的な利益の供与とみなす規定が削除された。ただし連結法人税個別帰属額という概念は存置され，支出すべき金額及び収入すべき金額が帰せられる金額に変更された。

連結法人税個別帰属額の授受は，従前どおり支出側では損金不算入とされ（法法38③④），受領側では益金不算入とされている（法法26④⑤）。

### ⑤　基本通達９－４－１との関係

子会社等に対する損失負担や債権放棄等の経済的利益の額が，法人税基本通達９－４－１（子会社等を整理する場合の損失負担等）や９－４－２（子会社等を再建する場合の無利息貸付け等）の取扱いにより，寄附金の額に該当しない場合は，支援等に係る受贈益の額は益金算入となることとされた（法基通４－２－５）。

この場合支援を行った側の法人では支援した金額の全額が損金の額に算入される一方，支援を受けた側の法人では支援を受けた金額の全額が益金の額に算入される（法基通４－２－６）。

**設例７**　グループ法人間の寄附

法人による完全支配関係がある内国法人間で，贈与又は経済的利益の無償供与（一般的な寄附）が行われた場合の改正後の取扱いについて教えてください。

内国法人Ｐ社が完全支配関係のある内国法人である子会社Ａ社に対して現金500を贈与した場合。

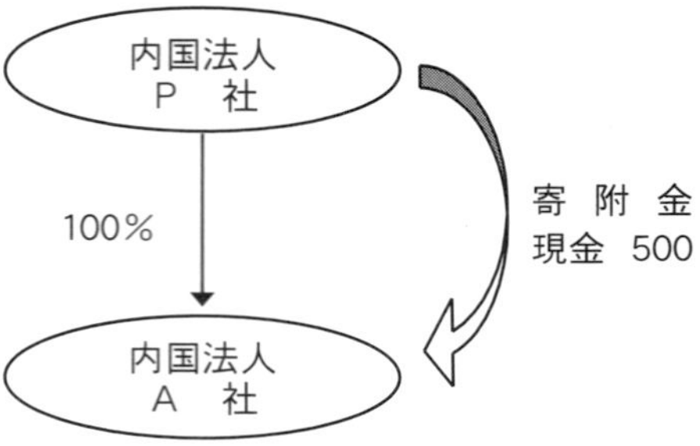


## 解説

Ｐ社：

【仕　訳】

| | | | |
|---|---|---|---|
| （借）寄附金 | 500 | （貸）現金 | 500 |

損金不算入

別表四　所得の金額の計算に関する明細書

| 区分 | | | 総額 | 処分 | | |
|---|---|---|---|---|---|---|
| | | | | 留保 | 社外流出 | |
| | | | ① | ② | ③ | |
| 加算 | 寄附金の損金不算入額 | | 500 | | | 500 |
| 減算 | | | | | | |

Ａ社：

【仕　訳】

| | | | |
|---|---|---|---|
| （借）現金 | 500 | （貸）受贈益 | 500 |

益金不算入

**別表四　所得の金額の計算に関する明細書**

| 区分 | | | 総額 | 処分 | | |
|---|---|---|---|---|---|---|
| | | | | 留保 | 社外流出 | |
| | | | ① | ② | ③ | |
| 加算 | | | | | | |
| 減算 | 受贈益の益金不算入額 | 18 | 500 | | | 500 |

当該寄附金は法人による完全支配関係がある法人間で行われた寄附であるため，寄附を行った側のＰ社においてはその支出した寄附金の額の全額が損金不算入とされ，別表四で加算・社外流出の調整がされる一方，当該寄附金を受領した側のＡ社ではその受領した金額の全額が益金不算入とされ，別表四で減算・社外流出の調整がされる。

**設例８　グループ法人間の寄附（低額譲渡）**

法人による完全支配関係がある内国法人間で，資産を時価より低い対価で譲渡した場合の改正後の取扱い

**【前提条件】**

・　親法人Ｐ社の完全支配関係にある子法人Ａ社が，その100％子法人Ｂ社の株式（帳簿価額1,000，時価1,500）を親法人に1,000で譲渡

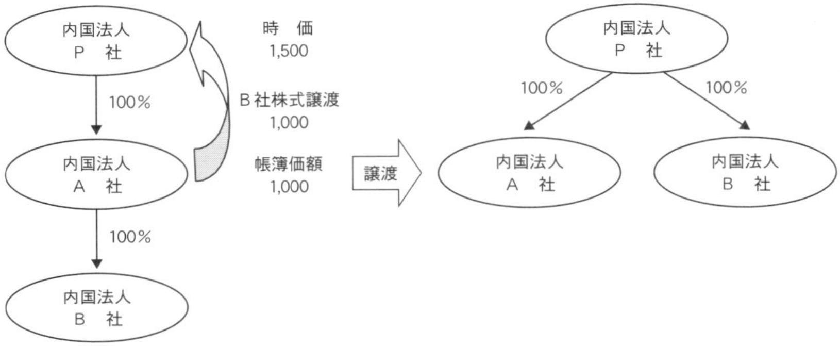

## 解説

**1） 低額譲渡と寄附金，受贈益との関係**

内国法人が資産の譲渡又は経済的な利益の供与をした場合において，その譲渡等の対価がそのときの時価に比して低いときは，当該対価と時価の差額のうち実質的に贈与又は無償の供与と認められる金額は寄附金とされることは従前からの取扱いのとおりであるが（法法37⑧），これを受ける側の内国法人においても当該金額が受贈益に含まれる旨が明確にされた（法法25の２③）。

**2） 低額譲渡の場合における寄附金及び受贈益の取扱い**

法人による完全支配関係のある内国法人間で行われる譲渡等の対価と時価の差額のうち実質的に贈与等と認められる差額がある場合，譲渡法人においては寄附金として当該差額全額が損金不算入に，譲受法人においては受贈益として全額益金不算入とされる（法法25の２①，37②）。

**3） 譲渡資産等が譲渡損益調整資産に該当する場合の取扱い**

ただし，譲渡等の対象となる資産等が「譲渡損益調整資産」に該当する場合，譲渡法人側での取扱いが異なるため留意が必要である。

譲渡資産の帳簿価額と時価との差額は，譲渡法人において譲渡損益とされるが，譲渡資産が譲渡損益調整資産にあたる場合には，譲渡利益相当額を損金算入又は益金算入し繰り延べることとなる（法法61の13）。

**Ａ社：**

**【会計仕訳】**

| | | | |
|---|---|---|---|
| （借）現　預　金 | 1,000 | （貸）Ｂ　社　株　式 | 1,000 |

**【税務仕訳】**

| | | | | | |
|---|---|---|---|---|---|
| **（借）** | 現預金 | 1,500 | **（貸）** | B社株式 | 1,000 |
| | | | | B社株式譲渡益 | 500 |
| **（借）** | 寄附金 | 500 | **（貸）** | 現預金 | 500 |

損金不算入

**別表四　所得の金額の計算に関する明細書**

| 区分 | | 総額 | 処分 留保 | 処分 社外流出 |
|---|---|---|---|---|
| | | ① | ② | ③ |
| 加算 | 有価証券譲渡益計上漏れ | 500 | | 500 |
| 加算 | 寄附金の損金不算入額 | 500 | | 500 |
| 減算 | 有価証券譲渡益繰延べ | 500 | 500 | |
| 減算 | 寄附金認定損 | 500 | | 500 |

**別表五(一)**

**Ⅰ　利益積立金額の計算に関する明細書**

| 区分 | 期首現在利益積立金額 | 当期の増減 減 | 当期の増減 増 | 差引翌期首現在利益積立金額 ①－②＋③ |
|---|---|---|---|---|
| | ① | ② | ③ | ④ |
| B社株式譲渡益調整勘定 | | | △500 | △500 |

**P社：**

**【会計仕訳】**

| | | | | | |
|---|---|---|---|---|---|
| **（借）** | B社株式 | 1,000 | **（貸）** | 現預金 | 1,000 |

**【税務仕訳】**

| | | | |
|---|---|---|---|
| **（借）** B　社　株　式 | 1,500 | **（貸）** 現　　預　　金 | 1,000 |
| | | 受　　贈　　益 | 500 |

益金不算入

**別表四　所得の金額の計算に関する明細書**

| 区分 | | | 総額 | 処分 | |
|---|---|---|---|---|---|
| | | | | 留保 | 社外流出 |
| | | | ① | ② | ③ |
| 加算 | 有価証券計上漏れ | | 500 | 500 | |
| 減算 | 受贈益の益金不算入額 | 18 | 500 | | 500 |

**別表五(一)**

Ⅰ　**利益積立金額の計算に関する明細書**

| 区分 | 期首現在利益積立金額 | 当期の増減 | | 差引翌期首現在利益積立金額 ①－②＋③ |
|---|---|---|---|---|
| | | 減 | 増 | |
| | ① | ② | ③ | ④ |
| 有価証券計上漏れ | | | 500 | 500 |

Ａ社はＰ社に対して時価1,500の有価証券を帳簿価額の1,000で譲渡しているので，有価証券の時価1,500と譲渡対価1,000との差額500がＡ社からＰ社に対する経済的利益の供与の額として完全支配関係のある法人に対する寄附金の額に該当する。一方Ｐ社においては時価1,500の有価証券を譲渡対価1,000でＡ社より譲り受けているので，有価証券の時価1,500と譲渡対価1,000との差額500が完全支配関係のある法人から受ける受贈益の額に該当する。

税務上，法人間の取引は時価により行ったものとして課税されるので，Ａ社の所得金額の計算上，有価証券を時価で譲渡したものとして譲渡益500がＡ社の別表四で所得金額に加算されるとともに同額が認定寄附金として所得金額から減算され，完全支配関係のある法人に対する寄附金の損金不算入額として加算される。

Ｐ社においては有価証券を時価で取得したものとして，別表五（一）で有価証券の取得価額を500加算するとともに，Ａ社から経済的利益の供与を受けた額として受贈益500が別表四で所得金額にいったん加算されるが，完全支配関係のある法人から受けた受贈益の益金不算入額としてＰ社の所得の金額から減算される。

なお当該有価証券取引は完全支配関係のある法人間の資産の譲渡取引に該当するため，Ａ社において認識された有価証券譲渡益500は，譲渡損益調整資産に係る譲渡利益額として課税の繰延べの対象となり（法法61の13①），Ａ社の別表四及び五(一)でそれぞれ500減算される。

## （3） 寄 附 修 正

### ①　概要及び趣旨

法人が有する子法人の株式又は出資について寄附修正事由が生ずる場合の受贈益の額にその寄附修正事由に係る持分割合を乗じて計算した金額から，寄附修正事由が生ずる場合の寄附金の額にその寄附修正事由に係る持分割合を乗じて計算した金額を減算した金額が，利益積立金額の加算項目とされた（法令９①七，９の２①五）

一方，法人が有する子法人の株式について寄附修正事由が生じた場合には，その株式のその寄附修正事由が生じた直後の移動平均法により計算した１単位当たりの帳簿価額は，その寄附修正事由が生じた直前の帳簿価額にその寄附修正事由による利益積立金額の増加額を加算した金額をその株式の数で除して計算した金額とすることとされた（法令119の３⑥）。

これにより，子法人が完全支配関係のある法人間の寄附金を支出した場合に，その子法人の株主においてその寄附による純資産の減少額相当分が寄附をした子法人の株式の帳簿価額から減算（利益積立金額も減算）されるとともに，受贈による純資産の増加額相当分が受贈した子法人の株式の帳簿価額に加算（利益積立金額も加算）されることとなる。

具体的には，子法人株式について寄附修正事由が生じた場合には次の金額を利益積立金額に加減算し，その寄附修正事由が生じたことの直前の株式の帳簿価額にその金額を加減算することとされている。

| 受贈益の額×持分割合－寄附金の額×持分割合 |
|---|

この規定の趣旨は，寄附修正事項を任意に生じさせることによって，完全子法人の利益積立金を自由に増減させることによって，例えば完全子法人株式の価値を増減させて譲渡損益を実現させたり，資本取引を行うにあたりみなし配当に該当しないように事前調整するなどの租税回避を防止することにある。

#### ② 子 法 人

寄附修正の対象となる子法人とは，法人との間に完全支配関係のある法人であるが，連結完全支配関係のある法人については連結法人間における投資簿価修正の規定があるため除かれている。連結法人について寄附修正の適用がある寄附金は，連結除外法人（法法４の２）や外国法人が在介する完全支配関係がある法人などの連結完全支配関係はないが完全支配関係のある法人との間で行われる寄附金に限られる。

#### ③ 寄附修正事由

寄附修正事由とは，子法人が他の内国法人から益金不算入とされる受贈益の額を受けること（法法25の２①）又は子法人が他の内国法人に対して損金不算入とされる寄附金の額を支出したこと（法法37②）をいう（法令９①七）。

#### ④ 持 分 割 合

持分割合とは子法人の寄附修正事由が生じたときの直前の発行済株式又は出資（その子法人の有する自己の株式又は出資を除く。）の総数又は総額のうちにその法人（株主）がその寄附修正事由が生じたときの直前に有するその子法人の株式又は出資の数又は金額の占める割合をいう。

#### ⑤ 相互持合いの場合の寄附修正

下記のような場合，Ｂ社がＣ社に寄附をした場合には，Ｂ社の株主であるＡ社とＣ社がＢ社株式の帳簿価額の修正を行い，Ｃ社の株主であるＡ社とＢ社がＣ社株式の帳簿価額の修正を行うことになる。

また，Ａ社がＣ社に寄附をした場合には，Ｃ社の株主であるＡ社とＢ社がＣ社株式の帳簿価額の修正を行うことになる（平成22年度税制改正に係る法人税質疑応答事例（グループ法人税制関係）（情報）（平成22年10月６日）問４参照のこと）。

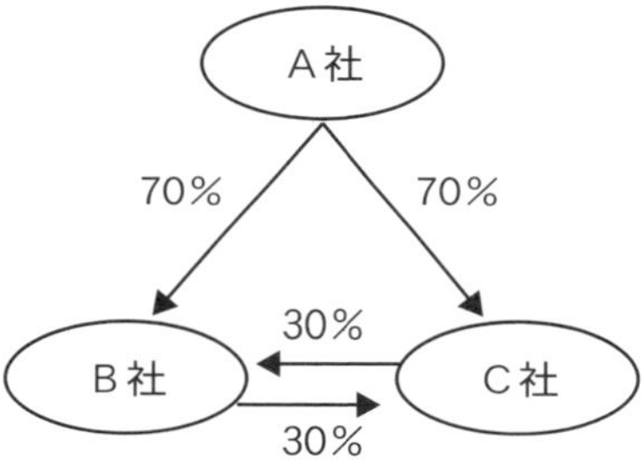


**設例９　寄附修正**

次のような完全支配関係がある法人間において現金500の寄附をした場合におけるＰ社，Ａ社，Ｂ社の処理

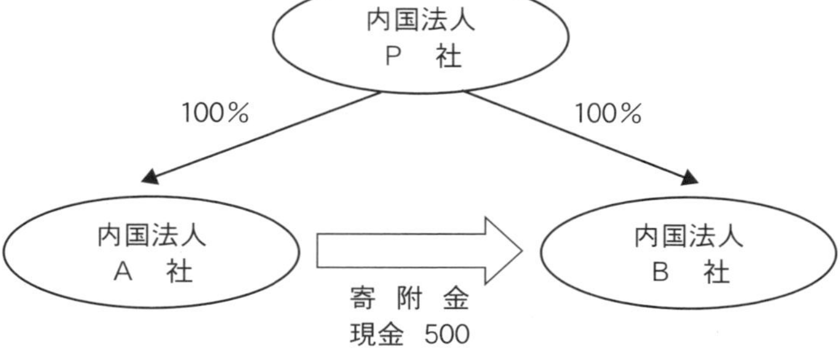

## 解説

A社：

【仕　訳】

| | | | | | |
|---|---|---|---|---|---|
| （借） | 寄附金 | 500 | （貸） | 現金 | 500 |

損金不算入

P社：

別表四　所得の金額の計算に関する明細書

| 区分 | | | 総額 | 処分 | | |
|---|---|---|---|---|---|---|
| | | | | 留保 | 社外流出 | |
| | | | ① | ② | ③ | |
| 加算 | 寄附金の損金不算入額 | | 500 | | | 500 |
| 減算 | | | | | | |

B社：

【仕　訳】

| | | | | | |
|---|---|---|---|---|---|
| （借） | 現金 | 500 | （貸） | 受贈益 | 500 |

益金不算入

別表四　所得の金額の計算に関する明細書

| 区分 | | | 総額 | 処分 | |
|---|---|---|---|---|---|
| | | | | 留保 | 社外流出 |
| | | | ① | ② | ③ |
| 加算 | | | | | |
| 減算 | 受贈益の益金不算入額 | | 500 | | 500 |

**Ｐ社：**

**別表五(一)**

Ⅰ　**利益積立金額の計算に関する明細書**

| 区　分 | 期首現在利益積立金額 | 当期の増減 | | 差引翌期首現在利益積立金額①－②＋③ |
|---|---|---|---|---|
| | | 減 | 増 | |
| | ① | ② | ③ | ④ |
| Ａ　社　株　式 | | (注１) 500 | | △500 |
| Ｂ　社　株　式 | | | (注２) 500 | 500 |

(注１)　利益積立金減少額＝寄附金の額×持分割合　　500×100％＝500
(注２)　利益積立金増加額＝受贈益の額×持分割合　　500×100％＝500

寄附金を支出したＡ社においてはその支出した寄附金の額は完全支配関係のある法人に対する寄附金としてその全額が損金不算入とされ，Ａ社の別表四で加算・社外流出で調整される。

寄附金を受領したＢ社においては受贈益の額は完全支配関係のある法人から受領する受贈益の額としてその全額が益金不算入とされ，Ｂ社の別表四で減算・社外流出で調整される。

Ａ社は完全支配関係のある他の法人Ｂ社に対して損金不算入とされる寄附金を支出しており，Ｂ社は完全支配関係のある法人Ａ社から益金不算入とされる受贈益の額を受けており，これらの取引は寄附修正事由に該当するため，親法人Ｐ社において保有するＡ社株式及びＢ社株式の税務上の帳簿価額を修正する必要がある。

具体的には，Ｐ社の別表五(一)においてＡ社株式の帳簿価額を500減少させ，Ｂ社株式の帳簿価額を500増加させる。

# 4　完全支配関係がある法人間の現物分配

## （1）　改正前の制度の概要

改正前において法人が，現物配当を行った場合，すなわち利益又は剰余金の配当として金銭以外の資産を株主に移転させた場合，「無償による資産の譲渡」に該当し，その資産の譲渡損益の額は益金又は損金に算入される（法法22②）。法人税法第22条第５項は，利益又は剰余金の分配を資本等取引として課税の対象外とする旨定めているが，これは金銭以外の資産の交付という行為のもつ「資産の流出」という特質に伴う損失を損金不算入とする趣旨であり，もう一方の「資産の譲渡」に伴う損益まで課税しないということではない。

## （2）　改正の内容

### ①　改正の概要及び趣旨

現物分配が適格現物分配の要件を満たす場合，現物分配法人においては現物分配直前の当該現物資産の帳簿価額にて譲渡したものとして所得計算を行う（法法62の５③）。この詳細な取扱いについては（３）（４）（５）において説明する。なお，適格現物分配に係る剰余金の配当等は所得税法上の配当等から除かれ，源泉徴収が不要となっている。

また，適格現物分配は，組織再編成の一形態に位置づけられ，他の適格組織再編成と同様の措置が講じられており，詳細は（６）で説明する。

これらの改正は，グループ法人の実質的な一体性に着目すれば，グループ法人間において現物資産を移転する場合，合併・分割による場合には簿価引継ぎになることとの整合性の観点から，現物分配による場合にも資産の譲渡損益は実現していないものとして同様の措置としたものである。

### ②　現物分配

現物分配とは，法人がその株主等に対し次の事由により金銭以外の資産を交付することをいう（法法2十二の六)。

#### a）　剰余金の配当若しくは利益の配当又は剰余金の分配

これは，法人税法第23条第1項第1号で定める受取配当金の益金不算入の対象となるものと同様である。

#### b）　法人税法第24条第1項第3号から第6号までに掲げる事由

具体的には，資本の払戻し及び解散による残余財産の分配（3号)，自己の株式又は出資の取得（4号)，出資の消却・払戻し，社員その他法人の出資者の退社又は脱退による持分の払戻しその他株式又は出資をその発行した法人が取得することなく消滅させること（5号)，組織変更（6号）において配当等の額とみなされる金額である。

### ③　現物分配法人

現物分配法人とは，現物分配によりその有する資産の移転を行った法人をいう（法法2十二の六)。ここで公益法人等及び人格のない社団等は除外される。

### ④　被現物分配法人

被現物分配法人とは，現物分配により現物分配法人から資産の移転を受けた法人をいう（法法2十二の六の二)。

### ⑤　適格現物分配

内国法人を現物分配法人とする現物分配のうち，その現物分配により資産の移転を受ける者がその現物分配の直前においてその内国法人との間に完全支配関係がある内国法人（普通法人又は協同組合等に限る。）のみであるものをいう（法法2十二の十五)。

#### a）　適格現物分配の当事者

現物分配の当事者に関して，適格現物分配においては資産の移転は内国法人間で行われる必要がある。被現物分配法人は，普通法人・協同組合等に限定されている。これは，適格現物分配により課税の繰り延べられた資産が国外や公益法人等・人格のない社団等の制限納税義務者に移転した場合，課税の機会を失ってしまうためである。さらに，被現物分配法人は一定の内国法人「のみ」とされている。したがって，現物分配を一つの行為で複数の被現物分配法人に対して行う場合，被現物分配法人の中に一者でも個人，外国法人，公共法人，公益法人等又は人格のない社団等が含まれれば，現物分配全体が非適格となる。

**b）適格現物分配における完全支配関係**

次に適格現物分配における完全支配関係に関して，完全支配関係がある現物分配法人と被現物分配法人がともに一定の内国法人であれば適格現物分配の要件たりうる。したがって，例えば下図のように，現物分配法人と被現物分配法人との間の完全支配関係が外国法人によるものであったとしても，その外国法人が現物分配の当事者でなければ，適格現物分配の判定に影響はない。

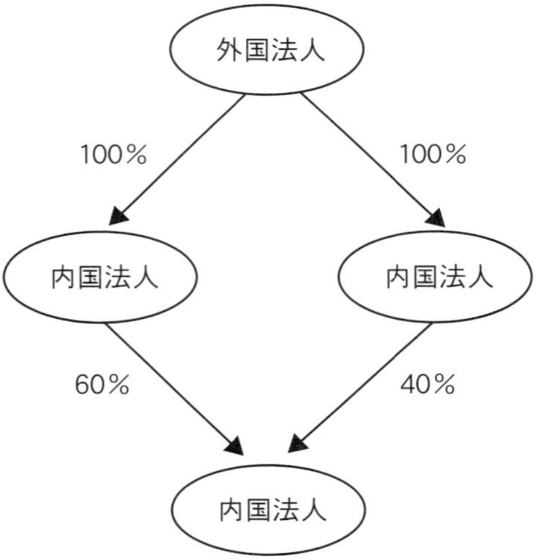


また，完全支配関係は，現物分配の直前において満たしていることのみが必要とされ，完全支配関係の継続見込みは要件とされていない。これは現物分配が，他の組織再編成と異なり譲渡法人側に課税の繰延ポジションが残らない，いわば手仕舞い型の取引であることによる。

**c） 適格現物分配における交付資産**

上述の定義上，適格現物分配の要件として，被現物分配法人に交付する対象資産については金銭以外の資産であれば特に制限が加えられていない。また，残余財産の分配などの場合において，金銭と金銭以外の資産の両方が分配されることも考えられるが，このような場合には，金銭の分配と金銭以外の資産の交付を別々の取引として捉えることになるため，金銭以外の資産の交付については，他の要件を満たしていれば適格現物分配となりうる。

**ア　親会社株式**

発行済株式の全部を保有する完全支配関係を有する子会社が吸収合併により親会社株式を承継した後に，親会社に対して当該親会社株式を現物分配した場合，その直前に完全支配関係が構築されている限りにおいて適格現物分配となる。

**イ　事　　業**

適格現物分配の定義においては，現物分配により「資産」を移転させるものとしている。現物分配によって「事業」を移転する場合，事業には現物分配の対象外である負債が含まれるため，適格現物分配とはならない。

**ウ　リース資産**

リース資産は資産の賃借権と賃借料の支払債務との合成物であり，また，リース賃貸資産は賃借料債権と保守等の債務の合成物であるところ，適格現物分配は債務の移転を前提としないため，リース資産及びリース賃貸資産の適格現物分配による移転に関する措置は設けられていない（法令48の２①六，49の２③）。

## （3）　適格現物分配における現物分配法人の取扱い

### ①　適格現物分配による資産の帳簿価額による譲渡（貸方の取扱い）

内国法人が適格現物分配により被現物分配法人にその有する資産の移転をしたときは，その被現物分配法人に移転をした資産のその適格現物分配の直前の帳簿価額による譲渡をしたものとして，その内国法人の各事業年度の所得の金額を計算することとされた（法法62の５③）。

すなわち，現物分配法人側でその交付した資産の譲渡損益が計上されないことなる。

なお，適格現物分配が残余財産の全部の分配である場合には，その残余財産の確定のときの帳簿価額により譲渡をしたものとされる。

### ②　現物分配法人の資本の部（借方の取扱い）

#### a）　剰余金の配当若しくは利益の配当又は剰余金の分配の場合

この場合には，交付した資産の交付直前の帳簿価額に相当する金額の利益積立金を減算する（法令９①八）。

#### b）　みなし配当（法法24①三～五）の場合

この場合には，次のア，イ，ウの事由に応じて各算式で算定される資本等の額を減算する（法令８①十六，十七）。

また，交付資産の交付直前の帳簿価額からこの減算する資本等の額を減算した金額の利益積立金を減算する（法令９①十一，十二）。

**ア　資本の払戻し又は解散による残余財産の一部分配**

$$\text{資本の払戻し等の直前の資本金等の額} \times \frac{\text{資本の払戻しにより減少した資本剰余金の額または，残余財産分配により交付した資産の交付直前の帳簿価額}}{\text{資本の払戻し等の事業年度終了時における資産の帳簿価額} - \text{負債の帳簿価額}}$$

**イ　自己株式の取得等（一種類の株式を発行していた法人が行う場合）**

$$\text{自己株式取得等の直前の資本金等の額} \times \frac{\text{自己株式の取得等に係る株式の数}}{\text{自己株式の取得等の直前の発行済株式（自己が有する自己の株式を除く。）の総数}}$$

**ウ　自己株式の取得等（二以上の種類の株式を発行していた法人が行う場合）**

$$\text{自己株式取得等の直前のその自己株式の取得等に係る種類と同一の種類に係る種類資本金額} \times \frac{\text{自己株式の取得等に係るその種類の株式の数}}{\text{自己株式の取得等の直前のその自己株式の取得等に係る種類の株式（自己が有する自己の株式を除く。）の総数}}$$

## (４)　適格現物分配における被現物分配法人の取扱い

### ①　適格現物分配における被現物分配法人の資産の取得価額（借方の取扱い）

被現物分配法人が，適格現物分配により移転を受けた資産の取得価額は，現物分配法人における適格現物分配の直前の帳簿価額に相当する金額とされた（法令123の６①）。

なお，適格現物分配が残余財産の全部の分配である場合の被現物分配法人の取得価額は，現物分配法人の残余財産の確定のときの帳簿価額となる。

また，適格現物分配により移転を受けた資産が自己の株式である場合には，その現物分配法人における適格現物分配の直前の帳簿価額に相当する金額が被現物分配法人の資本金等の額の減少額となる（法令８①十八）。

### ②　被現物分配法人の剰余金の配当等の処理（貸方の取扱い）

#### ａ）　剰余金の配当若しくは利益の配当又は剰余金の分配の場合

被現物分配法人は，その交付を受けた資産のその交付の直前の帳簿価額に相当する金額を利益積立金額に加算する（法令９①四）。

#### ｂ）　みなし配当（法法24①三～五）の場合

この場合の被現物分配法人は，交付を受けた資産のその交付の直前の帳簿価額に相当する金額からその適格現物分配に係る現物分配法人の資本金等の額のうちその交付の基因となったその現物分配法人の株式又は出資に対応する部分の金額（法法24①，法令23①三，四）を除いた金額を利益積立金額に加算する（法令９①四）。

なお，この場合，100％のグループ内取引であることから現物分配法人株式の譲渡損益は計上されず（法法61の２⑯），譲渡損益相当額を資本金等の額とする（法令８①十九）。

また，適格現物分配が資本の払戻し又は解散による残余財産の一部の分配である場合には，通常のみなし配当と同様に現物分配法人株式の部分譲渡とされる（法法61の２⑰，法令119の３⑮）が譲渡損益は計上されず（法法61の２⑯），譲渡損益相当額を資本金等の額とする（法令８①十九）。

## （5） 適格現物分配の処理

適格現物分配の処理をまとめると以下のとおりになる。

| 事　由 | 現物分配法人 | 被現物分配法人 |
|---|---|---|
| 剰余金の配当 | （借）利益積立金<br>　（貸）資産（簿価） | （借）資産（簿価）<br>　（貸）利益積立金 |
| 資本の払戻し（注１） | （借）資 本 金 等<br>利益積立金<br>（みなし配当）<br>　（貸）資産（簿価） | （借）資　　産<br>資 本 金 等<br>　（貸）子会社株式<br>利益積立金<br>（みなし配当） |
| 自己株式の取得（注２） | （借）資 本 金 等<br>利益積立金<br>（みなし配当）<br>　（貸）資産（簿価） | （借）資　　産<br>資 本 金 等<br>　（貸）子会社株式<br>利益積立金<br>（みなし配当） |

（注１）　資本の払戻し

（現物分配法人）

$$資本金等＝直前資本金等×\frac{交付資産の簿価}{直前簿価純資産}$$

利益積立金＝交付資産の簿価－資本金等

（被現物分配法人）

$$子会社株式＝直前簿価×\frac{交付資産の簿価}{直前簿価純資産}$$

利益積立金＝現物分配法人の減少した利益積立金の対応分

（注２）　自己株式の取得

（現物分配法人）

$$資本金等＝直前資本金等×\frac{自己株式の取得に係る株式数}{直前発行済株式総数}$$

利益積立金＝交付資産の簿価－資本金等

（被現物分配法人）

子会社株式＝直前簿価@×譲渡株式数

利益積立金＝現物分配法人の減少した利益積立金の対応分

資本金等＝（みなし配当＋みなし対価（交付資産の簿価））－取得価額

## 設例10　適格現物分配の処理例（利益配当のケース）

**【前提条件】**

・　親会社所有の子会社株式（100％）の帳簿価額は12,000

・　繰越利益剰余金を原資として帳簿価額1,000（時価1,400）の固定資産を分配する。

・　税務上の否認額はない。

・　適格現物分配に該当する。

・　現物分配法人（子会社）の現物分配直前の貸借対照表は以下のとおりとする。

**現物分配直前の貸借対照表（子会社）**

| 科目 | 金額 | 科目 | 金額 | |
|---|---|---|---|---|
| 資産 | | 負債 | | |
| 資産 | 55,000 | 負債 | 30,000 | |
| | | 負債合計 | 30,000 | |
| | | 純資産 | | |
| | | 資本金<br>その他資本剰余金 | 5,000<br>5,000 | 資本金等　10,000 |
| | | 利益準備金<br>繰越利益剰余金 | 1,250<br>13,750 | 利益積立金　15,000 |
| | | 純資産合計 | 25,000 | |
| 資産合計 | 55,000 | 負債・純資産合計 | 55,000 | |

## 解説

### ＜現物分配法人の取扱い（子会社）＞

**【会計仕訳】**

| | | | | | |
|---|---|---|---|---|---|
| **（借）** | 繰越利益剰余金 | 1,000 | **（貸）** | 固定資産 | 1,000 |

**【税務仕訳】**

| | | | | | |
|---|---|---|---|---|---|
| **(借)** | 利益積立金 | 1,000 | **(貸)** | 固定資産 | 1,000 |

※　分配直前の帳簿価額による。

**【申告調整】**

**別表四　所得の金額の計算に関する明細書**

| 区分 | | | 総額 | 処分 | | |
|---|---|---|---|---|---|---|
| | | | | 留保 | 社外流出 | |
| | | | ① | ② | ③ | |
| 当期利益又は当期欠損の額 | | 1 | ××× | ××× | 配当 | 1,000 |
| | | | | | その他 | |
| 加算 | | | | | | |
| 減算 | | | | | | |

**別表五(一)**

**Ⅰ　利益積立金額の計算に関する明細書**

| 区分 | | 期首現在利益積立金額 | 当期の増減 | | 差引翌期首現在利益積立金額 ①－②＋③ |
|---|---|---|---|---|---|
| | | | 減 | 増 | |
| | | ① | ② | ③ | ④ |
| 利益準備金 | 1 | 1,250 | | | 1,250 |
| 繰越損益金（損は赤） | 26 | 13,750 | 1,000 | | 12,750 |

## ＜被現物分配法人の取扱い（親会社）＞

**【会計仕訳】**

| | | | | | |
|---|---|---|---|---|---|
| **(借)** | 固定資産 | 1,000 | **(貸)** | 特別利益 | 1,000※1 |

※1　全額特別利益計上したものとしている。

**【税務仕訳】**

| | | | |
|---|---|---|---|
| （借）固定資産 | 1,000※2 | （貸）受取配当金 | 1,000 |

※2　分配直前の帳簿価額による。

**【申告調整】**

**別表四　所得の金額の計算に関する明細書**

| 区分 | | | 総額 | 処分 | | |
|---|---|---|---|---|---|---|
| | | | | 留保 | 社外流出 | |
| | | | ① | ② | ③ | |
| 加算 | | | | | | |
| 減算 | 現物分配に係る益金不算入額※3 | 19 | 1,000 | | ※ | 1,000 |

※3　配当額を減算調整（社外流出）する。

## 設例11　適格現物分配の処理例（資本の払戻しのケース）

**【前提条件】**

・　親会社所有の子会社株式（100％）の帳簿価額は12,000

・　その他の資本剰余金を原資として帳簿価額1,000（時価1,400）の固定資産を分配する。

・　税務上の否認額はない。

・　適格現物分配に該当する。

・　現物分配法人（子会社）の現物分配直前の貸借対照表は以下のとおりとする。

**現物分配直前の貸借対照表（子会社）**

| 科　　目 | 金　　額 | 科　　目 | 金　　額 | |
|---|---|---|---|---|
| 資　　産 | | 負　　債 | | |
| 資　　産 | 55,000 | 負　　債 | 30,000 | |
| | | 負債合計 | 30,000 | |
| | | 純資産 | | |
| | | 資本金<br>その他資本剰余金 | 5,000<br>5,000 | 資本金等　10,000 |
| | | 利益準備金<br>繰越利益剰余金 | 1,250<br>13,750 | 利益積立金　15,000 |
| | | 純資産合計 | 25,000 | |
| 資産合計 | 55,000 | 負債・純資産合計 | 55,000 | |

## 解説

### ＜現物分配法人の取扱い（子会社）＞

**【会計仕訳】**

| | | | |
|---|---|---|---|
| **（借）** その他資本剰余金 | 1,000 | **（貸）** 固定資産 | 1,000 |

**【税務仕訳】**

| | | | |
|---|---|---|---|
| **（借）** 資本金等 | 400 | **（貸）** 固定資産※1 | 1,000 |
| 利益積立金※2 | 600 | | |

※1　帳簿価額で移転

※2　みなし配当＝現物分配資産の簿価－直前資本金等×$\frac{\text{現物分配資産の簿価}}{\text{直前簿価純資産}}$

$=1,000-10,000\times\frac{1,000}{25,000}$

（注）　分数式は小数点以下第三位未満切上げ

【申告調整】

別表五(一)

Ⅰ　利益積立金額の計算に関する明細書

| 区　　分 | | 期首現在利益積立金額 | 当期の増減 | | 差引翌期首現在利益積立金額①－②＋③ |
|---|---|---|---|---|---|
| | | | 減 | 増 | |
| | | ① | ② | ③ | ④ |
| 利益準備金 | 1 | 1,250 | | | 1,250 |
| 資本金等 | | | 600 | | △600 |
| 繰越損益金（損は赤） | 26 | 13,750 | | | 13,750 |

Ⅱ　資本金等の額の計算に関する明細書

| 区　　分 | | 期首現在資本金等の額 | 当期の増減 | | 差引翌期首現在資本金等の額①－②＋③ |
|---|---|---|---|---|---|
| | | | 減 | 増 | |
| | | ① | ② | ③ | ④ |
| 資本金又は出資金 | 32 | 5,000 | | | 5,000 |
| 資本準備金 | 33 | | | | |
| その他資本剰余金 | 34 | 5,000 | 1,000 | | 4,000 |
| 利益積立金 | 35 | | | 600 | 600 |

## ＜被現物分配法人の取扱い（親会社）＞

【会計仕訳】

| | | | | | |
|---|---|---|---|---|---|
| （借） | 固定資産 | 1,000 | （貸） | 子会社株式※1 | 480 |
| | | | | 特別利益 | 520 |

※1　子会社株式の一部譲渡の処理が行われ，分配直前の子会社株式の適正な簿価を合理的な方法（簿価比）で按分している。

【税務仕訳】

| | | | | | |
|---|---|---|---|---|---|
| （借） | 固定資産※4 | 1,000 | （貸） | 子会社株式※2 | 480 |
| | 資本金等※5 | 80 | | みなし配当※3 | 600 |

※2　子会社株式簿価$12{,}000 \times \frac{\text{交付現物資産簿価}1{,}000}{\text{簿価純資産}25{,}000}$

※3　現物分配法人の**【税務仕訳】**参照

※4　帳簿価額

※5　譲渡損益は認識せず資本等として処理する。

**【申告調整】**

**別表四　所得の金額の計算に関する明細書**

| 区分 | | | 総額 | 処分 | | |
|---|---|---|---|---|---|---|
| | | | | 留保 | 社外流出 | |
| | | | ① | ② | ③ | |
| 加算 | みなし配当計上漏れ | | 600 | 600 | | |
| 減算 | 現物分配に係る益金不算入 | 19 | 600 | | ※ | 600 |
| | 特別利益否認 | | 520 | 520 | | |

**別表五(一)**

**Ⅰ　利益積立金額の計算に関する明細書**

| 区分 | | 期首現在利益積立金額 | 当期の増減 | | 差引翌期首現在利益積立金額①－②＋③ |
|---|---|---|---|---|---|
| | | | 減 | 増 | |
| | | ① | ② | ③ | ④ |
| 子会社株式 | | | 600※2 | 600※1 | |
| 資本金等 | | | | 80 | 80 |

※1　みなし配当600

※2　特別利益否認520＋資本金等に振替80

**Ⅱ　資本金等の額の計算に関する明細書**

| 区分 | | 期首現在資本金等の額 | 当期の増減 | | 差引翌期首現在資本金等の額①－②＋③ |
|---|---|---|---|---|---|
| | | | 減 | 増 | |
| | | ① | ② | ③ | ④ |
| 資本金又は出資金 | 32 | | | | |
| 資本準備金 | 33 | | | | |
| 利益積立金 | 34 | | 80 | | △80 |

## 設例12　適格現物分配の処理例（自己株式の取得のケース）

**【前提条件】**

・　親会社所有の子会社株式（100%，1,000株）の帳簿価額@12／株，時価@20／株とする。

・　子会社は親会社から自己株式80株を固定資産（簿価1,000，時価1,400）を対価として取得する。

・　税務上の否認額はない。

・　適格現物分配に該当する。

・　現物分配法人（子会社）の現物分配直前の貸借対照表は以下のとおりとする。

**現物分配直前の貸借対照表（子会社）**

| 科　目 | 金　額 | 科　目 | 金　額 | |
|---|---|---|---|---|
| 資　産 | | 負　債 | | |
| 資　産 | 55,000 | 負　債 | 30,000 | |
| | | 負債合計 | 30,000 | |
| | | 純資産 | | |
| | | 資本金<br>その他資本剰余金 | 5,000<br>5,000 | 資本金等　10,000 |
| | | 利益準備金<br>繰越利益剰余金 | 1,250<br>13,750 | 利益積立金　15,000 |
| | | 純資産合計 | 25,000 | |
| 資産合計 | 55,000 | 負債・純資産合計 | 55,000 | |

## 解説

### ＜現物分配法人の取扱い（子会社）＞

**【会計仕訳】**

| | | | | | |
|---|---|---|---|---|---|
| **（借）** | 自己株式 | 1,000 | **（貸）** | 固定資産 | 1,000 |

【税務仕訳】

| | | | |
|---|---|---|---|
| (借) 資本金等 | 800 | (貸) 固定資産 | 1,000 |
| 利益積立金※ | 200 | | |

※ みなし配当＝現物分配資産の簿価－直前資本金等×$\frac{取得株式数}{発行済株式総数}$

$$=1,000-10,000\times\frac{80}{1,000}$$

【申告調整】

別表四　所得の金額の計算に関する明細書

| 区分 | | | 総額 | 処分 | | |
|---|---|---|---|---|---|---|
| | | | | 留保 | 社外流出 | |
| | | | ① | ② | ③ | |
| 当期利益又は当期欠損の額 | | 1 | ××× | ××× | 配当 | |
| | | | | | その他 | |
| 加算 | みなし配当 | | 200 | | 配当 | 200 |
| 減算 | みなし配当 | | 200 | 200 | | |

別表五(一)

Ⅰ　利益積立金額の計算に関する明細書

| 区分 | | 期首現在利益積立金額 | 当期の増減 | | 差引翌期首現在利益積立金額 ①－②＋③ |
|---|---|---|---|---|---|
| | | | 減 | 増 | |
| | | ① | ② | ③ | ④ |
| 利益準備金 | 1 | 1,250 | | | 1,250 |
| 自己株式 | | | 1,000 | | △1,000 |
| 資本金等 | | | | 800 | 800 |
| 繰越損益金（損は赤） | 26 | 13,750 | | | 13,750 |

Ⅱ　**資本金等の額の計算に関する明細書**

| 区分 | | 期首現在資本金等の額 | 当期の増減 | | 差引翌期首現在資本金等の額 ①－②＋③ |
|---|---|---|---|---|---|
| | | | 減 | 増 | |
| | | ① | ② | ③ | ④ |
| 資本金又は出資金 | 32 | 5,000 | | | 5,000 |
| 資本準備金 | 33 | | | | |
| その他資本剰余金 | 34 | 5,000 | | | 5,000 |
| 利益積立金 | | | 800 | | △800 |

## ＜被現物分配法人の取扱い（親会社）＞

**【会計仕訳】**

| | | | | | |
|---|---|---|---|---|---|
| （借） | 固定資産 | 1,000 | （貸） | 子会社株式 | 480※1 |
| | | | | 特別利益 | 520 |

※1　分配直前の子会社株式の適正な簿価を合理的な方法（簿価比）で按分している。

**【税務仕訳】**

| | | | | | |
|---|---|---|---|---|---|
| （借） | 固定資産※4 | 1,000 | （貸） | 子会社株式※2 | 960 |
| | 資本金等※5 | 160 | | みなし配当※3 | 200 |

※2　子会社株式簿価@12／株×譲渡株式数80株
※3　現物分配法人の **【税務仕訳】** 参照
※4　帳簿価額
※5　譲渡損益は認識せず資本等として処理する。

**【申告調整】**

**別表四　所得の金額の計算に関する明細書**

| 区分 | | | 総額 | 処分 | | |
|---|---|---|---|---|---|---|
| | | | | 留保 | 社外流出 | |
| | | | ① | ② | ③ | |
| 加算 | みなし配当 | | 200 | 200 | | |
| 減算 | 現物分配に係る益金不算入 | 19 | 200 | | ※ | 200 |
| | 特別利益否認 | | 520 | 520 | | |

別表五(一)

I　利益積立金額の計算に関する明細書

| 区　分 | | 期首現在利益積立金額 | 当期の増減 | | 差引翌期首現在利益積立金額 ①－②＋③ |
|---|---|---|---|---|---|
| | | | 減 | 増 | |
| | | ① | ② | ③ | ④ |
| 子会社株式 | | | 680※2 | 200※1 | △480 |
| 資本金等 | | | | 160 | 160 |

※1　みなし配当200

※2　特別利益否認520＋資本金等に振替160

II　資本金等の額の計算に関する明細書

| 区　分 | | 期首現在資本金等の額 | 当期の増減 | | 差引翌期首現在資本金等の額 ①－②＋③ |
|---|---|---|---|---|---|
| | | | 減 | 増 | |
| | | ① | ② | ③ | ④ |
| 資本金又は出資金 | 32 | | | | |
| 資本準備金 | 33 | | | | |
| 利益積立金 | 34 | | 160 | | △160 |

## (6)　残余財産の全部の分配

適格現物分配が残余財産の全部の分配である場合には，その適格現物分配はその残余財産の確定の日の翌日に行われたものとして，法人税法の規定を適用することとされている（法令123の６②)。

残余財産の確定後分配までに時間が空くことが考えられるが，この措置により，分配資産の所有期間が連続するほか，清算法人が連結子法人であり，他の連結子法人の株式を残余財産として有していた場合に，他の連結子法人が連結グループから離脱しないことになる。

## 設例13　残余財産全部の分配の処理例

**【前提条件】**

- 親会社所有の子会社株式（100%）の帳簿価額は12,000
- 子会社は解散後，残余財産全部を親会社に分配した。
- 残余財産は全て固定資産（帳簿価額25,000，時価30,000）である。
- 税務上の否認額はない。
- 適格現物分配に該当する。
- 子会社の残余財産確定時の貸借対照表は以下のとおりとする。

**残余財産確定時の貸借対照表（子会社）**

| 科　　目 | 金　　額 | 科　　目 | 金　　額 | |
|---|---|---|---|---|
| 資　　産 | | 負　　債 | | |
| 資　　産 | 25,000 | 負　　債 | 0 | |
| | | 負債合計 | 0 | |
| | | 純資産 | | |
| | | 資本金<br>その他資本剰余金 | 5,000<br>5,000 | 資本金等　10,000 |
| | | 利益準備金<br>繰越利益剰余金 | 1,250<br>13,750 | 利益積立金　15,000 |
| | | 純資産合計 | 25,000 | |
| 資産合計 | 25,000 | 負債・純資産合計 | 25,000 | |

## 解説

### ＜現物分配法人の取扱い（子会社）＞

**【会計仕訳】**

| | | | | | |
|---|---|---|---|---|---|
| **（借）** | 資本金 | 5,000 | **（貸）** | 固定資産 | 25,000 |
| | その他資本剰余金 | 5,000 | | | |
| | 利益準備金 | 1,250 | | | |
| | 繰越利益剰余金 | 13,750 | | | |

**【税務仕訳】**

| | | | |
|---|---|---|---|
| **(借)** 資本金等 | 10,000 | **(貸)** 固定資産 | 25,000 |
| 利益積立金 | 15,000 | | |

**【申告調整】**

**別表四　所得の金額の計算に関する明細書**

<table>
<tr><td colspan="3" rowspan="2">区分</td><td rowspan="2">総額</td><td colspan="3">処分</td></tr>
<tr><td>留保</td><td colspan="2">社外流出</td></tr>
<tr><td colspan="3"></td><td>①</td><td>②</td><td colspan="2">③</td></tr>
<tr><td colspan="2" rowspan="2">当期利益又は当期欠損の額</td><td rowspan="2">1</td><td rowspan="2">×××</td><td rowspan="2">×××</td><td>配当</td><td>15,000</td></tr>
<tr><td>その他</td><td></td></tr>
<tr><td>加算</td><td></td><td></td><td></td><td></td><td></td><td></td></tr>
<tr><td>減算</td><td></td><td></td><td></td><td></td><td></td><td></td></tr>
</table>

**別表五(一)**

**Ⅰ　利益積立金額の計算に関する明細書**

<table>
<tr><td colspan="2" rowspan="3">区分</td><td rowspan="2">期首現在<br>利益積立金額</td><td colspan="2">当期の増減</td><td rowspan="2">差引翌期首現在<br>利益積立金額<br>①－②＋③</td></tr>
<tr><td>減</td><td>増</td></tr>
<tr><td>①</td><td>②</td><td>③</td><td>④</td></tr>
<tr><td>利益準備金</td><td>1</td><td>1,250</td><td>1,250</td><td></td><td>0</td></tr>
<tr><td>繰越損益金（損は赤）</td><td>26</td><td>13,750</td><td>13,750</td><td></td><td>0</td></tr>
</table>

**Ⅱ　資本金等の額の計算に関する明細書**

<table>
<tr><td colspan="2" rowspan="3">区分</td><td rowspan="2">期首現在<br>資本金等の.額</td><td colspan="2">当期の増減</td><td rowspan="2">差引翌期首現在<br>資本金等の額<br>①－②＋③</td></tr>
<tr><td>減</td><td>増</td></tr>
<tr><td>①</td><td>②</td><td>③</td><td>④</td></tr>
<tr><td>資本金又は出資金</td><td>32</td><td>5,000</td><td>5,000</td><td></td><td>0</td></tr>
<tr><td>資本準備金</td><td>33</td><td></td><td></td><td></td><td></td></tr>
<tr><td>その他資本剰余金</td><td>34</td><td>5,000</td><td>5,000</td><td></td><td>0</td></tr>
</table>

## ＜被現物分配法人の取扱い（親会社）＞

**【会計仕訳】**

| | | | |
|---|---|---|---|
| （借）固定資産 | 25,000 | （貸）子会社株式 | 12,000 |
| | | 特別利益 | 13,000 |

**【税務仕訳】**

| | | | |
|---|---|---|---|
| （借）固定資産 | 25,000 | （貸）子会社株式 | 12,000 |
| 資本金等 | 2,000 | みなし配当 | 15,000 |

**【申告調整】**

**別表四　所得の金額の計算に関する明細書**

| 区分 | | | 総額 | 処分 | | |
|---|---|---|---|---|---|---|
| | | | | 留保 | 社外流出 | |
| | | | ① | ② | ③ | |
| 加算 | みなし配当計上漏れ | | 15,000 | 15,000 | | |
| 減算 | 現物分配に係る益金不算入 | 19 | 15,000 | | ※ | 15,000 |
| | 特別利益否認 | | 13,000 | 13,000 | | |

**別表五（一）**

**Ⅰ　利益積立金額の計算に関する明細書**

| 区分 | | 期首現在利益積立金額 | 当期の増減 | | 差引翌期首現在利益積立金額 ①－②＋③ |
|---|---|---|---|---|---|
| | | | 減 | 増 | |
| | | ① | ② | ③ | ④ |
| 子会社株式 | | | 15,000※2 | 15,000※1 | |
| 資本金等 | | | | 2,000 | 2,000 |

※１　みなし配当15,000

※２　特別利益否認13,000＋資本金等に振替2,000

Ⅱ　資本金等の額の計算に関する明細書

| 区　　分 | | 期首現在資本金等の額 | 当期の増減 | | 差引翌期首現在資本金等の額 ①－②＋③ |
|---|---|---|---|---|---|
| | | | 減 | 増 | |
| | | ① | ② | ③ | ④ |
| 資本金又は出資金 | 32 | | | | |
| 資本準備金 | 33 | | | | |
| 利益積立金 | 34 | | 2,000 | | △2,000 |

## （7）　他の適格組織再編成と同様の措置

### ①　連結子法人株式の帳簿価額の修正

連結法人が有する他の連結法人の株式を譲渡した場合における投資簿価修正額は，利益積立金に加算されるところ，適格現物分配による連結法人の株式の譲渡は，この譲渡等修正事由に該当しない（法令９②一ロ）。

### ②　受取配当等の益金不算入

#### a）　短期所有株式等

以下の算式で算定される短期所有株式等に係る配当は受取配当等の益金不算入の対象とならないが（法法23②，法令20①），適格現物分配によって株式が移転される場合において，現物分配法人及び被現物分配法人において調整計算が必要となる（法令20②～④）。

$$\text{短期所有株式等の数} = E \times \frac{C \times \frac{B}{A+B}}{C+D}$$

Ａ：配当支払基準日１ヶ月前の持株数

Ｂ：配当支払基準日以前１ヶ月以内の取得株式数

Ｃ：配当支払基準日の持株数

Ｄ：配当支払基準日後２ヶ月以内の取得株式数

Ｅ：配当支払基準日後２ヶ月以内の譲渡株式数

### ア　現物分配法人における調整

適格現物分配が配当基準日以前１ヶ月前以後基準日までの間に行われた場合，現物分配法人における上記Ａ及びＢの株式数は以下のように調整計算される。なお，基準日後２ヶ月以内に適格現物分配により移転した株式数は上記Ｅには含まれず，調整計算は不要とされる。

$$A' = a - \left(a \times \frac{c}{b}\right)$$

$$B' = d - \left(e \times \frac{c}{b}\right)$$

ａ：贋物分配法人の配当基準日１ヶ月前の株式数
ｂ：現物分配法人の適格現物分配直前の株式数
ｃ：ｂのうち被現物分配法人に移転する持株数
ｄ：現物分配法人の配当支払基準日以前１ヶ月以内の取得株式数
ｅ：現物分配法人の配当基準日以前１ヶ月後適格現物分配前日までの取得株式数

### イ　被現物分配法人における調整

適格現物分配が配当基準日以前１ヶ月前以後基準日までの間に行われた場合，被現物分配法人における上記Ａ及びＢの株式数は以下のように調整計算される。

$$A'' = f + \left(a \times \frac{c}{b}\right)$$

$$B'' = g + \left(e \times \frac{c}{b}\right)$$

ａ：現物分配法人の配当基準日１ヶ月前の株式数
ｂ：現物分配法人の適格現物分配直前の株式数
ｃ：ｂのうち被現物分配法人に移転する持株数
ｅ：現物分配法人の配当支払基準日以前１ヶ月前以後適格現物分配前日までの取得株式数

f ：被現物分配法人の配当基準日１ヶ月前の株式数
g ：被現物分配法人の配当基準日以前１ヶ月前以後適格現物分配前日までの取得株式数

b） 関係法人株式等

関係法人株式等に該当するかどうかの判定にあたり，被現物分配法人が適格現物分配により他の内国法人の発行済株式等の25％以上に相当する数の株式等の移転を受けた場合には，現物分配法人のその株式等の保有期間を自己の保有期間とみなして関係法人株式等の保有期間を判定することとなる（法令22の３②四）。

### ③ みなし配当

適格現物分配の場合（法法62の５③～⑥）におけるこのみなし配当金額は，交付資産の現物分配法人における直前の帳簿価額が，その現物分配法人の資本金等の額のうちその交付の基因となったその現物分配法人の株式又は出資に対応する部分の金額を超える部分の金額である（法法24①）。

### ④ 資産の評価益又は評価損の益金又は損金算入

内国法人に再生計画認可決定等の事実が生じた場合において，一定の資産評定を行った結果の評価損益は，益金又は損金算入が認められるが（法法25③，33④），適格現物分配により交付された資産が，現物分配法人の前５年内事業年度等において一定の圧縮記帳の規定の適用を受けた減価償却資産である場合には，評価損益の計上に適さない資産に該当するものとされた（法令24の２④一）。

### ⑤ 棚卸資産の取得価額

適格現物分配により現物分配法人から取得した棚卸資産についてその資産を消費し又は販売の用に供するために直接要した費用がある場合には，その費用の額を棚卸資産の評価額の計算上のその資産の取得価額に加算する（法令32④）。

## ⑥　減価償却資産

### a）　期中損金経理額の損金算入

適格現物分配により減価償却資産を移転する場合，その減価償却資産に係る損金経理額（法法31①）に相当する金額を費用計上したときの期中損金経理額のうち，適格現物分配の日の前日を事業年度終了の日として計算される償却限度額に相当する金額まで現物分配を行った事業年における現物分配法人の所得の金額の計算上，損金算入される（法法31②）。

上記の措置は，適格現物分配が残余財産の全部の分配の場合には適用されない（法法31②）。

### b）　償却超過額の引継ぎ

損金経理額（法法31①）及び期中損金経理額（法法31②）には，過年度における償却超過額が含まれる（法法31④）が，この損金経理額には，適格現物分配により移転を受けた減価償却資産に係る現物分配法人における過年度の償却超過額も含まれる（法法31④）こととされ，被現物分配法人に償却超過額が引き継がれる。

また，適格現物分配により引き継がれる繰延資産に係る過年度償却超過額についても，減価償却資産と同様の取扱いとなっている（法法32⑥）。

### c）　みなし損金経理処理

一定の減価償却資産に係る一定金額については，上述ｂ）の損金経理額とみなされる（法法31⑤）ところ，現物分配により移転を受ける減価償却資産に関しては，以下のとおり措置され損金経理額とみなされる。

#### ア　適格現物分配の場合

適格現物分配により移転を受けた減価償却資産につき被現物分配法人が，その資産の取得価額として帳簿に記載された金額がその現物分配法人によりその資産の価額として適格現物分配の直前にその帳簿に記載されていた金額に満たない場合には，その満たない部分の金額は，被現物分配法人のその適格現物分配の日の属する事業年度前の各事業年度の損金経理額とみなす（法令61の４表一）。

**イ　非適格現物分配の場合**

非適格現物分配により移転を受けた減価償却資産につき被現物分配法人が，その資産の取得価額として帳簿に記載された金額がその現物分配の直後におけるその資産の償却限度額の計算の基礎となる取得価額に満たない場合には，その満たない部分の金額は，被現物分配法人のその現物分配の日の属する事業年度前の各事業年度の損金経理額とみなす（法令61の４表二）。

また，繰延資産に係るみなし損金経理処理の取扱いに関しても，上述の減価償却資産と同様の措置がおかれている（法令66の２表一，表二）。

**d）　償却方法**

適格現物分配において移転を受けた減価償却資産の償却方法に関して，現物分配法人における当該減価償却資産の取得日に被現物分配法人が取得したものとみなして，償却の方法に関する規定（法令48，48の２）を適用する（法令48の３）。

**e）　取得価額**

適格現物分配により移転を受けた減価償却資産の償却限度額の計算の基礎となる取得価額は，以下の金額として算定される（法令54①五）。

**ア　残余財産の全部の分配の場合**

現物分配法人が残余財産の確定の日の属する事業年度においてその資産の償却限度額の計算の基礎とすべき取得価額及び被現物分配法人がその資産を事業の用に供するために直接要した費用の額の合計額

**イ　残余財産の全部の分配以外の場合**

現物分配法人が適格現物分配の日の前日を事業年度終了の日とした場合にその事業年度においてその資産の償却限度額の計算の基礎とすべき取得価額及び被現物分配法人がその資産を事業の用に供するために直接要した費用の額の合計額

**f）　中古資産の耐用年数**

適格現物分配により移転を受けた減価償却資産が中古資産である場合におい

て，現物分配法人が当該中古資産の耐用年数として見積耐用年数等によっていた場合，被現物分配法人は，当該減価償却資産の通常の耐用年数によらず，現物分配法人が適用していた見積耐用年数等により減価償却を行うことができる（耐規３②）。

### ⑦　繰延資産

現物分配で引き継がれる繰延資産に係る「期中損金経理額の損金算入（法法32②③，法規21の３）」，「償却超過額の引継ぎ（法法32⑥）」，「みなし損金経理額（法令66の２表一，表二）」の取扱いに関しては，上述における減価償却資産と同様の規定が措置されている。

### ⑧　一括償却資産

適格現物分配によって引き継ぐ一括償却資産に関して,「期中損金経理額の損金算入（法令133の２②）」，「損金算入限度超過額の引継ぎ（法令133の２⑨）」，「みなし損金経理額（法令133の２⑩）」の取扱いは，上述における減価償却資産，繰延資産の場合と同様である。

### ⑨　資産に係る控除対象外消費税額等

適格現物分配によって引き継ぐ繰延消費税等に関して,「損金算入対象となる繰延消費税等の範囲（法令139の４④）」「期中損金経理額の損金算入（法令139の４⑦⑧，法規28の２，28の３）」，「繰延消費税等の引継ぎ（法令139の４⑫）」「損金算入限度超過額の引継ぎ（法令139の４⑭）」，「みなし損金経理額（法令139の４⑮）」の取扱いは，上述における一括償却資産の場合と同様である。

### ⑩　欠損金の繰越し

適格現物分配が，適格合併等が行われた場合の合併法人等の控除未済欠損金額の切捨ての対象に追加されている（法法57④，81の９⑤三）。

なお，みなし共同事業要件に該当する場合の制限の除外措置は設けられていない。

### ⑪　特定株主等によって支配された欠損等法人の資産の譲渡等損失額の損金不算入

適格現物分配により法人税法第57条の２第１項に規定する他の者から移転を

受けた資産が，譲渡等損失額の損金不算入の対象となる特定資産の範囲に追加されている（法法60の３①，法令118の３①）。

また，欠損等法人が適格現物分配により特定資産を被現物出資法人に移転した場合には，被現物出資法人を欠損等法人とみなす（法法60の３②）。

### ⑫　連結納税の開始又は加入に伴う資産の時価評価損益

連結納税の開始又は連結納税への加入に伴う資産の時価評価（法法61の11①，61の12①）について，適格現物分配により現物分配法人から移転を受けた資産でその現物分配法人の前５年内事業年度等において一定の圧縮記帳の規定の適用を受けた減価償却資産は，時価評価資産とならない（法令122の12①一）。

### ⑬　特定資産に係る譲渡等損失額の損金不算入

適格現物分配が特定引継資産及び特定保有資産の譲渡等損失額の損金不算入の対象となる特定適格合併等の範囲に追加されている（法法62の７①）。なお，みなし共同事業要件に該当する場合の制限の除外措置は設けられていない。

### ⑭　非適格株式交換等に係る株式交換完全子法人等所有資産の時価評価損益

非適格株式交換等に係る株式交換完全子法人等の有する資産の時価評価（法法62の９①）について，適格現物分配により現物分配法人から移転を受けた資産でその現物分配法人の前５年内事業年度等において一定の圧縮記帳の規定の適用を受けた減価償却資産は，時価評価資産とならない（法令123の11①一）。

### ⑮　所得税額控除

源泉徴収された利子・配当等に係る所得税（所法174）は，法人税の所得計算上，控除できるが，公社債・株式の利子等についてはその元本所有期間に対応する部分が控除対象となる。この元本所有期間対応分の計算方法には，原則法と簡便法（法令140の２③）があるが，適格現物分配によって利子配当等の元本が移転した場合，以下のように扱われる。

### a）原　則　法

> 控除対象となる所得税額＝$A\times\frac{C}{B}$
>
> A：利子配当等に対する所得税額
>
> B：利子配当等の計算の基礎となった期間の月数
>
> C：Bのうちその元本を所有していた期間の月数

原則法によっては，元本の銘柄ごと所有期間の月数ごとに，上記の算式に基づいて所有期間対応分の計算を行うが，適格現物分配により利子配当等の元本の移転を受けた被現物分配法人における，算式中のCの月数は現物分配法人のその元本所有期間を自己の所有期間とみなして計算する（法令140の２②④，155の26④）。

### b）簡　便　法

> 控除対象となる所得税額＝$D\times\frac{E+(F-E)\times\frac{1}{2}^{※}}{F}$
>
> D：銘柄別の利子配当等に対する所得税額
>
> E：利子配当等の計算の基礎となる期間の開始時における所有元本数
>
> F：利子配当等の計算の基礎となる期間の終了時における所有元本数
>
> ※　計算期間が１年以内の場合$\frac{1}{2}$，１年超の場合$\frac{1}{12}$

簡便法では，元本の種類ごとに計算期間の１年内又は１年超の別に以下の算式で算定する

**ア　現物分配法人における調整計算**

適格現物分配で利子配当等の元本を移転した現物分配法人では，上記簡便法の算式中Ｅに関して以下の調整計算を行う。

$$E' = a + \left(a \times \frac{c}{b}\right)$$

a：現物分配法人の利子配当等の計算期間の開始時における所有元本数

b：現物分配法人の適格現物分配直前の所有元本数

c：bのうち被現物分配法人に移転する元本数

**イ　被現物分配法人における調整計算**

適格現物分配で利子配当等の元本の移転を受けた被現物分配法人では，上記簡便法の算式中Ｅに関して以下の調整計算を行う。

$$E'' = d + \left(a \times \frac{c}{b}\right)$$

a：現物分配法人の利子配当等の計算期間の開始時における所有元本数

b：現物分配法人の適格現物分配直前の所有元本数

c：bのうち被現物分配法人に移転する元本数

d：被現物分配法人の利子配当等の計算期間の開始時における所有元本数

### ⑯　確定申告書の添付書類

現物分配法人は，確定申告書に以下のⅰ，ⅱの書類を添付しなければならない（法規35五，六）。

ⅰ）　現物分配に係る契約書，計画書その他これらに類するものの写し

ⅱ）　現物分配によりその現物分配に係る被現物分配法人に移転した資産その他主要な事項又はその現物分配に係る現物分配法人から移転を受けた資産その他主要な事項に関する明細書

なお，連結確定申告書及び個別帰属額等の届出書についても同様の取扱いとなる（法規37の12六，七，37の17五，六）。

### ⑰　組織再編成に係る行為又は計算の否認

税務署長は，現物分配に係る次の法人の法人税につき更正又は決定をする場合において，その法人の行為又は計算で，これを容認した場合には，現物分配により移転する資産の譲渡に係る利益の額の減少又は損失の額の増加，法人税の額から控除する金額の増加，下記ⅰ）又はⅱ）の法人の株式の譲渡に係る利益の額の減少又は損失の額の増加，みなし配当金額の減少その他の事由により法人税の負担を不当に減少させる結果となると認められるものがあるときは，その行為又は計算にかかわらず，税務署長の認めるところにより，その法人に係る法人税の課税標準若しくは欠損金額又は法人税の額を計算することができることとされる（法法132の２）。

ⅰ）　現物分配をした法人又は現物分配により資産の移転を受けた法人

ⅱ）　現物分配により交付された株式を発行した法人（ⅰの法人を除く。）

ⅲ）　ⅰ又はⅱの法人の株主等である法人（ⅰ又はⅱの法人を除く。）

### ⑱　そ　の　他

圧縮記帳の取扱い，貸倒引当金，短期売買商品，有価証券，時価法，長期割賦販売等に係る収益及び費用の帰属事業年度，償却有価証券の調整差損益について会社分割と同様の取扱いになっている。

**設例14**　残余財産確定日の処理例（欠損金の引継ぎ）

**【前提条件】**

- 親会社所有の子会社株式（100%）の帳簿価額は12,000
- 親会社は５年超以前から子会社株式を100%所有している。
- 子会社は解散後，残余財産全部を親会社に分配した。
- 残余財産は全て固定資産（帳簿価額8,000，時価9,000）である。
- 子会社の残余財産確定時の貸借対照表は以下のとおりとする。
- 税務上の否認額はない。
- 適格現物分配に該当する。

**残余財産確定時の貸借対照表（子会社）**

| 科　目 | 金　額 | 科　目 | 金　額 | |
|---|---|---|---|---|
| 資　産 | | 負　債 | | |
| 資　産 | 8,000 | 負　債 | 0 | |
| | | 負債合計 | 0 | |
| | | 純資産 | | |
| | | 資本金<br>その他資本剰余金 | 5,000<br>5,000 | 資本金等　10,000 |
| | | 利益準備金<br>繰越利益剰余金 | 1,250<br>△3,250 | 青色欠損金△2,000 |
| | | 純資産合計 | 8,000 | |
| 資産合計 | 8,000 | 負債・純資産合計 | 8,000 | |

## 解説

### ＜現物分配法人の取扱い（子会社）＞

**【会計仕訳】**

| | | | | | |
|---|---|---|---|---|---|
| （借） | 資本金 | 5,000 | （貸） | 固定資産 | 8,000 |
| | その他資本剰余金 | 5,000 | | 繰越利益剰余金 | 3,250 |
| | 利益準備金 | 1,250 | | | |

**【税務仕訳】**

| | | | | | |
|---|---|---|---|---|---|
| （借） | 資本金等 | 10,000 | （貸） | 固定資産 | 8,000 |
| | | | | 利益積立金 | 2,000 |

### ＜被現物分配法人の取扱い（親会社）＞

**【会計仕訳】**

| | | | | | |
|---|---|---|---|---|---|
| （借） | 固定資産 | 8,000 | （貸） | 子会社株式 | 12,000 |
| | 特別損失 | 4,000 | | | |

**【税務仕訳】**

| | | | | | |
|---|---|---|---|---|---|
| **(借)** | 固定資産 | 8,000 | **(貸)** | 子会社株式 | 12,000 |
| | 資本金等 | 4,000 | | | |

**【申告調整】**

**別表四　所得の金額の計算に関する明細書**

<table>
<tr><td colspan="3" rowspan="3">区　　分</td><td rowspan="2">総　額</td><td colspan="3">処　　分</td></tr>
<tr><td>留　保</td><td colspan="2">社外流出</td></tr>
<tr><td>①</td><td>②</td><td colspan="2">③</td></tr>
<tr><td colspan="2" rowspan="2">当期利益又は当期欠損の額</td><td rowspan="2">1</td><td rowspan="2">×××</td><td rowspan="2">×××</td><td>配当</td><td></td></tr>
<tr><td>その他</td><td></td></tr>
<tr><td>加算</td><td></td><td></td><td></td><td></td><td></td><td></td></tr>
<tr><td>減算</td><td></td><td></td><td></td><td></td><td></td><td></td></tr>
</table>

**別表五(一)**

**Ⅰ　利益積立金額の計算に関する明細書**

<table>
<tr><td colspan="2" rowspan="3">区　　分</td><td rowspan="2">期首現在<br>利益積立金額</td><td colspan="2">当期の増減</td><td rowspan="2">差引翌期首現在<br>利益積立金額<br>①－②＋③</td></tr>
<tr><td>減</td><td>増</td></tr>
<tr><td>①</td><td>②</td><td>③</td><td>④</td></tr>
<tr><td>利益準備金</td><td>1</td><td>1,250</td><td>1,250</td><td></td><td>0</td></tr>
<tr><td>繰越損益金（損は赤）</td><td>26</td><td>△3,250</td><td>△3,250</td><td></td><td>0</td></tr>
</table>

**Ⅱ　資本金等の額の計算に関する明細書**

<table>
<tr><td colspan="2" rowspan="3">区　　分</td><td rowspan="2">期首現在<br>資本金等の額</td><td colspan="2">当期の増減</td><td rowspan="2">差引翌期首現在<br>資本金等の額<br>①－②＋③</td></tr>
<tr><td>減</td><td>増</td></tr>
<tr><td>①</td><td>②</td><td>③</td><td>④</td></tr>
<tr><td>資本金又は出資金</td><td>32</td><td>5,000</td><td>5,000</td><td></td><td>0</td></tr>
<tr><td>資本準備金</td><td>33</td><td></td><td></td><td></td><td></td></tr>
<tr><td>その他資本剰余金</td><td>34</td><td>5,000</td><td>5,000</td><td></td><td>0</td></tr>
</table>

## ＜被現物分配法人の取扱い（親会社）＞

**【会計仕訳】**

| | | | | |
|---|---|---|---|---|
| **（借）** | 固定資産 | 8,000 | **（貸）** 子会社株式 | 12,000 |
| | 特別損失 | 4,000 | | |

**【税務仕訳】**

| | | | | |
|---|---|---|---|---|
| **（借）** | 固定資産 | 8,000 | **（貸）** 子会社株式 | 12,000 |
| | 資本金等 | 4,000 | | |

**【申告調整】**

別表四　所得の金額の計算に関する明細書

| 区分 | | | 総額 | 処分 | | |
|---|---|---|---|---|---|---|
| | | | | 留保 | 社外流出 | |
| | | | ① | ② | ③ | |
| 加算 | 特別損失否認 | | 4,000 | 4,000 | | |
| 減算 | | | | | | |

別表五（一）

Ⅰ　利益積立金額の計算に関する明細書

| 区分 | | 期首現在利益積立金額 | 当期の増減 | | 差引翌期首現在利益積立金額 ①－②＋③ |
|---|---|---|---|---|---|
| | | | 減 | 増 | |
| | | ① | ② | ③ | ④ |
| 子会社株式 | | | 4,000 | 4,000 | |
| 資本金等 | | | | 4,000 | 4,000 |

Ⅱ　資本金等の額の計算に関する明細書

| 区分 | | 期首現在資本金等の額 | 当期の増減 | | 差引翌期首現在資本金等の額 ①－②＋③ |
|---|---|---|---|---|---|
| | | | 減 | 増 | |
| | | ① | ② | ③ | ④ |
| 資本金又は出資金 | 32 | | | | |
| 資本準備金 | 33 | | | | |
| 利益積立金 | 34 | | 4,000 | | △4,000 |

**【欠損金の引継ぎ】**

完全支配関係が５年超であるため，子会社の青色欠損金△2,000は，親会社に引き継がれる。

# 5　完全支配関係がある法人間の受取配当金の益金不算入

## （1）　改正前の制度の概要

法人が他の内国法人から配当等を受けた場合，会計上は収益計上されるのに対し，法人税法上は配当等の額のうち，一定額を益金の額に算入しないこととしている。これは，配当の支払いは配当の支払法人側ですでに法人税が課された後の剰余金を原資としており，配当の受取法人側で再度課税することによる二重課税を防止する趣旨で設けられている制度であり，受取配当等の益金不算入制度という。

配当等の額については，会社法上利益の処分・剰余金の分配とされるものの全てが益金不算入の対象とされるわけではなく，また会社法上では利益の処分・剰余金の分配とはされていなくとも法人税法においては対象とされるものもある。

また，一定の投資信託の収益分配等も対象とされるが，益金不算入とされる金額が２分の１など全額ではなくその一部が対象とされる。

益金不算入の対象となる受取配当等の概略は，次頁図のとおりである。

改正前の受取配当等の益金不算入制度では，法人が受ける配当等の額のうち，関係法人株式等に係る配当等の額及び連結法人株式等に係る配当等の額についてはその全額を，連結法人株式等及び関係法人株式等のいずれにも該当しない株式等に係る配当等の額についてはその50％相当額を益金の額に算入しないというものであった。

また，当該事業年度において支払う負債の利子の額がある場合には，負債の利子の額のうち，株式を取得するために要した借入金の利子の額を配当等の額からを控除することとなる。これは，借入金により株式を取得して配当等を受けた場合，配当等については益金不算入となるのに対し株式取得に要した借入

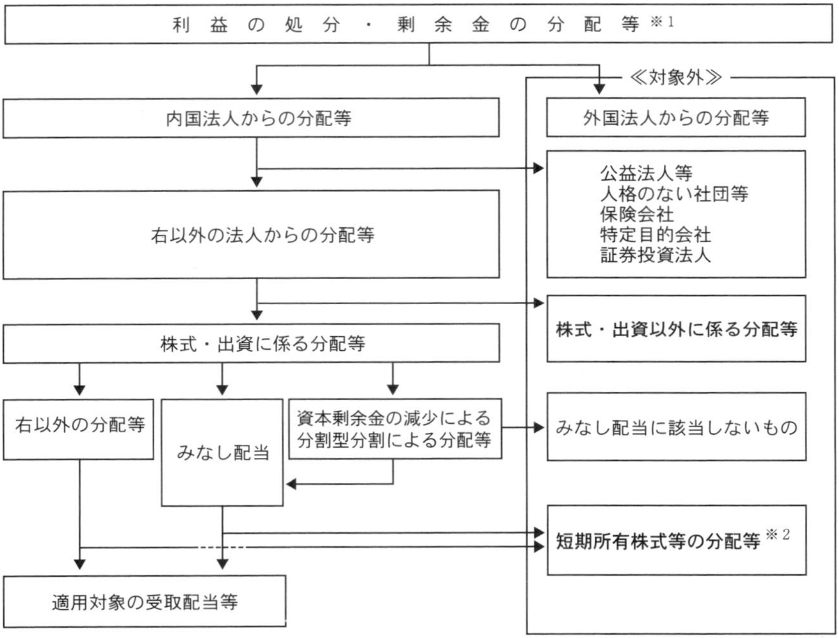


※1　名義株等の配当，資産流動化法に基づく中間配当を含む。
※2　短期所有株式等とは，短期配当等の支払基準日の1ヶ月以内に取得し，かつ，基準日後2ヶ月以内に譲渡した株式等のことである。

金の利子の額は支払利息として損金算入されることとなり，課税外収入に対応する費用を控除することが適当でないとの考え方からである。配当等の額から控除する負債の利子の額は，次の計算式によって計算する。

### ①　関係法人株式等に係る負債の利子の額

$$\text{控除負債利子}=\text{当期の負債の利子の額}\times\frac{\text{当期末及び前期末の関係法人株式等の帳簿価額の合計額}}{\text{当期末及び前期末の総資産の帳簿価額の合計額}}$$

### ② 連結法人株式等及び関係法人株式等のいずれにも該当しない株式等（その他の株式等）に係る負債の利子の額

$$\text{控除負債利子} = \text{当期の負債の利子の額} \times \frac{\text{当期末及び前期末のその他の株式及び出資の帳簿価額の合計額} + \text{当期末及び前期末の証券投資信託の受益権の帳簿価額の１／２}}{\text{当期末及び前期末の総資産の帳簿価額の合計額}}$$

なお，負債利子の額に乗じる割合は，上記のように総資産に占める株式等の割合が原則として用いられるが，簡便計算として基準年度（平成10年４月１日から平成12年３月31日までの間に開始した各事業年度）の負債の利子の額のうちに占める関係法人株式等に係る負債の利子の額又はその他株式等に係る負債の利子の額の割合によることも認められる。

## （２） 改正の内容

### ① 概要及び趣旨

従来，連結納税制度を採用していない場合，100％支配関係がある法人間の配当等の額のうち，一定の負債の利子の額を控除した額が益金不算入とされていたが，100％支配関係がある法人間では，支払法人側の剰余金の分配というよりも，グループ内の資金調達としての意味合いがつよかった。なぜなら，100％のグループ法人では，独立採算の観点などから法人格を別にしているものの経済的実体としては親法人の事業部として子法人が機能している場合が多く，各事業部（子法人）で稼得した資金をグループ全体の中で必要性の高い事業部（他の子法人）に合理的に再配分されるものと考えられるからである。そのため，配当等の額から負債利子の額を控除することは，グループ間の資金移転に税負担という面で弊害をもたらすことになる。

この点につき，平成21年７月の「資本に関係する取引等に係る税制についての勉強会　論点とりまとめ」では，「現在，連結納税制度における受取配当の益金不算入制度については，負債利子控除が不要とされているが，グループ法人単体課税制度においても，グループ子法人からの受取配当に係る負債利子控除については，グループ内の資金調達に対する中立性を確保する観点や，100％支配関係にある子法人からの配当は間接的に行われる事業からの資金移転と考えられることなどから，これを不要とすることが考えられる。」と述べられており，連結納税制度における連結子法人株式等に係る配当等の額についての取扱いと同様に，資金調達や資金移転に対する中立性の観点から，グループ法人間の配当等の額については負債利子を控除しないこととされている。

そこで改正後は，法人が受ける完全子法人株式等に係る配当等の額については，負債の利子の額を控除せず，その全額を益金不算入とすることとなった（法法23①④，81の４①④）。

益金不算入の計算方法については，改正前では連結法人株式等，関係法人株式等，連結法人株式等及び関係法人株式等以外の株式等の３区分に分けて計算されたが，改正後は完全子法人株式等，関係法人株式等，完全子法人株式等及び関係法人株式等以外の株式等の３区分に分けて計算されることとなる。なお，従前の連結法人株式等は，完全子法人株式等の範囲に含まれる。

株式等の区分ごとの益金不算入の計算方法を改正前と改正後とでまとめると以下のようになる。

**a）改正前の取扱い**

| 株式等の区分 | 受取配当等の益金不算入の計算 |
|---|---|
| 連結法人株式等 | 益金不算入＝配当等の額全額 |
| 関係法人株式等 | 益金不算入＝配当等の額－控除負債利子 |
| 連結法人株式等及び<br>関係法人株式等以外 | 益金不算入＝（配当等の額－控除負債利子）×50％ |

b）改正後の取扱い

| 株式等の区分 | 受取配当等の益金不算入の計算 |
|---|---|
| 完全子法人株式等 | 益金不算入＝配当等の額全額 |
| 関係法人株式等 | 益金不算入＝配当等の額－控除負債利子 |
| 完全子法人株式等及び関係法人株式等以外 | 益金不算入＝(配当等の額－控除負債利子)×50％ |

### ②　完全子法人株式等

改正により，株式等の区分に新たに「完全子法人株式等」が設けられることとなったが，ここでいう完全子法人株式等とは，配当等の額の計算期間の開始の日から計算期間の末日まで継続して，内国法人とその支払いを受ける配当等の額を支払う他の内国法人との間に完全支配関係があった場合の当該他の内国法人の株式又は出資をいい（法法23⑤），完全支配関係がある他の内国法人には，連結完全支配関係がある他の内国法人が含まれ，完全支配関係には，外国法人が介在する完全支配関係も含まれる。「株式又は出資」からは，公益法人等，人格のない社団等，特定目的会社，投資法人，特定目的信託に係る受託法人，特定投資信託に係る受託法人は除く。

a）　**完全支配関係継続の例**

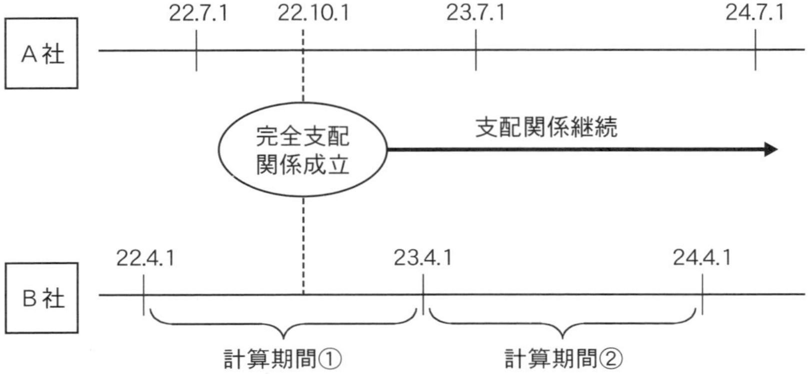


・　計算期間①に係る配当については，計算期間を通して完全支配関係にないため，配当等の額から負債利子を控除した残額が益金不算入となる。
・　計算期間②に係る配当については，計算期間を通して完全支配関係が継続しているため，配当等の額全額が益金不算入となる。

b）　**計算期間中途で完全支配関係を有することとなった場合**

内国法人が計算期間の中途において配当等の額を支払う他の内国法人との間に完全支配関係を有することとなった場合において，その計算期間の開始の日からその完全支配関係を有することとなった日まで継続して当該他の内国法人と他の者との間に当該他の者による完全支配関係があり，かつ，同日からその計算期間の末日まで継続してその内国法人と当該他の者との間及び当該他の内国法人と当該他の者との間に当該他の者による完全支配関係があったときも，「内国法人とその支払いを受ける配当等の額を支払う他の内国法人との間に完全支配関係があった場合」に含まれる（法令22の２①，155の９①）。この内容につき，次の図を例にあげて説明する。

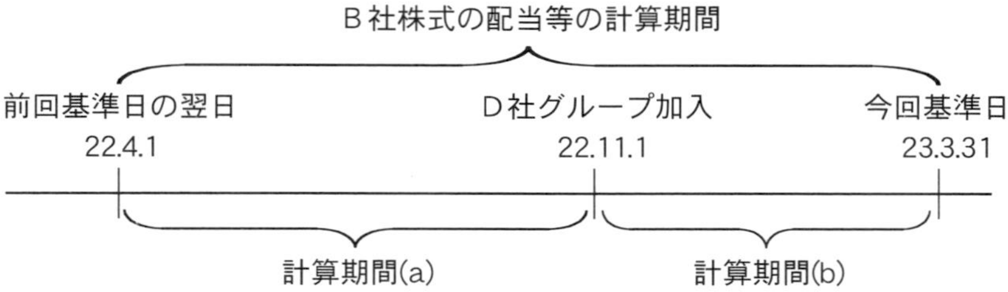


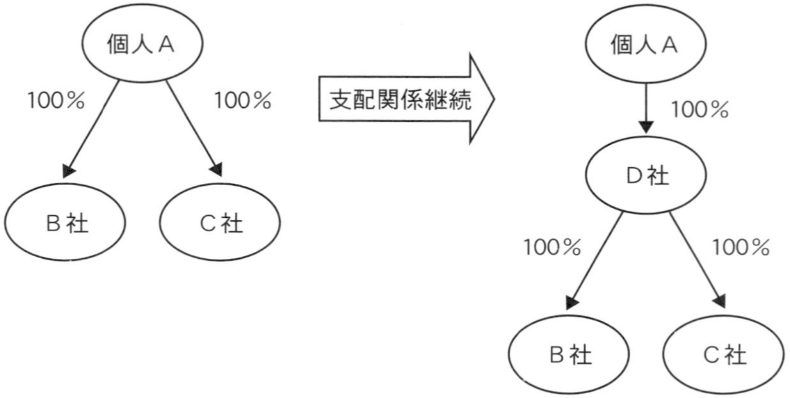


・　計算期間中途において，AがB社株式及びC社株式を現物出資してD社を設立した場合，(a)の期間と(b)の期間ともにB社はAによる完全支配関係にあるため，D社からみたB社株式は完全子法人株式等に該当する。

上記図では，B社株式の配当等の計算期間中途である平成22年11月1日においてD社を現物出資により設立しており，その時点でD社とB社が完全支配関係を有することになっている。この場合において，B社の配当等を受け取るD社から見てB社が完全子法人株式等に該当するか判断すると，(a)の期間においてB社は従前から個人Aによる完全支配関係があり，また，(b)の期間においてもAとB社との間及びAとD社との間にAによる完全支配関係があることとなる。計算期間を通じて，A及びB社は，Aによる完全支配関係があるということになるため，D社から見たB社は完全子法人株式等に該当することとなる。

支払いを受ける配当等の額がみなし配当等の額であるときは，計算期間の概念がないため，その金額の支払いに係る効力が生ずる日の前日において法人と他の内国法人との間に完全支配関係があった場合の当該他の内国法人の株式又は出資が完全子法人株式等となる（法令22の２①，155の９①）。

**c）　平成22年４月１日前に計算期間が開始している場合**

ところで，完全子法人株式等とは，前述したように，配当等の額の計算期間の開始の日から末日まで継続して，配当等の額の支払いを受ける内国法人と配当等の額を支払う他の内国法人との間に完全支配関係があった場合の当該他の内国法人の株式又は出資をいうが，平成22年税制改正前である平成22年４月１日前に計算期間が開始している場合には，当該計算期間開始の日から平成22年３月31日までの間は完全子法人株式等という概念がないため，当該株式が完全子法人株式等に該当するのか否かが問題となる。図で示すと以下のような場合である。

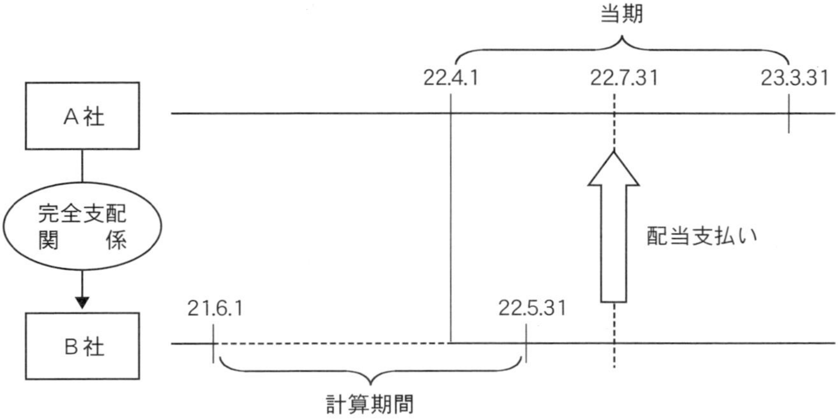


上記の図の場合，A社は，当期が平成22年４月１日以後開始事業年度であるため，改正後の受取配当等の益金不算入制度が適用される。これに対し，B社の配当等の計算期間のうち，平成21年６月１日から平成22年３月31日までの期間については改正前であるため，完全子法人株式等という概念がない以上それには含まれず，改正前の関係法人株式等に該当し，負債利子を控除しなければならないのではないか，という問題である。

しかし，この完全子法人株式等に係る配当等の額についての措置（負債利子を控除しない措置）は，平成22年４月１日以後に開始する事業年度の所得に対する法人税について適用され，その適用関係は配当等の額の支払いを受ける内国法人の事業年度の開始の日がいつであるかにより定められているのであって，配当等の額を支払う法人における計算期間によるものではない。したがって，たとえ配当等の額を支払う他の内国法人の計算期間の開始の日が平成22年４月１日前であっても，当該計算期間を通じて，配当等の額の支払いを受ける内国法人と当該他の内国法人との間に100％の完全支配関係がある場合には，当該内国法人の平成22年４月１日以後に開始する事業年度において支払いを受ける当該配当等の額は，完全子法人株式等に係る配当等の額に該当することとなる。

### ③ 計算期間

配当等の額の計算期間とは，その配当等の額の支払いを受ける直前にその配当等の額を支払う他の内国法人により支払われた配当等の額（適格現物分配に係るものを含む。）の支払いに係る基準日の翌日からその支払いを受ける配当等の額（今回の配当等の額）の支払いに係る基準日までの期間をいう（法令22の２②，155の９②）。なお，次の(イ)から(ハ)までに該当する計算期間については，それぞれ次に定める日を起算日とする（法令22の２②一～三，155の９②一～三）。

| | 内　　　　　　容 | 起　算　日 |
|---|---|---|
| (イ) | 直前の配当等の額の支払いに係る基準日の翌日が今回の配当等の額の支払いに係る基準日の１年前の日以前の日である場合又は今回の配当等の額がその１年前の日以前に設立された他の内国法人からその設立の日以後最初に支払われる配当等の額である場合 | １年前の日の翌日を起算日 |
| (ロ) | 今回の配当等の額がその支払いに係る基準日前１年以内に設立された他の内国法人からその設立の日以後最初に支払われる配当等の額である場合 | その設立の日を起算日 |
| (ハ) | 今回の配当等の額がその元本である株式又は出資を発行した他の内国法人からその支払いに係る基準日前１年以内に取得した株式又は出資につきその取得の日以後最初に支払われる配当等の額である場合 | その取得の日を起算日 |

(注)　他の内国法人からの取得は，新規発行によるか自己株式の処分によるかを問わず，組織再編成によるものも含まれる。

### ④　計算期間末日後の適格合併とする移転

内国法人が自己を合併法人とする適格合併（その法人との間に完全支配関係がある他の法人を被合併法人とするものを除く。）により被合併法人から配当等の額の元本であるその被合併法人との間に完全支配関係がある他の内国法人の株式又は出資の移転を受けた場合において，その適格合併がその配当等の額の計算期間の末日の翌日からその配当等の額の支払いに係る効力が生ずる日までの間に行われたものであるときは，上記②完全子法人株式等の適用については，被合併法人と当該他の内国法人との間に完全支配関係があった期間は，その法人と当該他の内国法人との間に完全支配関係があったものとみなすこととされている（法令22の２③，155の９③）。これは，改正前の連結法人株式等に係る取扱いと同様である。図で示すと次のとおりである。

＜計算期間末日後に適格合併により株式等が移転した場合＞

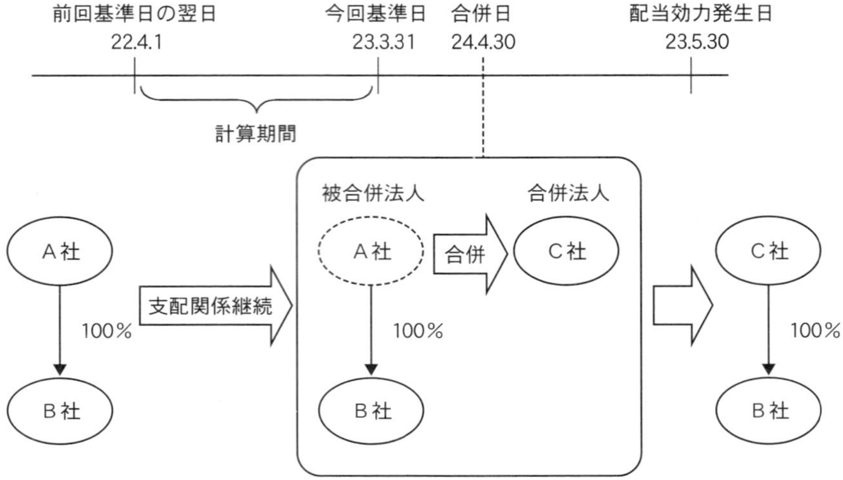


上記図において，A社及びB社は，B社の配当等の計算期間を通じてA社による完全支配関係にあり，計算期間後にグループ外のC社とA社とでA社を消滅会社とする適格合併を行っている。この場合，配当等を受け取るC社とB社とは，実際には計算期間を通じて完全支配関係を有してはいなかったが，C社とB社との間に完全支配関係を有していたものとみなされるため，C社が受け取る配当等の額は，全額益金不算入処理されることとなる。

### ⑤　期末完全子法人株式等

完全子法人株式等及び関係法人株式等のいずれにも該当しない株式等（その他株式等）に係る配当等の額から控除する負債の利子の額を計算する場合に，負債利子控除割合の分子は，期末完全子法人株式等及び期末関係法人株式等のいずれにも該当しない株式及び出資並びに特定株式投資信託の受益権の帳簿価額の合計額とされる。

ここでいう期末完全子法人株式等とは，内国法人が他の内国法人との間に当該事業年度開始の日（当該他の内国法人が当該事業年度の中途において設立された法人である場合にあっては，当該他の内国法人の設立の日）からその終了の日まで継続して完全支配関係があった場合の当該他の内国法人の株式又は出資をいう（法令22④，155の８④）。「完全子法人株式等」が配当等の額の計算期間を通じて完全支配関係があることとしているのと同様に，「期末完全子法人株式等」についても，事業年度開始の日からその終了の日まで完全支配関係の継続が求められている。

また，内国法人が当該事業年度の中途において他の内国法人との間に完全支配関係を有することとなった場合において，当該事業年度開始の日からその完全支配関係を有することとなった日まで継続して当該他の内国法人と他の者との間に当該他の者による完全支配関係があり，かつ，同日から当該事業年度終了の日まで継続してその法人と当該他の者との間に当該他の者による完全支配関係があったときも，上記の「継続して完全支配関係があった場合」に含むものとされる。

**設例15**　完全支配関係がある法人間の受取配当等の益金不算入

完全親法人であるＡ社が完全子法人であるＢ社から配当等を受けた場合におけるＡ社の当期（平成23年７月１日～平成24年６月30日）の会計処理及び税務処理について説明しなさい。

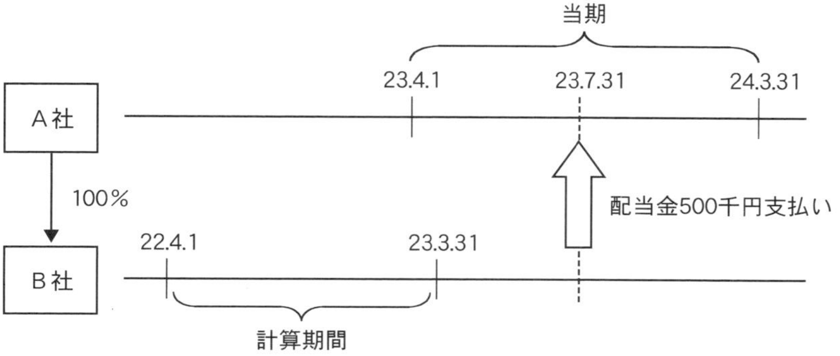


**【前提条件】**

①　Ｂ社の事業年度（平成23年４月１日～平成24年３月31日）

| | | |
|---|---|---|
| ② | Ａ社及びＢ社の完全支配関係成立時 | 平成20年４月１日 |
| ③ | 配当等の額の支払日 | 平成23年７月31日 |
| ④ | 前回の配当等の額の基準日 | 平成23年３月31日 |
| ⑤ | 配当等の額の計算期間 | 平成22年４月１日～<br>平成23年３月31日 |
| ⑥ | Ｂ社の支払う配当等の額 | 500 |
| ⑦ | 配当等に係る源泉税（20％） | 100 |
| ⑧ | Ａ社の当期純利益 | 1,000 |

## 解説

Ａ社は，Ｂ社からの配当等の額に係る計算期間を通じてＢ社との完全支配関係を有しているため，Ａ社にとってＢ社は完全子法人株式等に該当する。したがって，Ｂ社から受け取る配当等の額は，完全子法人株式等に係る配当等の額に該当し，その全額500が益金不算入となる。また，配当等に係る源泉税については，利子配当等の計算の基礎となった期間を通じて元本を所有していたため，100全額が所得税額控除の対象となる。なお，源泉税については，法人の選択により税額控除ではなく，損金算入処理も認められるが，設例では，税額控除を選択している。

**【会計処理】**

| | | | | |
|---|---|---|---|---|
| **(借)** | 現　金　預　金 | 400 | **(貸)** 受 取 配 当 金 | 500 |
| | 租　税　公　課 | 100 | | |

**【税務処理】**

| | | | | |
|---|---|---|---|---|
| **(借)** | 現　金　預　金 | 400 | **(貸)** 受 取 配 当 等※1<br>（課 税 外 収 入） | 500 |
| | 租　税　公　課※2<br>（損 金 不 算 入） | 100 | | |

※1　受取配当等は全額が益金不算入となる（課税外収入）。
※2　源泉税は所得税額控除を選択するため，損金不算入となる。

**【申告調整】**

**別表四　所得の金額の計算に関する明細書**

| 区分 | | | 総額 | 処分 | | |
|---|---|---|---|---|---|---|
| | | | | 留保 | 社外流出 | |
| | | | ① | ② | ③ | |
| 当期純利益 | | | 1,000 | 500 | | 500 |
| 加算 | | | | | | |
| 減算 | 受取配当等益金不算入 | | 500 | | ※ | 500 |
| 所得税額控除 | | | 100 | | | 100 |
| 所得金額 | | | 600 | 500 | | 100 |

※　別表五(一)に関する記載事項がないため，別表五(一)の記載を省略している。

## （3）　受取配当等の益金不算入制度の負債利子控除制度における簡便計算の基準年度の見直し

### ①　改正前の制度の概要

受取配当等の益金不算入制度の負債利子控除割合の計算は，原則的取扱いに代えて，選択により簡便計算により基準年度の負債利子控除割合を用いて計算することができる。ここでいう基準年度とは，改正前においては，平成10年4月1日から平成12年3月31日までの間に開始した各事業年度とされていた。

なお，平成10年4月1日に存在する法人についてのみ簡便計算は選択ができるものとされている。

また，内国法人が適格合併による合併法人である場合には，当該法人と適格合併に係る被合併法人の全てが平成10年4月1日に存していたもの（新設合併である場合には被合併法人の全てが平成10年4月1日に存していたもの）についてのみ簡便計算が選択できる。簡便計算が選択できる場合と選択できない場合とを図で示すと次のとおりである。

＜簡便計算の適用ができる場合＞

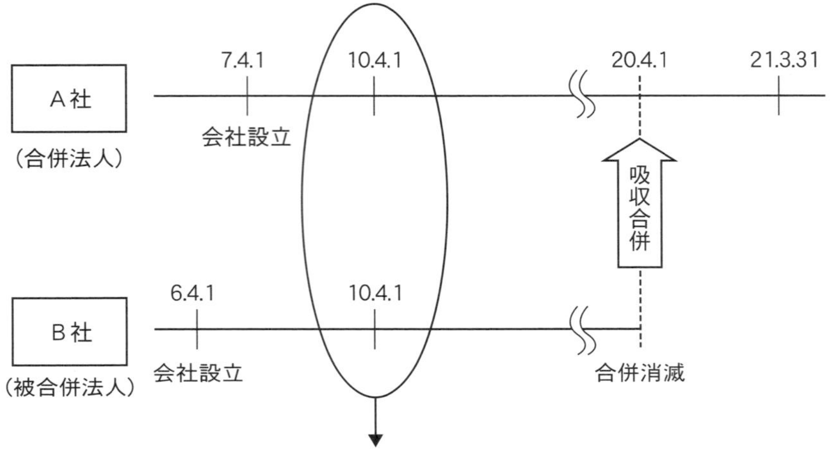


平成10年４月１日時点で両者とも存在しているため，簡便計算が適用できる。

＜簡便計算の適用ができない場合＞

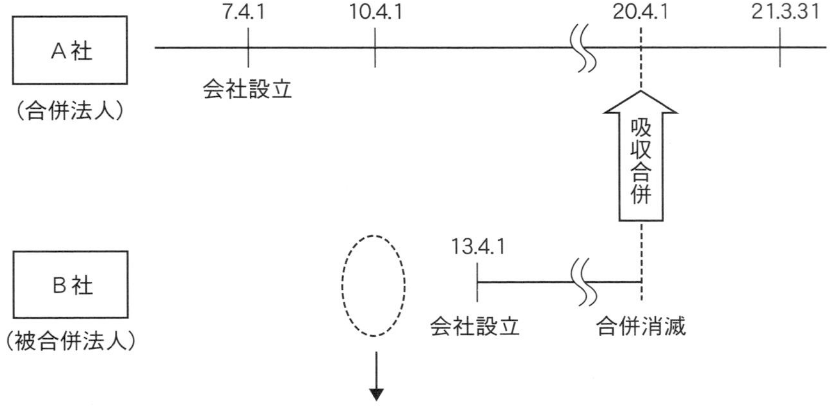


平成10年４月１日時点でA社は存在しているが，B社は存在しないため，簡便計算の適用はできない。

このときの負債利子控除割合の計算の基礎となる負債利子の額は，基準年度において合併法人及び被合併法人がそれぞれ支払った負債の利子の額の合計額である。

次に，負債の利子の額の算定方法は以下の(イ)及び(ロ)のとおりである。

**(イ)　関係法人株式等に係る負債の利子の額**

$$\text{控除負債利子} = \text{当期の負債の利子の額} \times \frac{\text{基準年度において原則的方法により関係法人株式等に係るものとして計算した負債の利子の額の合計額}}{\text{基準年度において支払った負債利子の額の合計額}}$$

**(ロ)　連結法人株式等及び関係法人株式等のいずれにも該当しない株式等（その他の株式等）に係る負債の利子の額**

$$\text{控除負債利子} = \text{当期の負債の利子の額} \times \frac{\text{基準年度において原則的方法によりその他株式等に係るものとして計算した負債の利子の額の合計額}}{\text{基準年度において支払った負債利子の額の合計額}}$$

### ②　改正の内容

今回の改正により，株式等の範囲が変更されたことに伴い，従来の基準年度による負債利子控除割合を用いて負債利子控除額を算定することが不適当であると考えられることから，簡便計算における基準年度についても，平成22年４月１日から平成24年３月31日までの間に開始した各事業年度に改正された（法令22⑤）。

その法人が平成22年４月１日後に行われる適格合併に係る合併法人である場合には，改正前と同様にその法人及びその適格合併に係る被合併法人の全てが平成22年４月１日に存していたものについてのみ簡便計算が適用される。当該合併が新設合併である場合には，被合併法人の全てが平成22年４月１日に存していたものについてのみ簡便計算が適用される。簡便計算が適用される場合には，合併法人及び被合併法人の数値を合算して負債利子控除割合を算定する。

なお，連結法人については，改正前と同様簡便計算は適用できない。

また，基準年度が平成22年４月１日から平成24年３月31日までの間に開始した各事業年度となったことで，平成22年４月１日以後最初に開始する事業年度においては，基準年度はその事業年度のみとなり，原則的な計算方法を採用した場合と控除負債利子の額は同額となる。基準年度の改正は，株式等の範囲が変更となったことに関連する改正であることから，従前の基準年度による負債利子控除割合を用いる等の経過措置は設けられていないことに留意する。

## (4) 所得税額控除における利子配当等の計算期間の明確化

### ① 改正前の制度の概要

利子配当等について課された所得税の額については，法人税の額から控除することができるものとされるが，全額が控除できるのではなく，利子配当等の元本所有期間に対応する額が控除できる。この元本所有期間に対応する控除額の算定は，法人の選択により次の原則法又は簡便法のいずれかの算式により計算した金額とされる（法令140の２）。

#### (イ) 原　則　法

$$\text{所得税額控除額} = \text{利子配当等に対する所得税額} \times \frac{\text{分母の期間のうちその元本所有期間の月数}}{\text{利子配当等の計算の基礎となった期間の月数}}$$

なお，上記算式の分母の利子配当等の計算の基礎となった期間は，前回の配当の支払いに係る基準日の翌日から今回の配当の支払いに係る基準日までの期間とする。ただし，次のイ）又はロ）のような場合には，それぞれに定める日を起算日とする。

| | 内　　　容 | 起　算　日 |
|---|---|---|
| イ) | 前回の配当の支払いに係る基準日の翌日が今回の配当の支払いに係る基準日の１年前の日以前である場合 | １年前の日 |
| ロ) | 配当の支払いに係る基準日前１年以内に設立された法人からその設立後最初に受ける配当である場合 | 設立の日 |

**(ロ)　簡　便　法**

$$\text{所得税額控除額}=\text{利子配当等に対する所得税額}\times\frac{A+(B-A)\times\frac{1}{2}\left(\text{又は}\frac{1}{12}\right)}{B}$$

A ：利子配当等の計算期間の開始時における所有元本数

B ：利子配当等の計算期間の終了時における所有元本数

### ②　改正の内容

所得税額控除における利子配当等の計算期間の計算式等は従来と同様である。ただし，計算の基礎となった期間の起算日について，次の点が明確化されることとなった（法令140の２②，155の26②）。これらは，受取配当等の益金不算入制度における計算期間の起算日と同様の考え方になっている。

| | 内　　　容 | 起　算　日 |
|---|---|---|
| イ) | 今回の配当がその支払いに係る基準日の１年前の日以前に設立された法人からその設立の日以後最初に支払われる配当である場合 | １年前の日の翌日 |
| ロ) | 今回の配当がその配当の元本である株式又は出資を発行した法人からその支払いに係る基準日前１年以内に取得した株式又は出資につきその取得の日以後最初に支払われる配当である場合 | 株式又は出資の取得の日 |

※　法人からの取得は，新規発行によるか自己株式の処分によるかを問わず，組織再編成によるものも含まれる。

# 6　大法人の100％子会社に対する中小企業者の優遇税制

## （1）　改正前の制度の概要

期末の資本金の額又は出資金の額が１億円以下である法人(以下,「中小法人」という。）については，政策的配慮により税負担を軽減するために以下の特例制度が設けられている。

### ①　各事業年度の所得に対する法人税の税率

内国法人である普通法人に対して課する各事業年度の所得に対する法人税の額は，各事業年度の所得の金額に30％の税率を乗じて計算した金額とされている。また，普通法人のうち各事業年度終了のときにおいて資本金の額若しくは出資金の額が１億円以下であるもの又は資本若しくは出資を有しないものの各事業年度の所得の金額のうち年800万円以下の金額については22％(平成22年４月１日から平成23年６月30日までに終了する各事業年度については18％）の税率によることとされている（法法66①②，措法42の３の２）。

普通法人である連結親法人に対して課する各連結事業年度の連結所得に対する法人税の額は，各連結事業年度の連結所得の金額に30％を乗じて計算した金額とされている。また連結親法人のうち各連結事業年度終了のときにおいて資本金の額又は出資金の額が１億円以下であるもの又は資本若しくは出資を有しないものの各連結事業年度の連結所得の金額のうち年800万円以下の金額については22％（平成22年４月１日から平成23年６月30日までに終了する各事業年度については18％）の税率によることとされている（法法81の12①②，措法68の８)。

### ②　特定同族会社の特別税率

特定同族会社の各事業年度の留保金額が留保控除額を超える場合には，その特定同族会社に対して課する各事業年度の所得に対して課する法人税の額は，留保控除額を超える部分の金額に次の区分に応じた税率を乗じて計算した金額を加算した金額とされている。

（イ）　課税留保金額3,000万円以下の部分……10%

（ロ）　課税留保金額3,000円超１億円以下の部分……15%

（ハ）　課税留保金額１億円超の部分……15%

### ③　租税特別措置法

租税特別措置法においても資本金の額又は出資金の額が１億円以下である法人については，貸倒引当金の法定繰入率，交際費の損金不算入における定額控除限度額，欠損金の繰戻し還付の停止措置の不適用などの措置が講じられている。

## （2）　改正の内容

### ①　趣旨及び概要

中小法人（資本金の額又は出資金の額が１億円以下の法人）に係る次の制度は，大法人（資本金の額若しくは出資金の額が５億円以上の法人，相互会社又は外国相互会社，法人課税信託の受託法人）との間に大法人による完全支配関係がある法人については適用されないこととなった。

（イ）　法人税の軽減税率（法法66，措法42の３の２）

（ロ）　貸倒引当金の法定繰入率（措法57の10）

（ハ）　欠損金の繰戻し還付制度（法法80，措法66の13）

（ニ）　特定同族会社の特別税率の不適用（法法67①）

（ホ）　交際費の損金不算入制度における定額控除制度（措法61の４）

これらの中小法人の優遇税制は，「中小企業は，財務基盤も弱く資金調達能力に対する税制上の一定の配慮が必要である」ことから政策上の配慮から設けたものである。これに対して大法人の子会社である中小法人は，グループ法人税制の導入により，大法人の分社化した一つの事業部門という位置づけから独立した他の中小法人と同等の恩典を与える理由に乏しいため，中小法人の優遇税制を適用しないこととされた。

なお，資本金・出資金額５億円以上の基準とされたのは，税法上の大法人では社会通念上の大企業より広範すぎるため，会計監査人監査が義務付けられている会社法上の大会社の定義に準じたためである。なお会社法上の大会社は資本金５億円以上又は負債の額が200億円以上の株式会社とされているが，本規定では資本金又は出資金の額のみで判定される。

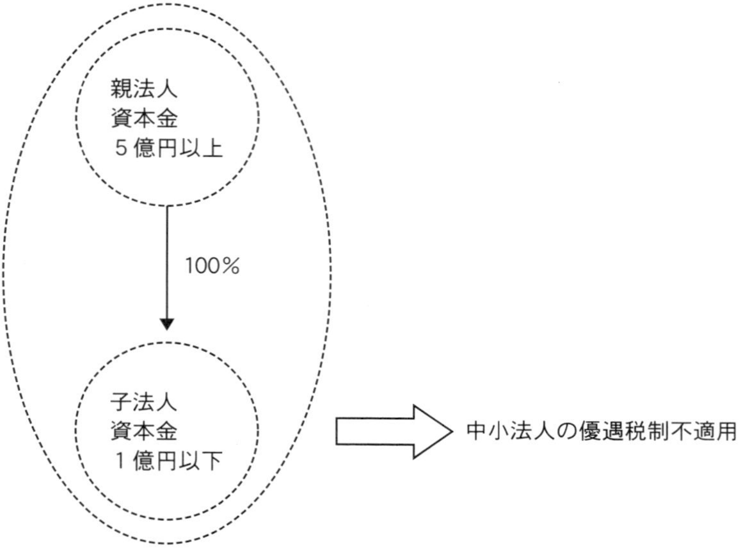


### ②　各事業年度の法人税の税率

中小法人に課される法人税率は所得800万円以下の部分に対しては22％（平成21年４月１日から平成24年３月31日までの間に終了する各事業年度については18％）の軽減税率となっているが，資本金の額若しくは出資金の額が５億円以上の法人等の100％子法人についてはこれを適用せず，30％の税率が適用される（法法81の12⑥，措法68の８）。

したがって，平成23年３月の決算期では，対象の中小法人は，960千円（＝8,000千円×(0.3－0.18)）の増税になる。

### ③　特定同族会社の特別税率の不適用（法法67①）

大法人との間にその大法人による完全支配関係がある会社については，特定同族会社から除外されないこととされた（法法67⑧）。特定同族会社に該当するか否かの判定は各事業年度終了のときに行うこととされている（法法67⑧）ため，各事業年度終了のときにおいて大法人との間にその大法人による完全支配関係のある法人について，特定同族会社の特別税率（留保金課税）の適用対象から除外されないこととなる。

この場合，子会社が特定同族会社として留保金課税の対象になるということは，当然にその親法人も特定同族会社として留保金課税の対象になる。

### ④　大法人による完全支配関係がある法人

大法人との間にその大法人による完全支配関係のある法人とは，完全支配関係のある法人のうち，大法人により発行済株式の100％を直接又は間接に保有されている法人をいう。

なお大法人の資本金又は出資金の額が５億円以上であるか否かの判定は，大法人の期末における資本金又は出資金の額で行うのではなく，各中小法人の期末における大法人の資本金又は出資金の額が５億円以上であるか否かにより行われる。

#### ａ）　大法人の孫会社の場合

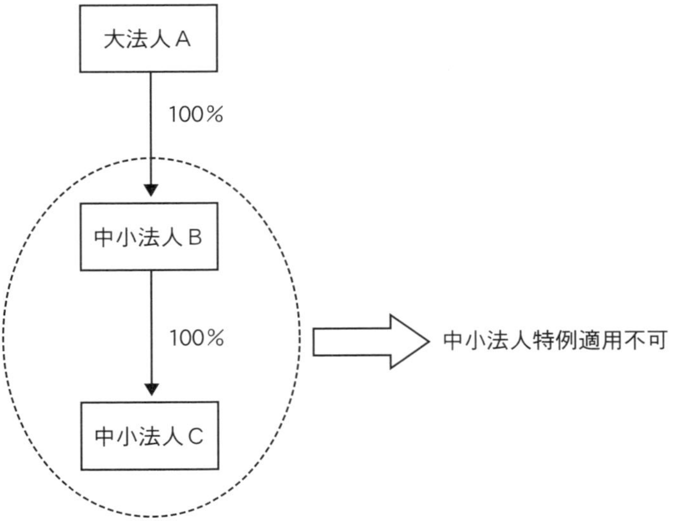

中小法人Ｃは大法人Ａにより直接支配されるものではないが，大法人Ａに間接的に完全支配関係があるため，中小法人の特例の適用制限を受けることとなる。大法人による完全支配関係とは大法人が普通法人の発行済株式等の全部を直接又は間接に保有する関係をいうので，大法人の孫会社，曾孫会社も大法人による完全支配関係のある法人に含まれ，中小法人の特例を受けられないこととなる（法基通16－５－１）。

**ｂ） 個人を頂点とする100％グループの場合**

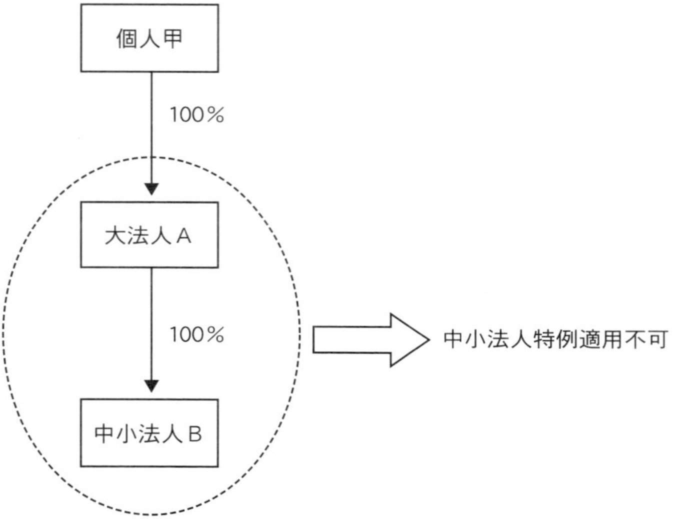


グループの頂点は個人甲であるが，個人甲を頂点としたグループの中に大法人Ａを頂点としたグループが形成され，中小法人Ｂは大法人Ａによる完全支配関係があるため，中小法人の特例の適用制限を受けることとなる。

**c）　中小法人を頂点とするグループの場合**

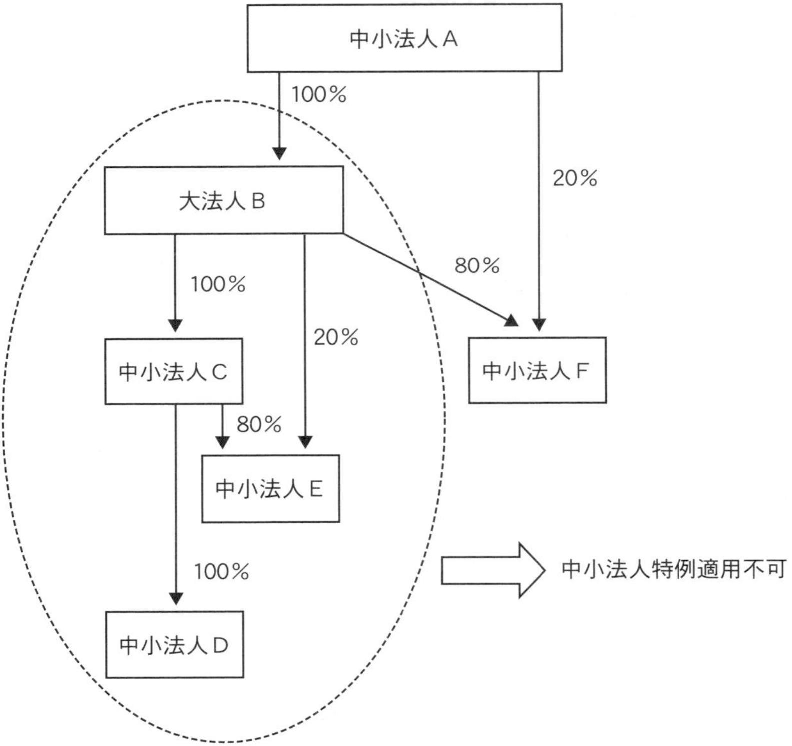


中小法人Ａではなく，大法人Ｂを頂点とした100％グループで判定されるため大法人Ｂに100パーセント支配される中小法人Ｃ，中小法人Ｄ及び中小法人Ｅが中小法人の特例の適用を受けることができないこととなる。中小法人Ａは大法人Ｂを100％支配しているが，支配される関係ではないため中小法人の特例の適用を受けることができる。中小法人Ｆは大法人Ｂを頂点とする100％グループから外れるため中小法人の特例の適用を受けることができる。

**d） 大法人の100％子会社でない場合**

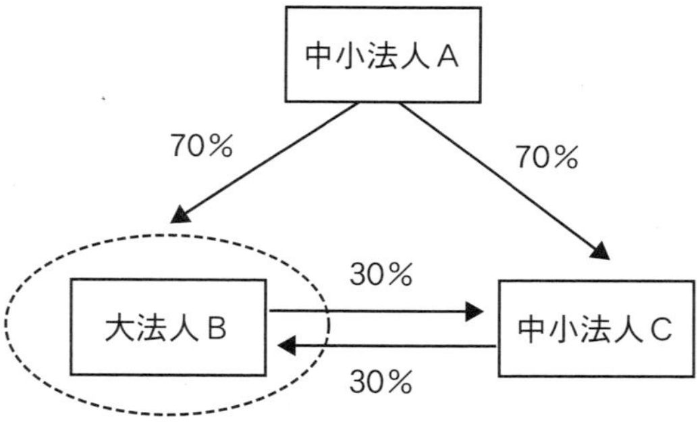


株式の相互持合いにより完全支配関係がある場合でも，親会社が大法人でない場合には中小企業特例の適用がある。したがって，上記の場合，中小法人Ｃは中小法人Ａの子会社であり大法人Ｂの子会社ではないため，中小法人の特例の適用がある（平成22年度税制改正に係る法人税質疑応答事例（グループ法人税制関係）（情報）（平成22年10月６日）問３参照のこと）。

**e） 大法人が外国法人である場合**

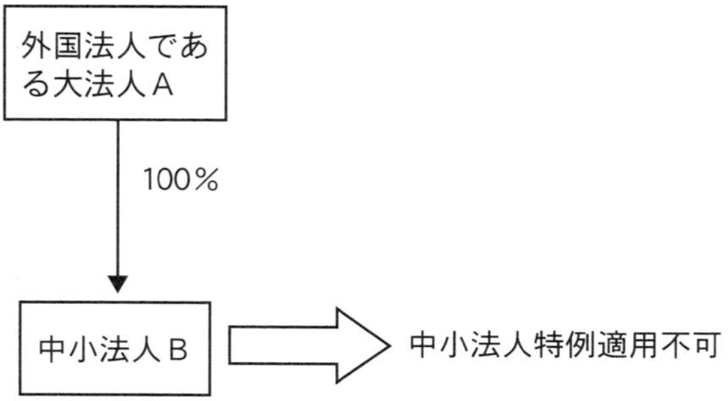


大中小法人の特例の制限における法人には外国法人も含まれているため，資本金又は出資金の額が５億円以上である外国法人Ａとの間に法人による完全支配関係のある中小法人Ｂについては，中小法人の特例が適用されないこととなる。

なお，外国法人が大法人に該当するか否かを判定する際には，中小法人の期末時における大法人の資本金又は出資金の額について，中小法人の期末時における電信売買相場の仲値により換算した円換算額をもって判定する（法基通16－5－2）。

### ⑤　租税特別措置法

#### （イ）　貸倒引当金の法定繰入率の不適用

中小法人の一括評価金銭債権の貸倒引当金繰入限度額の算定においては，実績繰入率のほか，下記の法定繰入率を選択することができることとされている（法法57の10①）。

**・法定繰入率**

| 事業区分 | 法定繰入率 |
|---|---|
| 卸・小売業 | $\frac{10}{1,000}$ |
| 製　造　業 | $\frac{8}{1,000}$ |
| 金融・保険業 | $\frac{3}{1,000}$ |
| 割賦小売業 | $\frac{13}{1,000}$ |
| その他事業 | $\frac{6}{1,000}$ |

今回の改正では資本金の額若しくは出資金の額が５億円以上の法人等の100％子法人についてはこれを適用せず，実績繰入率によってのみ繰入限度額を算定することとされた（措法68の59①②）。なお連結納税制度の場合にも上記と同様の措置が講じられている。

#### （ロ）　欠損金の繰戻し還付制度（法法80，措法66の13）

次に掲げる法人以外の法人の平成４年４月１日から平成24年３月31日までの間に終了する各事業年度において生じた欠損金額については，法人税法に定める欠損金の繰戻し還付の措置を適用しないこととされている（措法66の13①）。

・　普通法人のうち事業年度終了のときにおいて資本金の額又は出資金の額が１億円以下であるもの又は資本若しくは出資を有しないもの

・　公益法人等又は協同組合等

・　法人税法以外の法律によって公益法人等とみなされている法人

・　人格のない社団等

なお，連結納税制度の場合に対象となる中小企業者等に該当する連結親法人は次のものとされている（措法68の98）。

・　普通法人である連結親法人のうち，連結事業年度終了のときにおいて資本金の額若しくは出資金の額が１億円以下であるもの又は資本若しくは出資を有しないもの（ただし，保険業法に規定する相互会社は除かれる。）。

・　協同組合である連結親法人

今回の改正では上記の欠損金の繰戻し還付の不適用の対象とされない法人から大法人との間にその大法人による完全支配関係のある法人を除外することとされ，資本金の額若しくは出資金の額が５億円以上の法人等の100％子法人等については，欠損金の繰戻し還付の適用を受けることができなくなった。

ただし，清算中の法人や法人が解散した場合，再生手続開始の決定があった場合等における欠損金の繰戻し還付制度については，資本金の額が５億円以上の法人による完全支配関係があるか否かやその法人の資本金の額にかかわらず適用される（法法80①④，措法66の13①）。

**(ハ)　交際費の損金不算入制度における定額控除制度（措法61の４）**

法人が各事業年度において支出する交際費等の額は，その事業年度の所得の金額の計算上，損金の額に算入しないこととされているが，資本金の額又は出資の金額が１億円以下である法人については，定額控除限度額の特例として，支出する交際費等の額の年600万円以下の金額の10％と年600万円を超える部分の金額との合計額が損金不算入とされている。なお連結納税制度では，定額控除限度額の計算を含む損金不算入額の計算は連結グループ全体で行うこととされている。

今回の改正では中小法人に係る定額控除限度額の特例の対象となる法人から大法人との間にその大法人による完全支配関係がある法人を除外することとされた（措法61の４①，法法66⑥二）。

## ⑥　確定申告書の添付書類

グループ法人の関係を納税者・課税当局ともに把握する必要があることから，確定申告書の添付書類のうち事業等の概況に関する書類に，「当該内国法人との間に完全支配関係がある法人との関係を系統的に示した図」を記載することとされた（法規35）。なお，連結確定申告書についても同様である（法規37の12五）。

「内国法人との間に完全支配関係がある法人との関係を系統的に示した図」の記載方法については現時点では公表されていないが，連結納税の承認申請書の添付書類である「出資関係図」及び「グループ一覧」が参考になるものと考えられている。

# Ⅱ章

# みなし配当及び解散の税務

1　みなし配当及び株式の譲渡損益

2　清算所得課税の廃止

3　残余財産確定の場合の欠損金の引継ぎ

# 1　みなし配当及び株式の譲渡損益

## (1)　みなし配当が生じる一般的なケース

### ①　みなし配当とは

みなし配当とは会社法上は剰余金の配当等とされないものであっても，その経済的な性質が配当等と同じ留保所得の払戻しであることから，法人税法上配当等とみなされるものをいい，法人の株主等がその法人の次の事由により金銭その他の資産の交付を受けた場合において，その金銭の額及び資産の価額の合計額（交付金銭等の額）から，その法人の資本金等の額のうちその交付の基因となったその法人の株式に対応する部分の金額を控除して計算される。なお，金銭等の交付を行う「法人」には，外国法人も含まれることに留意する必要がある（法法24①，所法25①）。

また，受け取った株主が法人であれば原則として受取配当等の益金不算入の規定の適用が想定され，株主が個人で総合課税を選択した場合には原則として配当控除の規定の適用が想定される（法法23①，所法92①）。

- 合併（適格合併を除く。）（法法24①一，所法25①一）
- 分割型分割（適格分割型分割を除く。）（法法24①二，所法25①二）
- 資本の払戻し（剰余金の配当（資本剰余金の額の減少に伴うものに限る。）のうち，分割型分割によるもの以外のものをいう。）又は解散による残余財産の分配（法法24①三，所法25①三）
- 自己の株式又は出資の取得（市場における購入による取得等を除く。）（法法24①四，所法25①四）
- 出資の消却（取得した出資について行うものを除く。），出資の払戻し，社員その他法人の出資者の退社又は脱退による持分の払戻しその他株式又は出資をその発行した法人が取得することなく消滅させること（法法24①五，所法25①五）

・　組織変更（組織変更に際して，その組織変更をした法人の株式又は出資以外の資産を交付したものに限る。）（法法24①六，所法25①六）

上記のうち，合併，自己株式の取得，その他資本剰余金を原資とする資本の払戻し及び解散による残余財産の分配により金銭等の交付を受けた株主が考慮すべきみなし配当について，併せて留意が必要となる株式の譲渡損益の取扱いと共に，以下で設例を用いながら説明を行う。なお，株主が法人である場合には法人税法に，個人である場合には所得税法にそれぞれ適用すべき所得計算の規定があるが，おおむね同様の課税の仕組みとなっているため，法人株主であることを前提として説明を行いつつ，個人株主に特有の取扱いについては，都度説明を行っている。

## ②　合併の取扱い

### a）　合併があった場合のみなし配当及び株式譲渡損益

合併があった場合において，みなし配当及び株式の譲渡損益について検討を要するのは，被合併法人の株主となる。被合併法人の株主の課税関係をまとめると，以下のようになる（法法24①一，61の２①，②）。

**＜合併があった場合の被合併法人の株主の課税関係＞**

<table>
<tr><th colspan="2" rowspan="2"></th><th colspan="2">適格合併（注３）</th><th colspan="2">非適格合併（注３）</th></tr>
<tr><th>みなし配当課税</th><th>株式譲渡損益</th><th>みなし配当課税</th><th>株式譲渡損益</th></tr>
<tr><td rowspan="2">合併対価</td><td>合併法人株式又は合併親法人株式のいずれか一方のみ</td><td>なし</td><td>生じない</td><td>あり</td><td>生じない</td></tr>
<tr><td>上記以外</td><td colspan="2">―（注１）</td><td>あり</td><td>生じる（注２）</td></tr>
</table>

（注１）　合併交付金等の交付がある場合には，非適格合併となる。
（注２）　合併法人に係る抱合株式については，生じない（法法61の２③）。
　　　　この取扱いについては，（２）に詳記する。
（注３）　適格合併と非適格合併の概要は，Ⅲ章１に詳記する。

また，みなし配当の金額及び株式譲渡損益の計算が必要となる場合について，その計算のイメージを図で示すと次のようになる。

＜みなし配当の金額及び株式譲渡損益の計算イメージ＞

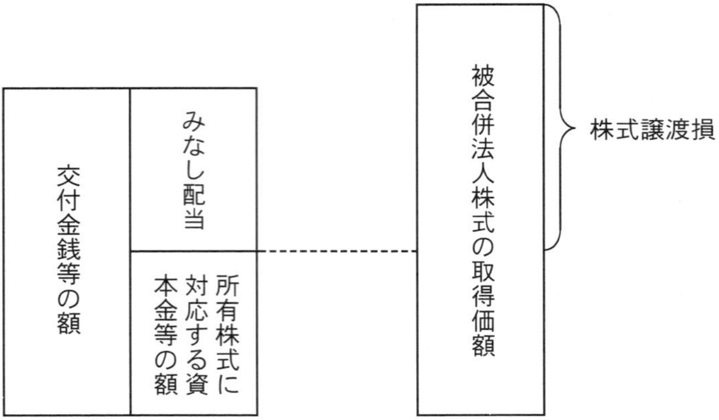


**b） みなし配当の金額の計算方法**

前掲の図に示すとおり，合併についてみなし配当が生じるのは非適格合併に限られる。非適格合併があった場合には，被合併法人は合併法人から合併対価として金銭等の交付を受け，これを直ちに被合併法人の株主に交付したものとして所得計算が行われることとなる（法法62①）。被合併法人の受ける交付金銭等には資本の払戻しと留保所得の分配の２つの要素があるため，このうち留保所得の分配部分について配当とみなされることになる。その金額の計算方法は以下のとおりである。

**＜みなし配当の金額の計算方法＞**（法法24①一，法令23①一）

$$\text{交付金銭等の額} - \left(\text{最後事業年度終了の時の資本金等の額}^{(\text{注1})} \times \frac{\text{被合併法人株主の所有株式数}}{\text{被合併法人の発行済株式数}^{(\text{注2})}}\right)$$

（注１） 最後事業年度とは，被合併法人の合併の日の前日の属する事業年度をいう。

（注２） 自己株式の数を除く。

### c）　株式譲渡損益の計算方法

被合併法人の株主は，合併により被合併法人の株式を有しないこととなるため，被合併法人株式の譲渡対価の額と譲渡原価の額の差額を譲渡損益として認識する必要がある。その金額の計算方法は以下のとおりである。

**＜株式譲渡損益額の計算方法＞**（法法61の２①②）

イ　合併法人株式又は合併親法人株式のいずれか一方以外の交付があった場合

（交付金銭等の額－みなし配当の金額）［譲渡対価の額］－合併直前の被合併法人株式の簿価［譲渡原価の額］

ロ　合併法人株式又は合併親法人株式のいずれか一方以外の交付がなかった場合（適格合併の場合を含む。）

合併直前の被合併法人株式の簿価［譲渡対価の額］－合併直前の被合併法人株式の簿価［譲渡原価の額］

※　結果としてゼロとなり，譲渡損益は生じない。

**設例16**　非適格合併

甲社と乙社は，甲社を合併法人，乙社を被合併法人として吸収合併を行うこととなった。この吸収合併について，乙社の株主である丙社の課税関係はどのようになるか。

（概要図）

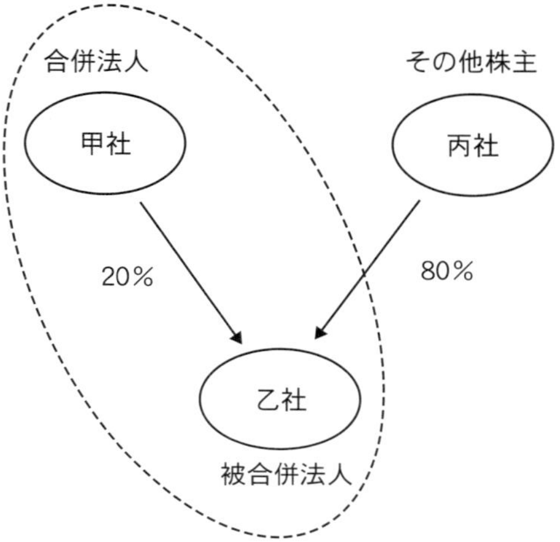


【前提条件】

1　合併効力発生日　平成22年10月１日

2　乙社の発行済株式総数　1,000株

3　乙社の最後事業年度終了の時の貸借対照表

貸　借　対　照　表
平成22年９月30日現在

| 科　　目 | 金　　額 | 科　　目 | 金　　額 |
|---|---|---|---|
| 資　　産 | | 負　　債 | |
| 資　　産(注1) | 1,000 | 負　　債 | 375 |
| | | 負　債　合　計 | 375 |
| | | 純　資　産 | |
| | | 資　本　金(注2)<br>利益剰余金(注3) | 300<br>325 |
| | | 純　資　産　合　計 | 625 |
| 資　産　合　計 | 1,000 | 負債・純資産合計 | 1,000 |

4　甲社及び丙社の乙社株式の保有状況及び取得する合併対価

| | 保有する乙社株式 | 交付を受ける合併対価 | | |
|---|---|---|---|---|
| | | 甲社株式の時価 | 金　銭 | 合　計 |
| 甲　社 | 200株 | 65 | 60 | 125 |
| 丙　社 | 800株 | 260 | 240 | 500 |
| 合　計 | 1,000株 | 325 | 300 | 625 |

5　丙社の乙社株式の取得日　　　平成20年９月30日

6　丙社の乙社株式の取得価額　　　800

（注１）　含み益はない。
（注２）　資本金等の額と同額である。
（注３）　利益積立金額と同額である。
（注４）　合併対価として交付される甲社株式の，発行済株式総数に占める割合は僅少である。
（注５）　便宜上，みなし配当の源泉徴収及び受取配当金に係る控除負債利子は考慮しないこととする。

## 解説

### 1）　みなし配当の金額の計算

上記②ｂの算式を利用して計算すると，以下のようになる。

交付金銭等の額 500 －（最後事業年度終了の時の資本金等の額 300 × 被合併法人株主の所有株式数 800株 ／ 被合併法人の発行株式数 1,000株）

＝260

### 2）　株式譲渡損益の計算

上記②ｃイの算式を利用して計算すると，以下のようになる。

| 交付金銭等の額 | みなし配当の金額 | | 合併直前の被合併法人株式の簿価 | | |
|---|---|---|---|---|---|
| 500 | − 260 | − | 800 | = | (譲渡損) △560 |
| 譲渡対価の額 | | | 譲渡原価の額 | | |

### 3） 会計処理及び税務処理

**【会計処理】**

| | | | | | |
|---|---|---|---|---|---|
| (借) | 現金預金 | 240 | (貸) | 子会社株式 | 800 |
| | その他有価証券 | 260 | | | |
| | 移転損失 | 300 | | | |

**【税務処理】**

| | | | | | |
|---|---|---|---|---|---|
| (借) | 現金預金 | 240 | (貸) | 受取配当金(みなし配当) | 260 |
| | その他有価証券 | 260 | | 子会社株式 | 800 |
| | 子会社株式譲渡損 | 560 | | | |

### 4） 別表四・五の記載

上記3）に示すとおり，会計処理と税務処理との間で，損益に差異が生じないため，別表四における調整は必須ではないが，みなし配当260については，受取配当等の益金不算入の規定の適用が想定される。乙社株式は関係法人株式等に該当するため，みなし配当の金額の全額が益金不算入となる。別表四の記載例を示すと，以下のとおりとなる。なお本設例に直接関係する事項で，別表五に記載すべき事項はない。

**【申告調整】**

**別表四　所得の金額の計算に関する明細書**

| 区分 | | | 総額 | 処分 | | |
|---|---|---|---|---|---|---|
| | | | | 留保 | 社外流出 | |
| | | | ① | ② | ③ | |
| 加算 | みなし配当 | | 260 | 260 | | |
| 減算 | 受取配当等の益金不算入額 | 16 | 260 | | ※ | 260 |
| | 子会社株式譲渡損 | | 260 | 260 | | |

## ③　自己株式の取得の取扱い

### a）　自己株式とは

自己株式とは，株式会社が有する自己の株式をいう。自己株式の取得は，資本充実の原則等の観点から，平成13年６月商法改正以前においては禁止されていたが，経営の自由化等を図るため，同改正により一定要件の下で取得することができるようになり，会社法施行後もやはり一定要件の下で取得可能となっている（会社法155）。自己株式の取得があった場合において，みなし配当及び株式の譲渡損益について検討を要するのは，株式の発行会社に株式を譲渡した者である。株式の発行会社に株式を譲渡した者の課税関係をまとめると，以下のようになる（法法24①四，61の２①）。

**＜株式の発行会社に株式を譲渡した者の課税関係＞**

| | | みなし配当課税 | 株式譲渡損益 |
|---|---|---|---|
| 譲渡形態 | 相対取引 | あり(注) | 生じる |
| | 市場における譲渡等 | なし | 生じる |

（注）　一定の要件の下，株主である個人が平成22年12月31日までに上場会社等が行う自己株式の公開買付に応じて譲渡する場合には，みなし配当課税を行わないとする特例がある（旧措法９の６，所得税法等の一部を改正する法律（平成22年法律第６号）附則51）。

また，みなし配当の金額及び株式譲渡損益の計算が必要となる場合について，その計算のイメージを図で示すと次のようになる。

＜みなし配当の金額及び株式譲渡損益の計算イメージ＞

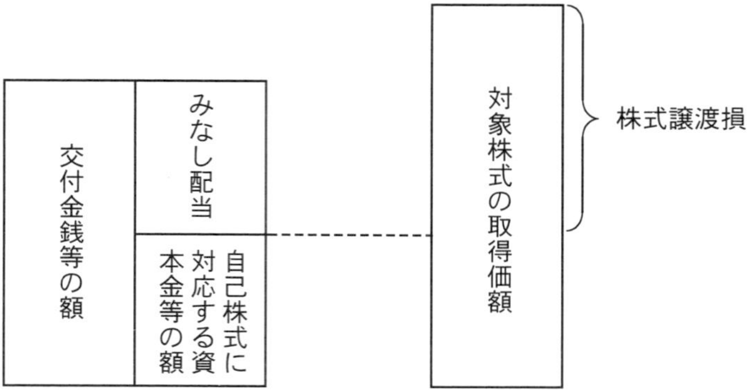


### b） みなし配当の金額の計算方法

前掲の図に示すとおり，みなし配当が生じるのは相対取引により株式の発行会社に株式を譲渡した場合に限られる。みなし配当が生じるのは，対価として取得する交付金銭等には資本の払戻し部分の金額のほか，留保所得の分配部分の金額があるためである。みなし配当の金額の計算方法は以下のとおりである。

**＜みなし配当の金額の計算方法＞**（法法24①四，法令23①四）

$$\text{交付金銭等の額}-\frac{\text{取得等法人}^{(注1)}\text{の取得等直前の資本金等の額}^{(注2)}}{\text{取得等法人}^{(注1)}\text{の取得等直前の発行済株式数}^{(注3)}}\times\text{取得等される自己株式の数}$$

（注１） 取得等法人とは，自己株式の取得等を行った法人をいう。
（注２） ゼロ以下である場合には，ゼロとする。
（注３） 自己株式の数を除く。

### c） 株式譲渡損益の計算方法

株式の発行会社に株式を譲渡した者は，譲渡により対象株式を有しないこととなるため，対象株式の譲渡対価の額と譲渡原価の額の差額を譲渡損益として認識する必要がある。その金額の計算方法は以下のとおりである。

**<株式譲渡損益の計算方法>**（法法61の２①）

（交付金銭等の額－みなし配当の金額）－ 譲渡直前の対象株式の簿価

（交付金銭等の額－みなし配当の金額）＝譲渡対価の額

譲渡直前の対象株式の簿価＝譲渡原価の額

**設例17**　自己株式の取得

甲社は強固な取引関係の維持のため，数十年来乙社株式を保有していたが，今回乙社株式の発行会社である乙社の求めに応じ，これを乙社に譲渡することとした。この株式の譲渡につき，甲社の課税関係はどのようになるか。

**【前提条件】**

| | | |
|---|---|---|
| 1 | 株式の譲渡日 | 平成22年10月１日 |
| 2 | 乙社の発行済株式総数 | 1,000株 |
| 3 | 甲社が譲渡する乙社株式の数 | 800株 |
| 4 | 乙社の取得直前の資本金等の額 | 300 |
| 5 | 甲社に譲渡の対価として交付された金銭の額 | 500 |
| 6 | 甲社の乙社株式の取得価額 | 800 |

（注１）　便宜上，みなし配当の源泉徴収及び受取配当金に係る控除負債利子は考慮しないこととする。

（注２）　乙社は自己株式を保有していないものとする。

## 解説

### 1）　みなし配当の金額の計算

上記③ｂの算式を利用して計算すると，以下のようになる。

<みなし配当の金額の計算方法>

$$\underset{500}{交付金銭等の額} - \frac{\substack{取得等法人の取得等\\直前の資本金等の額\\300}}{\substack{取得等法人の取得等\\直前の発行済株式数\\1,000株}} \times \underset{800株}{\substack{取得等される\\自己株式の数}} = 260$$

2） 株式譲渡損益の計算

上記③ｃの算式を利用して計算すると，以下のようになる。

$$\underbrace{\left(\underset{500}{\substack{交付金銭\\等の額}} - \underset{260}{\substack{みなし配当\\の金額}}\right)}_{譲渡対価の額} - \underbrace{\underset{800}{\substack{譲渡直前の\\対象株式の簿価}}}_{譲渡原価の額} = \underset{\triangle 560}{(譲渡損)}$$

3） 会計処理及び税務処理

【会計処理】

| | | | | |
|---|---|---|---|---|
| （借） | 現金預金 | 500 | （貸）子会社株式 | 800 |
| | 子会社株式売却損 | 300 | | |

【税務処理】

| | | | | |
|---|---|---|---|---|
| （借） | 現金預金 | 500 | （貸）受取配当金（みなし配当） | 260 |
| | 子会社株式売却損 | 560 | 子会社株式 | 800 |

4） 別表４・５の記載

上記３）に示すとおり，会計処理と税務処理との間で，損益に差異が生じないため，別表四における調整は必須ではないが，みなし配当260については，受取配当等の益金不算入の規定の適用が想定される。乙社株式は関係法人株式等に該当するため，みなし配当の金額の全額が益金不算入となる。別表四の記載例を示すと，以下のとおりとなる。なお本設例に直接関係する事項で，別表五に記載すべき事項はない。

**【申告調整】**

**別表四　所得の金額の計算に関する明細書**

| 区分 | | | 総額 | 処分 | | |
|---|---|---|---|---|---|---|
| | | | | 留保 | 社外流出 | |
| | | | ① | ② | ③ | |
| 加算 | みなし配当 | | 260 | 260 | | |
| 減算 | 受取配当等の益金不算入額 | 16 | 260 | | ※ | 260 |
| | 子会社株式売却損 | | 260 | 260 | | |

## ④　その他資本剰余金の配当（資本の払戻し）の取扱い

### a）　その他資本剰余金の配当を受けた場合のみなし配当及び株式譲渡損益

会社法上，一定の手続により株主に対して会社財産を払い戻すことを剰余金の配当といい，剰余金の配当には利益部分の払戻しである「利益剰余金を原資とする配当」と，資本部分の払戻しである「資本剰余金を原資とする配当」がある。なお，会社が剰余金の配当を行う場合にはその原資を利益剰余金と資本剰余金のうち，いずれの剰余金をどれだけ原資とするかは，会社が任意に決めることができる。法人税法における剰余金の配当の取扱いは，利益剰余金を原資とする剰余金の配当については全額留保所得の払戻しと認識され，資本剰余金を原資とする剰余金の配当は，プロラタ計算により資本の払戻しと留保所得の払戻しに区分して認識される。

一方，配当を受ける株主としては，配当の原資が利益剰余金に限られる場合の処理については，その全額を益金計上すれば足りるため，特段問題が生じることはないと思われるが，配当の原資に資本剰余金が含まれている場合には，配当を受けた金額を資本の払戻し（減資資本金額）と留保所得の払戻しとに区分し，みなし配当の認識及び株式譲渡損益の計算を行うこととなるため，処理に注意が必要となる（法法24①三，61の２①⑰）。

みなし配当の金額及び株式譲渡損益の計算が必要となる場合について，その計算のイメージを図で示すと次のようになる。

**＜みなし配当の金額及び株式譲渡損益の計算イメージ＞**

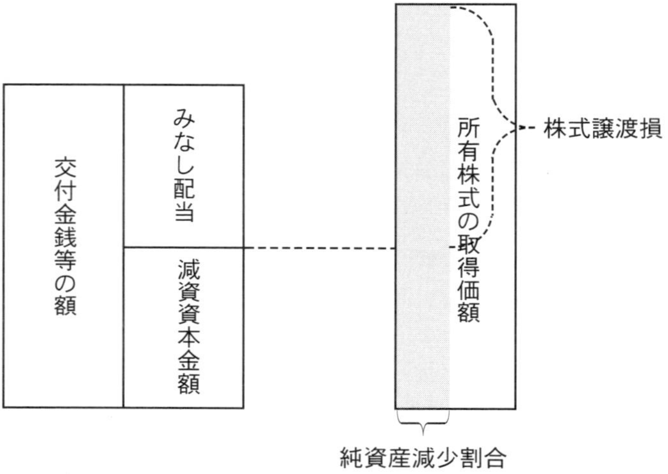


### b） みなし配当の金額の計算方法

資本剰余金を原資とする配当を受けた株主は，その交付を受けた金銭等の額のうち，減資資本金額に相当する部分以外については，留保されている所得である利益積立金額の分配を受けたものとして，配当とみなされる。その金額の計算方法は，以下のとおりである。

**＜みなし配当の金額の計算方法＞**（法法24①三，法令23①三）

みなし配当の金額＝交付金銭等の額－減資資本金金額

$$減資資本金額＝払戻し直前の払戻し等対応資本金額等\times\frac{払戻し直前に有していた払戻しに係る株式の数}{払戻法人の払戻しに係る株式の総数}$$

$$\text{払戻し直前の払戻し等対応資本金額等} = \text{払戻し直前の資本金等の額} \times \underbrace{\frac{\text{払戻しにより減少した資本剰余金の額(分母の金額を限度とする。)}}{\text{払戻法人の払戻しに係る直前事業年度末の簿価純資産額}^{(注1)}}}_{\text{純資産減少割合}}{}^{(注2)}$$

（注１）・　負債の計算上，新株予約権に係る義務を含める。
・　直前事業年度末以降払戻しの直前までに，資本金等の額の増減がある場合には，その増減額を加減算する。
（注２）・　小数点以下３位未満の端数切上げ。
・「払戻法人の払戻し直前の資本金等の額≦０」→０とする。
・「払戻法人の払戻し直前の資本金等の額＞０」かつ「分母の簿価純資産額≦０」→１とする。

### c）　株式譲渡損益の計算方法

資本剰余金を原資とする配当を受けた株主は，その保有する株式の一部の譲渡を行ったものとされるため，譲渡対価の額及び譲渡原価の額をそれぞれ計算し，その差額を譲渡損益として認識する必要がある。その金額の計算方法は以下のとおりである。

**＜株式譲渡損益の計算方法＞**（法法61の２①⑰，法令119の９①）

株式譲渡損益＝譲渡対価の額－譲渡原価の額

譲渡対価の額＝交付金銭等の額－みなし配当の金額

$$\text{譲渡原価の額} = \text{払戻し直前の所有株式の簿価} \times \underbrace{\frac{\text{払戻しにより減少した資本剰余金の額(分母の金額を限度とする。)}}{\text{払戻法人の払戻しに係る直前事業年度末の簿価純資産額}}}_{\text{純資産減少割合}^{(注)}}$$

（注）　みなし配当の金額の計算における純資産減少割合と同様に計算を行う。

## 設例18 その他資本剰余金の配当

甲社は数十年来乙社株式を保有していたが，乙社より，資本の払戻しによる金銭の交付を受けた。この剰余金の配当の受領につき，甲社の課税関係はどのようになるか。

**【前提条件】**

| | | |
|---|---|---|
| 1 | 乙社の発行済株式総数 | 1,000株 |
| 2 | 甲社が保有する乙社株式の数 | 800株 |
| 3 | 乙社の払戻し直前の資本金等の額 | 300 |
| 4 | 乙社の前事業年度末の簿価純資産価額 | 1,250 |
| 5 | 乙社の減少した資本剰余金の額 | 625 |
| 6 | 乙社より受領した剰余金の配当の額 | 500 |
| 7 | 甲社の乙社株式の取得価額 | 800 |

（注1） 便宜上，みなし配当の源泉徴収及び受取配当金に係る控除負債利子は考慮しないこととする。

（注2） 乙社は自己株式を保有していないものとする。

（注3） 直前事業年度末日から払戻し直前までの間に，乙社の資本金等の額が増減した事実はない。

## 解説

### 1） みなし配当の金額の計算

上記④ｂの算式を利用して計算すると，以下のようになる。

**＜みなし配当の金額の計算＞**

みなし配当の金額（380）＝交付金銭等の額（500）－減資資本金金額（120）

減資資本金金額（120）＝払戻し直前の払戻し等対応資本金額等（150）×払戻し直前に有していた払戻しに係る株式の数（800株）／払戻法人の払戻しに係る株式の総数（1,000株）

$$\underset{150}{\text{払戻し直前の払戻し等対応資本金額等}} = \underset{300}{\text{払戻し直前の資本金等の額}} \times \frac{\underset{625}{\text{払戻しにより減少した資本剰余金の額}}}{\underset{1,250}{\text{払戻法人の払戻しに係る直前事業年度末の簿価純資産額}}}$$

### 2）　株式譲渡損益の計算

上記④ｃの算式を利用して計算すると，以下のようになる。

＜株式譲渡損益の計算＞

$$\underset{\triangle 280}{\text{株式譲渡損益}} = \underset{120}{\text{譲渡対価の額}} - \underset{400}{\text{譲渡原価の額}}$$

$$\underset{120}{\text{譲渡対価の額}} = \underset{500}{\text{交付金銭等の額}} - \underset{380}{\text{みなし配当の金額}}$$

$$\underset{400}{\text{譲渡原価の額}} = \underset{800}{\text{払戻し直前の所有株式の簿価}} \times \frac{\underset{625}{\text{払戻しにより減少した資本剰余金の額}}}{\underset{1,250}{\text{払戻法人の払戻しに係る直前事業年度末の簿価純資産額}}}$$

### 3）　会計処理及び税務処理

**【会計処理】**

| | | | | | |
|---|---|---|---|---|---|
| **（借）** | 現金預金 | 500 | **（貸）** | 子会社株式 | 500 |

**【税務処理】**

| | | | | | |
|---|---|---|---|---|---|
| **（借）** | 現金預金 | 500 | **（貸）** | 受取配当金（みなし配当） | 380 |
| | 子会社株式譲渡損 | 280 | | 子会社株式 | 400 |

### 4）　別表四・五の記載

上記３）に示すとおり，会計処理と税務処理との間で，損益に差異が生じるため，別表四及び別表五(一)における調整が必要となる。また，みなし配当380

については，受取配当等の益金不算入の規定の適用が想定される。乙社は関係法人株式等に該当するため，みなし配当の金額の全額が益金不算入となる。別表４及び別表５の記載例を示すと，以下のとおりとなる。

**【申告調整】**

**別表四　所得の金額の計算に関する明細書**

| 区分 | | | 総額 | 処分 | | |
|---|---|---|---|---|---|---|
| | | | | 留保 | 社外流出 | |
| | | | ① | ② | ③ | |
| 加算 | みなし配当 | | 380 | 380 | | |
| 減算 | 受取配当等の益金不算入額 | 16 | 380 | | ※ | 380 |
| | 子会社株式譲渡損 | | 280 | 280 | | |

**別表五（一）**

**Ⅰ　利益積立金額の計算に関する明細書**

| 区分 | 期首現在利益積立金額 | 当期の増減 | | 差引翌期首現在利益積立金額 ①－②＋③ |
|---|---|---|---|---|
| | | 減 | 増 | |
| | ① | ② | ③ | ④ |
| 子会社株式 | | 280 | 380 | 100 |

## ⑤　残余財産の分配の取扱い

### a）　残余財産の分配を受けた場合のみなし配当及び株式譲渡損益

会社の法人格を消滅させる原因となる法律行為を解散という。ただし，解散によって会社の法人格が消滅するわけではなく，現務の結了，債権の取立て及び債務の弁済，財産の換価処分，残余財産の分配といった一連の清算業務の結了をもってはじめて会社の法人格が消滅することとなる。この清算業務の一環として行われる残余財産の分配によって，法人の株主等は金銭等の分配を受けることとなるが，この分配は清算会社から株主に対する資本部分の払戻しに該当するため，上記④の「その他資本剰余金の配当（資本の払戻し）」の場合と同様に，みなし配当及び株式の譲渡損益について検討を要することとなる。

また，みなし配当の金額及び株式譲渡損益の計算が必要となる場合について，その計算のイメージを図で示すと次のようになる（法法24①三，61の２①）。

**＜みなし配当の金額及び株式譲渡損益の計算イメージ＞**

**（残余財産の一部分配がない場合）**

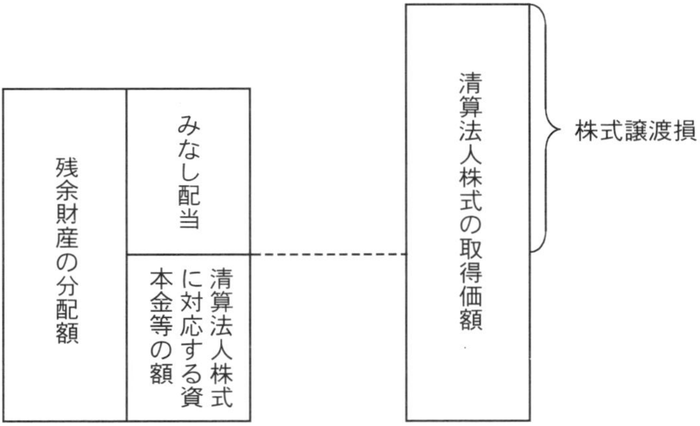


**b）　みなし配当の金額の計算方法**

残余財産の分配を受けた株主は，その分配を受けた金銭等の額のうち，所有する清算法人株式に対応する資本金等の額以外については，留保されている所得である利益積立金額の分配を受けたものとして，配当とみなされる。その金額の計算方法は，以下のとおりである。

**＜みなし配当の金額の計算方法＞**（法法24①三，法令23①三）

$$\text{みなし配当の金額}＝\text{残余財産の分配額}－\text{清算法人株式に対応する資本金等の額}$$

$$\text{清算法人株式に対応する資本金等の額}＝\text{分配直前の払戻し等対応資本金額等}\times\frac{\text{分配直前に有していた清算法人株式の数}}{\text{清算法人の発行済株式総数}}$$

$$\text{分配直前の払戻し等対応資本金額等}＝\text{分配直前の資本金等の額}\times\underbrace{\frac{\text{清算法人の残余財産の分配額（分母の金額を限度とする。）}}{\text{清算法人の払戻しに係る直前事業年度末の簿価純資産額}^{(注1)}}}_{\text{残余財産の分配割合}}{}^{(注2)}$$

（注１）・　負債の計算上，新株予約権に係る義務を含める。
・　直前事業年度末以降分配の直前までに，資本金等の額の増減がある場合には，その増減額を加減算する。
（注２）・　小数点以下３位未満の端数切上げ。
・「清算法人の分配直前の資本金等の額≦０」→０とする。
・「清算法人の分配直前の資本金等の額＞０」
かつ「分母の簿価純資産額≦０」→１とする。
・「清算法人の分配直前の資本金等の額＞０」
かつ「残余財産の全部の分配の場合」→１とする。

#### c）　株式譲渡損益の計算方法

残余財産の分配を受けた株主は，その保有する株式の全部又は一部の譲渡を行ったものとされるため，譲渡対価の額及び譲渡原価の額をそれぞれ計算し，その差額を譲渡損益として認識する必要がある。その金額の計算方法は以下のとおりである。

**＜株式譲渡損益の計算方法＞**（法法61の２①⑰，法令119の９①）

株式譲渡損益＝譲渡対価の額－譲渡原価の額

譲渡対価の額＝残余財産の分配額－みなし配当の金額

$$\text{譲渡原価の額}=\text{分配直前の清算法人株式の簿価}\times\underbrace{\frac{\text{清算法人の残余財産の分配額（分母の金額を限度とする。）}}{\text{清算法人の払戻しに係る直前事業年度末の簿価純資産額}}}_{\text{残余財産の分配割合（注）}}$$

（注）　みなし配当の金額の計算における残余財産の分配割合と同様に計算を行う。

**設例19**　残余財産の分配

甲社は取引関係のあった乙社株式を数十年来保有していたが，先般乙社の代表者から後継者不在により廃業したい旨の申し出を受けた。その後，解散の特別決議，債務の弁済等を経て，先日残余財産が確定し，その分配を受けた。この残余財産の分配について，甲社の課税関係はどのようになるか。

**【前提条件】**

| | | |
|---|---|---|
| 1 | 乙社の発行済株式総数 | 1,000株 |
| 2 | 甲社が保有する乙社株式の数 | 800株 |
| 3 | 乙社の分配直前の資本金等の額 | 300 |
| 4 | 乙社の前事業年度末の簿価純資産価額 | 1,250 |
| 5 | 乙社の残余財産の分配額 | 625 |
| | （うち，甲社に対する分配額 | 500） |
| 6 | 甲社の乙社株式の取得価額 | 800 |

（注１）　便宜上，みなし配当の源泉徴収及び受取配当金に係る控除負債利子は考慮しないこととする。
（注２）　乙社は自己株式を保有していないものとする。
（注３）　乙社は残余財産の一部分配を行っていない。
（注４）　直前事業年度末日から分配直前までの間に，乙社の資本金等の額が増減した事実はない。

## 解説

### 1）　みなし配当の金額の計算

上記⑤ｂの算式を利用して計算すると，以下のようになる。

**＜みなし配当の金額の計算方法＞**

みなし配当の金額＝残余財産の分配額－清算法人株式に対応する資本金等の額
　　380　　　　　　　500　　　　　　　　120

$$清算法人株式に対応する資本金等の額 = 分配直前の払戻し等対応資本金額等 \times \frac{分配直前に有していた清算法人株式の数}{清算法人の発行済株式総数}$$

$$120 = 150 \times \frac{800株}{1,000株}$$

$$\text{分配直前の払戻し等対応資本金額等}(150) = \text{分配直前の資本金等の額}(300) \times \frac{\text{清算法人の残余財産の分配額}(625)}{\text{清算法人の払戻しに係る直前事業年度末の簿価純資産額}(1{,}250)}$$

2） **株式譲渡損益の計算**

上記⑤ c の算式を利用して計算すると，以下のようになる。

**＜株式譲渡損益の計算方法＞**

$$\text{株式譲渡損益}(\triangle 680) = \text{譲渡対価の額}(120) - \text{譲渡原価の額}(800)$$

$$\text{譲渡対価の額}(120) = \text{残余財産の分配額}(500) - \text{みなし配当の金額}(380)$$

$$\text{譲渡原価の額}(800) = \text{分配直前の清算法人株式の簿価}(800) \times 1^{(\text{注})}$$

（注）「清算法人の分配直前の資本金等の額＞０」
かつ「残余財産の全部の分配の場合」であるため，１となる。

3） **会計処理及び税務処理**

**【会計処理】**

| | | | | | |
|---|---|---|---|---|---|
| **（借）** | 現金預金 | 500 | **（貸）** | 子会社株式 | 800 |
| | 子会社株式消滅損 | 300 | | | |

**【税務処理】**

| | | | | | |
|---|---|---|---|---|---|
| **（借）** | 現金預金 | 500 | **（貸）** | 受取配当金（みなし配当） | 380 |
| | 子会社株式消滅損 | 680 | | 子会社株式 | 800 |

4） **別表四・五の記載**

上記３）に示すとおり，会計処理と税務処理との間で，損益に差異が生じないため，別表四における調整は必須ではないが，みなし配当380については，受取配当等の益金不算入の規定の適用が想定される。乙社は関係法人株式等に該当するため，みなし配当の金額の全額が益金不算入となる。別表四の記載例を示すと，以下のとおりとなる。なお本設例に直接関係する事項で，別表五に記載すべき事項はない。

**【申告調整】**

**別表四　所得の金額の計算に関する明細書**

<table>
<tr><td colspan="3" rowspan="3">区　　分</td><td rowspan="2">総　額</td><td colspan="3">処　　分</td></tr>
<tr><td>留　保</td><td colspan="2">社　外　流　出</td></tr>
<tr><td>①</td><td>②</td><td colspan="2">③</td></tr>
<tr><td>加算</td><td>みなし配当</td><td></td><td>380</td><td>380</td><td></td><td></td></tr>
<tr><td rowspan="2">減算</td><td>受取配当等の益金不算入額</td><td>16</td><td>380</td><td></td><td>※</td><td>380</td></tr>
<tr><td>子会社株式消滅損</td><td></td><td>280</td><td>280</td><td></td><td></td></tr>
</table>

## ⑥　株主等への通知義務

上記②～⑤において，みなし配当の金額の計算方法につき，算式を用いて説明を行ったが，実務上，株主等には非適格合併に係る合併法人，自己株式を取得した法人，資本剰余金を原資とした配当を支払った法人又は清算法人から，１株あたりのみなし配当額がそれぞれ通知されるため，これを用いて比較的容易に計算を行うことができる（法令23④二）。

また，資本剰余金を原資とする剰余金の分配又は残余財産の分配があった場合において，みなし配当の金額及び株式譲渡損益の金額の計算上必要となる純資産減少割合又は残余財産の分配割合についても，実務上，資本剰余金を原資とした配当を支払った法人又は清算法人からそれぞれ通知されることとなっているため，通知される割合を用いて比較的容易に計算を行うことができる（法令119の９②）。

## (2) 完全支配関係がある法人間の株式の発行法人への譲渡損益

平成22年度の税制改正において，自己株式については以下の３つの改正が行われた。

ア　完全支配関係のある法人間の株式の発行法人への譲渡損益について，株式の譲渡損益がある場合に当該譲渡損益の計上をしないこと。

イ　自己株式として取得されることを予定して取得した株式に係るみなし配当について，益金不算入の制度を適用しないこと。

ウ　非適格合併の抱合株式について譲渡損益の計上をしないこと。

ここでは，この３つの改正点について確認を行うが，まずは，アの完全支配関係がある法人間の株式の発行法人への譲渡損益について確認する。イ，ウについては，それぞれ(３)みなし配当の生ずる取引の改正で確認することとする。

### ① 改正前の制度の問題点

自己株式の取得を行う際には，売買代金と資本金等の額との差額がみなし配当の金額，取得価額と資本金等の差額が株式の譲渡損益とみなされることとなる。そのため，みなし配当により受取配当等の益金不算入を享受するとともに株式の譲渡損により損失計上が可能となり，作為的か租税回避が可能になるという問題点が指摘されていた。特に100%のグループ内法人間での自己株式の取得は,子会社が自己株式を取得しても取得後の親会社の持株比率が100%と変わらないことから租税回避の温床となっていた。

### ② 概要及び趣旨

グループ法人税制では，「100%グループ法人間での資産移転について課税関係を生じさせない」とされたこととの関係から，「100%グループ法人間での株式の発行法人へ譲渡する場合」についても同様に課税関係を生じさせないことが整合性のある取扱いとして，完全支配関係がある法人間の株式の発行法人への譲渡損益については計上しないこととされた。

これは，グループ法人が一体的に経営されている実態にかんがみ，発行法人に対する株式の譲渡及びこれと同様のみなし配当の発生の基因となる事由の発生もグループ法人内法人に対する資産の譲渡に変わりないことから，譲渡損益を計上しないこととされるものである。ただし，税法上，自己株式は資産ではなく資本の減算項目として取得と同時に償却したかのような処理を行っていることから，譲渡損益の繰延べではなく，譲渡損益を計上しないこととされた。

### ③　改正の内容

#### a）　有価証券の譲渡損益の不計上

改正前の制度の概要としては，法人が有価証券の譲渡をした場合には，その譲渡に係る利益額又は損失額は，益金の額又は損金の額に算入することとされている（法法61の２①）。また，その譲渡が発行法人に対する譲渡の場合，発行法人を被合併法人とする合併が行われた場合又は発行法人の残余財産が確定した場合も同様である。

それに対し改正後は，内国法人が，所有株式を発行した「完全支配関係のある」他の内国法人からみなし配当が生ずる基因となる事由（法法24①）により金銭その他の資産の交付を受けた場合又はその他の内国法人の株式を有しないこととなった場合（残余財産の分配を受けないことが確定した場合を含む。）には，有価証券の譲渡損益の計算上，その譲渡に係る対価の額は原価の額に相当する金額とされ，譲渡損益を計上しないこととされた（法法61の２⑯）。

#### b）　有価証券の譲渡損益の調整（資本金等の額の調整）

みなし配当の生ずる事由（法法24①）により法人との間に完全支配関係のある他の内国法人から金銭その他の資産の交付を受けた場合又は当該みなし配当事由により当該他の内国法人の株式を有しないこととなった場合の当該みなし配当の金額（法法23①一）又は譲渡対価の額とされる金額（法法61の２①一）の合計額からその金額の額及びその資産の価額の合計額を減算した金額に相当する金額は，資本金等の額から減算することとされる（法令８①十九）。

つまり，完全支配関係のある法人に係るみなし配当事由による株式の譲渡損益については認識をしないために，譲渡原価と譲渡対価との差額（譲渡損益相当額）を株主である法人の資本金等の額にチャージすることになり，譲渡利益は資本金等の額を増加させ，譲渡損失は資本金等の額を減算する処理を行うのである。

| 減算すべき資本金等の額 | ＝ | みなし配当等の額 | ＋ | 譲渡原価相当額 | ＋ | 交付を受けた金銭等の額 |
|---|---|---|---|---|---|---|

#### c） みなし配当事由に伴う有価証券の譲渡損益の計上時期

上記のａ）の改正に伴い，法人がその有していた株式等を発行した法人の一定の事由（法法24①一～六）により金銭その他資産の交付を受け又はその株式等を有しないこととなったこと（残余財産の分配を受けないことが確定したことを含む。）による有価証券の譲渡損益の計上時期は，これら事由が生じた日又は残余財産の分配を受けないことが確定した日の属する事業年度とされる（法規27の３十四）。

### ④ 対象となる取引

この制度の対象となる取引は，完全支配関係がある他の内国法人の法人税法第24条第１項各号に掲げる事由に該当するものである（法法61の２⑯）。

具体的には，次のとおりである。

ア　非適格合併

イ　非適格分割型分割

ウ　資本の払戻し（資本剰余金の減少に伴う剰余金の配当のうち，分割型分割によるもの以外のものをいう。）又は解散による残余財産の分配

エ　自己の株式又は出資の取得（適格分割による取得等一定のものを除く。）

オ　出資の消却（取得した出資について行うものを除く。），出資の払戻し，社員その他法人の出資者の退社又は脱退による持分の払戻しその他株式又は出資をその発行した法人が取得することなく消滅させること

カ　組織変更（組織変更に際して組織変更をした法人の株式又は出資以外の資産の交付をしたものに限る。）

（注） 上記ウからカまでには，適格現物分配に該当するものも含まれる。

なお，他の内国法人の資本の払戻し若しくは解散による残余財産の一部の分配又は口数の定めがない出資についての出資の払戻しに係るものである場合に

あっては，基準日から金銭等の交付日までの間に期間が開くことがあり，その間に他の法人に株式を譲渡することもあり得る。この場合には，金銭等の交付を受ける前に株式の譲渡損益が計上され，金銭等の交付を受けた時点で譲渡損益が計上されることがそもそもないことから，これらの取引については，その交付を受けたときにおいてその株式を有する場合に限り，この措置の対象となることとされている。

また，完全支配関係がある他の内国法人の法人税法第24条第１項各号に掲げる事由により他の内国法人の株式を有しないこととなった場合（上記アからカに該当するものを除く)。例えば，無対価の非適格合併，無対価の非適格分割型分割又は自己株式の全部若しくは一部の無償取得が該当する。

さらに，完全支配関係がある他の内国法人の残余財産の分配を受けないことが確定した場合，残余財産の分配は法人税法第24条第１項第３号に掲げる事由に該当するが，残余財産の分配を受けないことの確定は法人税法第24条第１項各号に掲げる事由には該当しないものの，発行法人に対する株式の譲渡と同様の取引であることから，この措置の対象とされる。

### ⑤　対象外となる取引

法人税法第24条第１項各号に掲げる事由のうち次のものは，従前より発行法人株式の譲渡損益が計上されないことから，この措置の対象外とされる（法法61の２⑯)。

ａ）法人税法第61条の２第２項の規定の適用がある合併，すなわち，被合併法人の株主に合併法人の株式又は合併法人の親法人の株式のいずれか一方の株式以外の資産が交付されない合併

ｂ）法人税法第61条の２第４項に規定する金銭等不交付分割型分割。つまり，分割法人の株主に分割承継法人の株式又は分割承継法人の親法人の株式のいずれか一方の株式以外の資産が交付されない分割型分割

### ⑥　譲渡損益の非計上

上記④に該当する場合には，発行法人の株式の譲渡対価となる金額は，その譲渡原価に相当する金額とされ，株主である法人において譲渡損益は計上され

ないこととなる（法法61の２⑯）。なお，この場合の譲渡原価に相当する金額は，分割型分割，資本の払戻し若しくは解散による残余財産の一部の分配又は口数の定めがない出資の払戻しである場合には，法人税法第61条の２第４項，第17項又は第18項の規定により譲渡原価とされる金額とされている（法法61の２⑯）。

また，株主が公益法人等や人格のない社団等である場合にも，この制度の適用を受けることができることとされている。

## （3） みなし配当の生ずる取引の改正

### ① 自己株式として取得されることを予定して取得した株式に係るみなし配当

#### a） 改正前の制度の概要

法人の株主等が法人税法第24条第１項各号により金銭その他の資産の交付を受けた場合において，その金銭の額及び金銭以外の資産の価額の合計額がその法人の資本金等の額のうちその交付の基因となったその法人の株式又は出資に対応する部分の金額を超えるときは，その超える部分の金額は，配当等の額とみなすこととされている（法法24①）。

このうち，株式を内国法人である発行法人に対して譲渡する等の場合，つまり自己株式の取得を行う場合には，前述のとおり売買代金と資本金等の額との差額がみなし配当の金額，取得価額と資本金等の差額が株式の譲渡損益とみなされることとなる。その際，売買代金と資本金等の額との差額であるみなし配当の金額については，受取配当等益金不算入制度の適用によりその一部又は全部が益金不算入となる。そして，当該株式の譲渡損についても損金算入されることにより，みなし配当と譲渡損益の構造を租税回避的に利用した行為が行われていた。

#### b） 改正の内容

自己株式として取得されることを予定して取得した株式が自己株式として取得された際に生ずるみなし配当については，益金不算入制度が適用されず，益金に算入されることとされた（法法23③，81の４③）。

**ア　自己株式としての取得が予定されているもの**

【取得とは】

自己株式の取得には，金融商品取引所の開設する市場における取引等，みなし配当の生じない事由（法令23③）による取得は含まれない。

なお，この取得には，適格合併又は適格分割型分割による引継ぎを含むこととされている（法法23②，81の４③）。

【予定とは】

自己株式の取得が具体的に予定されていることを必要とする。

例えば，公開買付けに関する公告がされている場合や組織再編成（反対株主の買取請求）が公表されている場合には予定されていることに該当するが，単に取得条項や取得請求権が付されていることのみをもっては予定されていることには該当しないと考えられている（財務省「法人税法の改正」）。

また，法人税基本通達３－１－８によれば，例えば，上場会社等が自己の株式の公開買付けを行う場合における公開買付期間（金融商品取引法第27条の５に規定する「公開買付期間」）中に，法人が当該株式を取得したときの当該株式が該当するとされている。

次に，その取得した株式が適格合併，適格分割又は適格現物出資により被合併法人，分割法人又は現物出資法人から移転を受けた株式である場合であるが，この際の益金不算入制度が適用されないこととなるみなし配当の額は，その予定されていた事由がこれらの法人のその株式の取得のときにおいても生ずることが予定されていた場合におけるその予定されていた事由に基因する配当等の額となる（法令20の２，155の７の２）。したがって，被合併法人，分割法人又は現物出資法人における取得の時点と合併法人，分割承継法人又は被現物出資法人の取得又は引継ぎの時点の両方の時点で自己株式としての取得が予定されている場合に益金不算入制度が適用されないこととなる。

### イ　対象外となる取引

【完全支配関係がある発行法人への株式の譲渡損益の適用がある場合】

完全支配関係がある発行法人の自己株式の取得については，適用除外とされている。これは，当該規定の適用がある場合には，譲渡損益は非計上とされており，租税回避のおそれがないことから適用除外とされた。

【予定されていた事由に基因するとされないもの】

法人が，公開買付けを行っている会社の株式をその公開買付期間中に取得した場合において，当該株式についてその公開買付けによる買付けが行われなかったときには，みなし配当の金額があった場合にも，当該配当等の額については，法人税法第23条の規定の適用がない（受取配当等の益金不算入制度の適用あり）とされている（法基通３－１－８注書き）。

**設例20**　自己株式として取得されることを予定して取得した株式に係るみなし配当

**【前提条件】**

設例17の自己株式の取得と同様とする（詳細は設例17を参照のこと）。

設例17の自己株式の取引から生ずる各金額は以下のとおりである。

| | | |
|---|---|---|
| 1 | 譲渡の対価として交付された金銭の額 | 500 |
| 2 | 譲渡直前の対象株式の簿価 | 800 |
| 3 | みなし配当の金額 | 260 |
| 4 | 株式譲渡損益の金額 | △560 |

## 解説

**＜会計処理及び税務処理＞**

会計処理及び税務処理自体については，設例17と特に異なる点はない。

**【会計処理】**

| | | | |
|---|---|---|---|
| （借）現金預金 | 500 | （貸）子会社株式 | 800 |
| 子会社株式売却損 | 300 | | |

**【税務処理】**

| | | | |
|---|---|---|---|
| （借）現金預金 | 500 | （貸）受取配当金（みなし配当） | 260 |
| 子会社株式売却損 | 560 | 子会社株式 | 800 |

**＜別表四・五の記載＞**

会計処理及び税務処理とは異なり，別表調整については設例17と異なってくる。設例17では受取配当等の益金不算入額260の減算がされていたが，自己株式として取得されることを予定して取得した株式に係るみなし配当については，受取配当等の益金不算入額の適用を受けることができないため減算調整を行うことはなくなる。

**【申告調整】**

**別表四　所得の金額の計算に関する明細書**

| 区分 | | | 総額 | 処分 | | |
|---|---|---|---|---|---|---|
| | | | | 留保 | 社外流出 | |
| | | | ① | ② | ③ | |
| 加算 | みなし配当 | | 260 | 260 | | |
| 減算 | 受取配当等の益金不算入額 | 16 | | | ※ | |
| | 子会社株式売却損 | | 260 | 260 | | |

## ②　抱合株式の譲渡損益

### a）　改正前の内容

抱合株式とは，合併法人が保有していた被合併法人の株式であり，通常会計上は合併に際しては対価を発行せず消滅させる。

従来の規定では，被合併法人の少数株主に対して金銭交付をした場合，抱合株式に対しても自己株式の取得と同様，みなし配当及び株式の譲渡損益を計上する取扱いになっている（法法24②，旧法法61の２③，法令23⑤）。

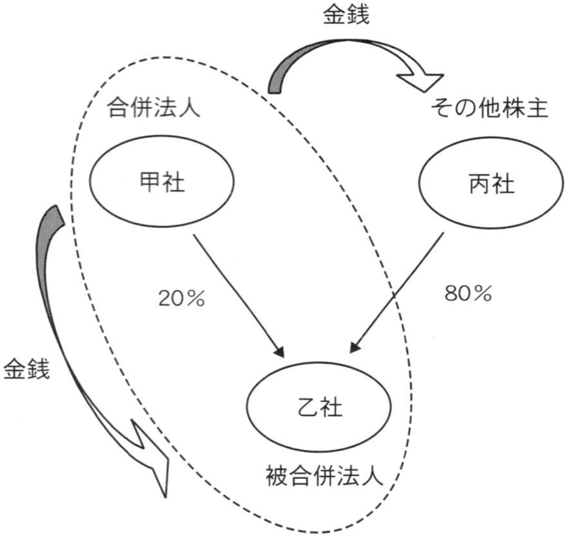


b）　改正の内容

合併が非適格合併となる場合には，被合併法人の株主である合併法人において計上される抱合株式の譲渡益・譲渡損は計上しないこととされた（法法61の２③）。

この場合，譲渡損益に相当する金額を資本等の額に加減算することとなる（法令８①五）。

合併法人は合併により被合併法人の資産及び負債の包括承継を受けるところ，合併法人が合併直前に被合併法人の株式を有していた場合には，被合併法人の資産負債について合併により被合併法人株式を通じた間接保有から直接保有へと変わるものであり，合併対価の種類にかかわらず，被合併法人の資産負債への投資が継続しているといえ，譲渡損益を計上しないこととされた。

## 設例21　抱合株式の譲渡損益

**【前提条件】**

設例16と同様とし，設例16のうち甲社側の処理について確認することとする。なお，甲社の乙社株式の取得価額は200である。

## 解説

甲社のみなし配当の金額及び株式譲渡損益の金額は，次のとおりである。

**（みなし配当の金額の計算）**

$$\underset{125}{\text{交付金銭等の額}} - \left( \underset{300}{\text{最後事業年度終了の時の資本金等の額}} \times \frac{\underset{200株}{\text{被合併法人株主の所有株式数}}}{\underset{1,000株}{\text{被合併法人の発行済株式数}}} \right)$$

＝65

**（株式譲渡損益の計算）**

$$\underbrace{\left( \underset{125}{\text{交付金銭等の額}} - \underset{65}{\text{みなし配当の金額}} \right)}_{\text{譲渡対価の額}} - \underbrace{\underset{200}{\text{合併直前の被合併法人株式の簿価}}}_{\text{譲渡原価の額}} = \underset{\triangle 140}{\text{（譲渡損）}}$$

**＜会計処理及び税務処理＞**

**【会計処理】**

| | | | | |
|---|---|---|---|---|
| （借） | 現金預金 | 60 | （貸）投資有価証券 | 200 |
| | 自己株式 | 65 | | |
| | 移転損失 | 75 | | |

**【税務処理】**

| | | | | | |
|---|---|---|---|---|---|
| （借） | 現金預金 | 60 | （貸） | 受取配当金（みなし配当） | 65 |
| | 資本金等（自己株式） | 65 | | 投資有価証券 | 200 |
| | 資本金等 | 140 | | | |

抱合株式の譲渡損益相当額

## ＜別表四・五の記載＞

**【申告調整】**

別表四　所得の金額の計算に関する明細書

| 区分 | | | 総額 | 処分 | | |
|---|---|---|---|---|---|---|
| | | | | 留保 | 社外流出 | |
| | | | ① | ② | ③ | |
| 加算 | 移転損失否認 | | 75 | 75 | | |
| | みなし配当 | | 65 | 65 | | |
| 減算 | 受取配当等の益金不算入額 | 16 | 65 | | ※ | 65 |

別表五(一)

Ⅰ　利益積立金額の計算に関する明細書

| 区分 | 期首現在利益積立金額 | 当期の増減 | | 差引翌期首現在利益積立金額 ①－②＋③ |
|---|---|---|---|---|
| | | 減 | 増 | |
| | ① | ② | ③ | ④ |
| 投資有価証券 | | 140 | 140 | 0 |
| 資本金等 | | | 140 | 140 |

**別表五(一)**

**Ⅱ　資本金等の額の計算に関する明細書**

| 区　　分 | 期首現在<br>利益積立金額 | 当期の増減 | | 差引翌期首現在<br>利益積立金額<br>①－②＋③ |
|---|---|---|---|---|
| | | 減 | 増 | |
| | ① | ② | ③ | ④ |
| 自己株式 | | 65 | | △65 |
| 利益積立金 | | 140 | | △140 |

移転損失65，みなし配当は65は別表四で否認し，別表五(一)で資本金等に振替えする。

# 2　清算所得課税の廃止

## （1）　改正前の制度の概要

平成22年９月30日までに，解散された内国法人である普通法人又は協同組合等については，その清算所得について，清算所得に対する法人税が課される。清算所得に対する法人税の税率は，27.1％（協同組合等は20.5％）とされている。清算所得に対する税率は，事業税に対する税効果相当分を考慮して，各事業年度の所得に対する法人税に対する税率よりも低い率とされていた。

この清算所得の算定方法は，残余財産の価額から，解散時における資本金等の額，及び利益積立金額等の合計額を控除する，財産法により算定される。

**【平成22年９月30日までに解散した場合の手続】**

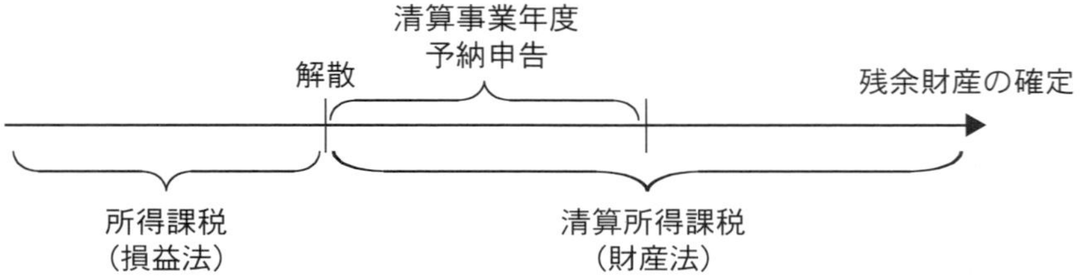


内国法人である普通法人又は協同組合等が解散をした場合には，解散の日以後の清算事業年度について，清算事業年度が１年を超える場合には，その１年ごとの期間について，所得課税の方法により清算事業年度予納申告をし，残余財産が確定した場合には，財産法による計算方法により，清算所得を計算し清算事業年度予納申告による予納額を精算する方法がとられている。

## （2）　改正の内容

### ①　清算所得課税の廃止・通常所得課税へ移行

平成22年10月１日以後に解散する内国法人については，従来の清算所得課税が廃止され，通常の所得課税により課税される（法法５）。

これまで，清算所得課税が採用されてきた理由としては，財産法による所得の把握方法が，事業の継続が不能となって清算する場合における残余財産の処分の手続と親和性があり，馴染みやすいという特徴があったためと考えられている。清算所得課税は，事業の継続が不能となった場合の清算を前提としていたものと考えられるが，近年，形式的な解散の手続をとりつつ，他の法人において同一事業を継続する事例が多くなってきており，経済実態に即した課税方法として，資本に関係する取引等に係る税制の見直しの一環として，清算所得課税から通常の所得課税へ変更されたものである。

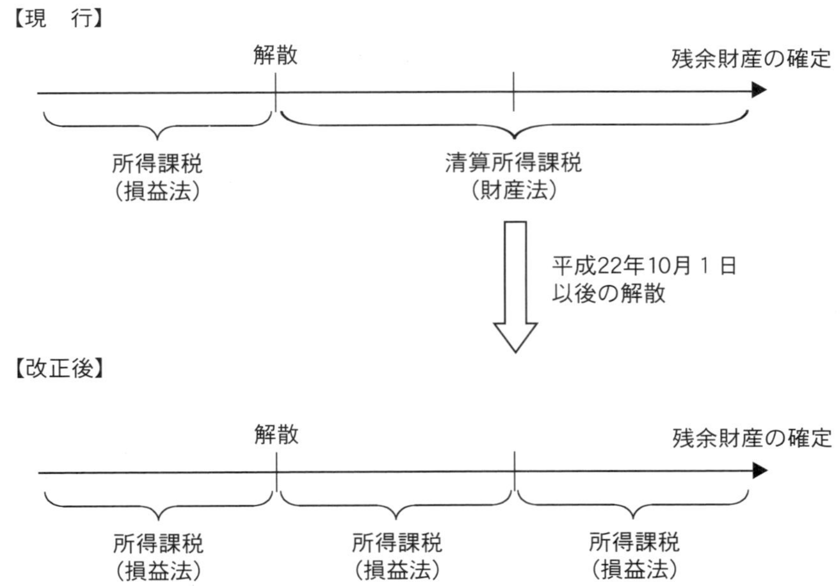


また，内国法人である公益法人等又は人格のない社団等の清算所得については法人税が課税されない（旧法法７）取扱いであったが，清算所得課税の廃止により，清算中において生ずる所得のうち，非収益事業から生じる所得以外の所得については，法人税が課税されることとなるため（法法７），株式会社の清算などと同様に，期限切れ欠損金の活用などを検討する必要がある。

### ②　最後事業年度の事業税

内国法人の残余財産確定の日の属する事業年度に係る地方税法の規定による事業税の額は，その事業年度の所得の金額の計算上，損金の額に算入される（法法62の５⑤）。

従来の清算所得に対する事業税については，清算所得に対する法人税の税率について，各事業年度の所得に対する法人税の税率よりも，事業税の税効果相当分を低くすることにより，清算所得に対する法人税は，事業税を控除したものと同様の効果が得られていた。

各事業年度の所得に対する事業税は，申告書を提出する日の属する事業年度の損金の額に算入されるのが原則であるが（法基通９－５－１），最後事業年度に係る事業税の申告書の提出は，最後事業年度の終了後であり，損金に算入される機会がなくなってしまうため，最後事業年度に係る事業税については，最後事業年度の損金の額に算入されることとなった。

なお，事業税の税額，及び損金に算入する金額は，事業税の計算の基礎となる所得の金額が確定することが前提となるため，循環計算にならないように，以下の項目については，計算の基礎となる所得金額について，事業税の損金算入前の数値により計算することとされている。

#### a）　寄　附　金

寄附金の損金算入限度額の計算の基礎となる所得金額については，最後事業年度に係る事業税の損金算入前の所得金額により計算する（法令73②七，法令155の13②一，二）。

#### b）　欠損金の控除限度額

青色欠損金，災害損失金，会社更生等による欠損金，期限切れ欠損金の控除限度額の計算の基礎となる所得金額については，最後事業年度の事業税計上前の所得金額により計算する（法法57①，58①，59①～③，81の９①，法令155の２）。

### ③　中間申告，確定申告等

清算中の法人の中間申告については，事務負担の観点から，従来より中間申告すべき法人の範囲から除外されていたが，引き続き，中間申告の対象法人からは除外されている（法法71①）。

また，確定申告については，内国法人は，各事業年度終了の日の翌日から2月以内に，税務署長に対し，確定した決算に基づき一定の事項を記載した申告書を提出しなければならない（法法74①）。

清算中の内国法人について，残余財産が確定した場合には，その内国法人の残余財産の確定の日の属する事業年度に係る確定申告書提出については，1月以内とされており，この提出期限も従来同様である。

なお，残余財産の確定日の翌日から1月以内に，残余財産の最後の分配又は引渡しが行われる場合には，その行われる日の前日までが，申告期限とされている（法法74②）。

### ④　みなし事業年度

単体申告法人が解散した場合のみなし事業年度については，従来と同様の扱いとなっている。

内国法人（連結子法人を除く。）が，事業年度の中途において解散をした場合には，その事業年度開始の日から解散の日までの期間，及び解散の日の翌日からその事業年度終了の日までの期間がみなし事業年度とされる（法法14①一）。

なお，合併による解散の場合には，その事業年度開始の日から合併の日の前日までの期間がみなし事業年度とされている（法法14①二）。

また，清算中の法人の残余財産が事業年度の中途において確定した場合（連結子法人の残余財産が確定した場合を除く。）には，その事業年度開始の日から残余財産の確定の日までの期間がみなし事業年度となる（法法14①二十一）。

なお，株式会社が解散をした場合における清算中の事業年度は，その株式会社が定款で定めた事業年度にかかわらず，会社法第494条第1項に規定する清算事務年度になるものとしており，解散の日の翌日から始まる1年間の期間となるため，法人税法における事業年度についても，解散の日の翌日から始まる1年間の各期間となる（法基通1－2－9）。

また，公益法人等についても，解散の日までのみなし事業年度が設けられた

（法法14①一）。

（みなし事業年度）

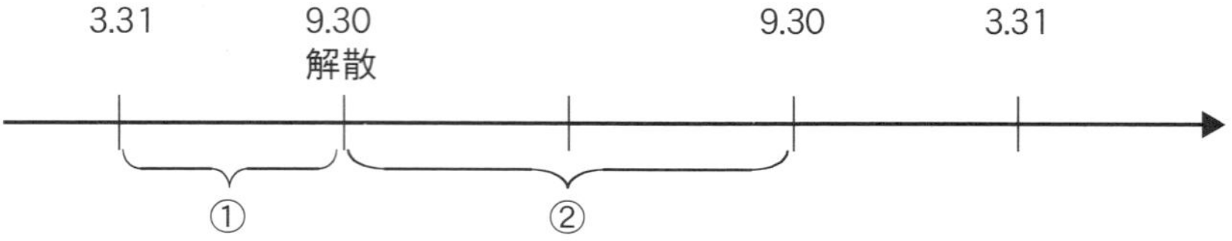


①　事業年度開始の日から解散の日までの期間

②　解散の日の翌日から，その事業年度終了の日までの期間（株式会社の解散の場合は，定款の定めにかかわらず解散の日の翌日から１年間の期間）

外国法人については，従来より恒久的施設の形態の変更によるみなし事業年度が設けられているが，外国法人に対する課税方式は，恒久的施設の形態の変更によるみなし事業年度で対応することとし，特にみなし事業年度は設けられていない。

分割型分割があった場合には，平成22年９月30日までに行われる分割型分割については，従来は，みなし事業年度により申告をする必要があったが（旧法法14①三），平成22年10月１日以後に行われる分割型分割については，みなし事業年度を設けないこととなり，通常の事業年度終了時に申告をすることとなる。

連結子法人が解散をした場合には，従来は，清算所得課税で課税されていたため，解散の前後で課税方法が異なることから，連結子法人の解散は，連結離脱事由とされ，解散により，連結グループから離脱していたが，平成22年10月１日以後の解散については，解散をしても，連結グループからは離脱せず，みなし事業年度を設けないこととされた（法法14①九）。

連結子法人が連結事業年度の中途において，残余財産が確定した場合には，その連結事業年度開始の日から残余財産の確定の日までの期間がみなし事業年度となり（法法14①十），連結親法人事業年度の中途において，連結子法人の残余財産が確定した場合には，その末日が連結親法人の事業年度終了の日である場合を除き，その連結親法人事業年度開始の日から残余財産の確定の日までの期間は，連結事業年度には含まないものとされている（法法15の２①二）。

**【単体申告の内国法人の解散による事業年度】**

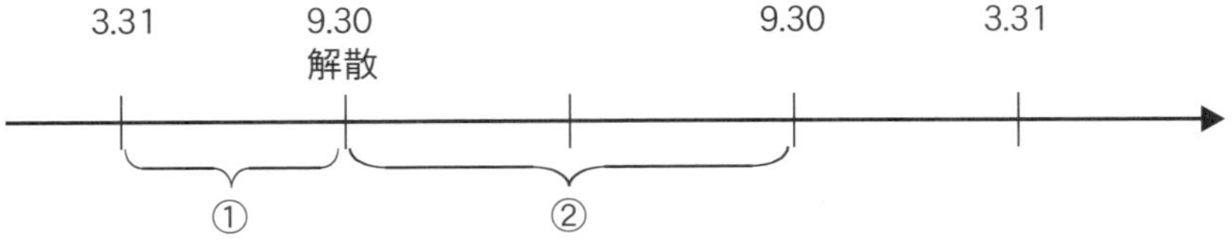


（みなし事業年度）

①　事業年度開始の日から解散の日までの期間

②　解散の日の翌日から，その事業年度終了の日までの期間（株式会社の解散の場合は，解散の日の翌日から１年間の期間）

**【連結子法人の解散による事業年度】**

**【改正前】**

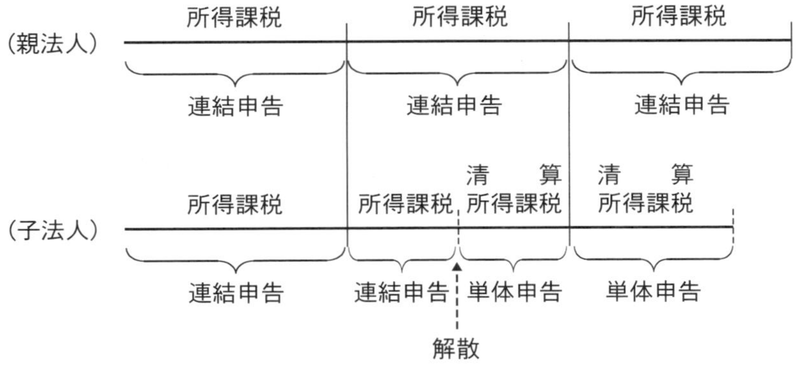


平成22年９月30日までに行われる解散については，清算所得課税により課税され，解散により，連結グループから離脱して申告をする。

【改正後】

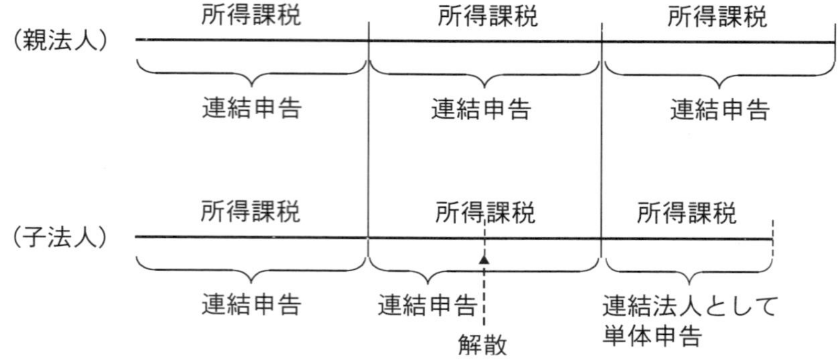


平成22年10月１日以後の解散については，解散により課税方法が変更にならないため，連結グループから離脱せずに，申告を行う。

## （３） 期限切れ欠損金の損金算入

### ① 残余財産がないと見込まれる場合

内国法人が解散した場合において，残余財産がないと見込まれる場合には，その清算中に終了する事業年度(注１)前の各事業年度において生じた欠損金額(注２)で，下記ｂ）の算式により算定される金額(注３)は，その適用年度の所得の金額の計算上，損金の額に算入する。

（注１） 会社更生等による債務免除等があった場合の欠損金の損金算入の規定（法法59①②）の適用を受ける事業年度は，適用除外となる。
（注２） 連結事業年度において生じた法第81条の18第１項に規定する個別欠損金額（その連結事業年度に連結欠損金額が生じた場合には，その連結欠損金額のうち，その内国法人に帰せられる金額を加算した金額）を含む。
（注３） 損金算入額は，この規定適用前，及び最後事業年度の事業税の額を損金に算入する前の金額を限度とする。

この場合の，残余財産がないと見込まれるかどうかの判定の時期は，その法人の清算中に終了する各事業年度終了のときの現況により判定し（法基通12－３－７），解散した法人が，その事業年度終了のときにおいて債務超過の状態にあるときは，残余財産がないと見込まれるときに該当するものとして扱われる（法基通12－３－８）。

なお，解散時に残余財産がないと見込まれ期限切れ欠損金額を損金の額に算入し，その後の決算において再判定した結果，残余財産が生じると見込まれた場合においても，解散時損金算入した期限切れ欠損金額を遡って修正する必要はない。

また，期限切れ欠損金を損金に算入するには，確定申告書に欠損金額の損金算入に関する明細の記載があり，かつ，残余財産がないと見込まれることを説明する書類の添付がある場合に限り適用される（法法59④，法規26の６三）。

この，残余財産がないと見込まれることを説明する書類(注)とは，例えば，法人の清算中に終了する各事業年度終了のときの実態貸借対照表（その法人の有する資産及び負債を，時価により作成する貸借対照表をいう。）が該当し，法人がこの実態貸借対照表を作成する場合における資産の価額は，その事業年度終了のときにおける処分価格によるものとされているが，その法人の解散が事業譲渡等を前提としたもので，その法人の資産が継続して他の法人の事業の用に供される見込みであるときには，その資産が使用収益されるものとして，事業年度終了のときにおいて譲渡される場合に通常付される価額によるものとされている（法基通12－３－９）。

（注）　これについて，平成22年10月６日付の国税庁の「平成22年度税制改正に係る法人税質疑応答事例（グループ法人税制その他の資本に関係する取引等に係る税制関係）（情報）」の問10において，以下の書類を例示している。

⑴　清算型の法的整理手続である破産又は特別清算の手続開始の決定又は開始の命令がなされた場合
「破産手続開始決定書の写し」，「特別清算開始決定書の写し」

⑵　再生型の法的整理手続である民事再生又は会社更生の手続開始の決定後，清算手続が行われる場合民事再生又は会社更生の手続開始の決定後，再生計画又は更生計画の認可決定を経て事業譲渡が行われ，清算が開始している場合には，「再生計画又は更生計画に従った清算であることを示す書面」
計画認可決定前に事業譲渡が行われ，清算が開始している場合には，「民事再生又は会社更生の手続開始の決定の写し」

⑶　公的機関が関与又は一定の準則に基づき独立した第三者が関与して策定された事業再生計画に基づいて清算手続が行われる場合
「公的機関又は独立した第三者の調査結果で会社が債務超過であることを示

す書面」

なお，上記の記載又は書類の添付がない確定申告書の提出があった場合においても，その記載又は書類の添付がなかったことについて，税務署長がやむを得ない事情があると認めるときは，期限切れ欠損金の損金算入に関する規定を適用することができることとされている（法法59⑤）。

### ② 期限切れ欠損金額

残余財産がないと見込まれる場合の，欠損金額の損金算入の対象となる期限切れ欠損金額は，次のⅰ）からⅱ）の金額を控除した金額となる。

ⅰ）この規定の適用を受けようとする事業年度（適用年度）終了のときにおける，前事業年度以前の事業年度から繰り越された欠損金額（同項に規定する個別欠損金額を含む。）の合計額

ⅱ）青色申告書を提出した事業年度の欠損金の繰越し（法法57①）又は，青色申告書を提出しなかった事業年度の災害による損失金の繰越し（法法58①）の規定により適用年度の所得の金額の計算上損金の額に算入される欠損金額

この，前事業年度以前の事業年度から繰り越された欠損金額の具体的な算定方法は，その事業年度の確定申告書に添付する，法人税申告書別表五(一)の期首現在利益積立金額の合計額として記載される金額がマイナスである場合のそのマイナスの金額によることとされる（法基通12－３－２）。これは，会社更生法や，民事再生法において債務免除等があった場合の，期限切れ欠損金の算定方法と同じである。

### ③ 損金算入額

損金の額に算入される金額は，損金算入の対象となる期限切れ欠損金額から，青色欠損金の損金算入額，及び災害損失金の損金算入額を控除した金額とし，その相当する金額がこの規定，及び最後事業年度の事業税の損金算入前の所得金額が限度とされる。

なお，法人税法第59条第１項，第２項に規定する，会社更生法や，民事再生法において債務免除等があった場合の，期限切れ欠損金の損金算入を適用する

場合には，その適用する事業年度については，法人税法第59条第３項に規定する，期限切れ欠損金の損金算入は適用されない（法法59③）。

### ④　各欠損金がある場合の適用順序

期限切れ欠損金の適用にあたっては，期限切れ欠損金額の対象金額は，前事業年度以前の事業年度から繰り越された欠損金額（別表五(一)期首利益積立金額のマイナスの数値）から，法人税法第57条第１項に規定する青色欠損金の損金算入額，及び法人税法第58条第１項に規定する災害損失金の当期控除額を控除した金額が，期限切れ欠損金の対象額となるため（法令118），青色欠損金と災害損失金の繰り越された金額がある場合には，これらの欠損金を先に控除することとなる。

また，会社更生法による更生手続開始の決定があった場合において，債務免除等があった場合の欠損金額の損金算入，民事再生法の規定による欠損金の損金算入の規定の適用を受ける事業年度については，適用されないこととなる。

（期限切れ欠損金の適用順序）

青色欠損金，又は災害損失金 → 期限切れ欠損金

（会社更生法等により債務免除等があった場合）

期限切れ欠損金 → 青色欠損金，又は災害損失金

（民事再生法等により債務免除等があった場合）

評価損益の計上がある場合：

期限切れ欠損金 → 青色欠損金，又は災害損失金

評価損益の計上がない場合：

青色欠損金，又は災害損失金 → 期限切れ欠損金

### ⑤　（参考）法定整理による欠損金の損金算入について

- **会社更生等による債務免除等があった場合の欠損金の損金算入**

内国法人について，会社更生法による更生手続開始の決定があった場合において，下記に該当することとなった場合には，その該当することとなった日の属する事業年度前の各事業年度において生じた欠損金額で，政令で定めるものに相当する金額のうち，それぞれに定める金額の合計額に達するまで

の金額は，適用年度の所得の金額の計算上，損金の額に算入する。

・　債権者から債務免除等を受けた場合
　　債務の免除を受けた金額
・　その法人の役員等から金銭等の贈与を受けた場合
　　贈与を受けた金銭の額，及び金銭以外の資産の価額
・　会社更生法等の規定に基づき資産の評価損益を計上した場合
　　評価益の金額から評価損の金額を控除した金額

**・　再生計画の認可決定により債務免除等があった場合の欠損金の損金算入**

内国法人について，再生手続開始の決定があったこと等により，その内国法人が，下記に該当することとなった場合には，その該当することとなった日の属する事業年度前の各事業年度において生じた欠損金額で，政令で定めるものに相当する金額のうち，それぞれに定める金額の合計額に達するまでの金額は，当該適用年度の所得の金額の計算上，損金の額に算入する。

・　債権者から債務免除等を受けた場合
　　債務の免除を受けた金額
・　その法人の役員等から金銭等の贈与を受けた場合
　　贈与を受けた金銭の額，及び金銭以外の資産の価額
・　民事再生法等の規定に基づき，法人税法第25条第３項，又は法人税法第33条第４項に規定される評価益，又は評価損を計上した場合
　　評価益の金額から評価損の金額を控除した金額

なお，評価損益の計上に該当する場合には，期限切れ欠損金が青色欠損金に優先して控除されるが，その他の事由の場合には，青色欠損金が期限切れ欠損金に優先して控除される。

また，再生手続の開始決定に準ずる事実として，特別清算開始の命令があったこと，破産手続開始の決定があったこと，などが含まれているため，このような事実に該当する場合にも，上記の規定は適用される（法令117）。

・　政令で定める金額は，適用年度終了のときにおける前事業年度から繰り越された欠損金額の合計額から，法人税法第57条第１項，又は法人税法第58条

第１項の適用がある，青色欠損金額又は災害損失金額を控除した金額である。

**設例22**　期限切れ欠損金の損金算入の取扱い

**1）通常の解散により，期限切れ欠損金を使用する場合**

**【前提条件】**

・　解散の後，２年後に残余財産が確定するものとする。
・　別表５(一)期首利益積立金は，△30,000とする。
・　前事業年度から繰り越された，青色欠損金は7,000とする（前々事業年度3,000，前事業年度4,000）。
・　会社更生法，民事再生法等の適用はないと仮定する。
・　資産の含み損が，2,000あり，解散後２年目で売却するものとする。
・　債務のうち，返済不能と見込まれる部分，3,000については債務免除を受けるものとし，残余財産が確定する直前で免除を受けるものとする。
・　解散後，１年目の事業年度に対する所得の金額は，10,000とする。
・　法人住民税等は，考慮しないものとする。

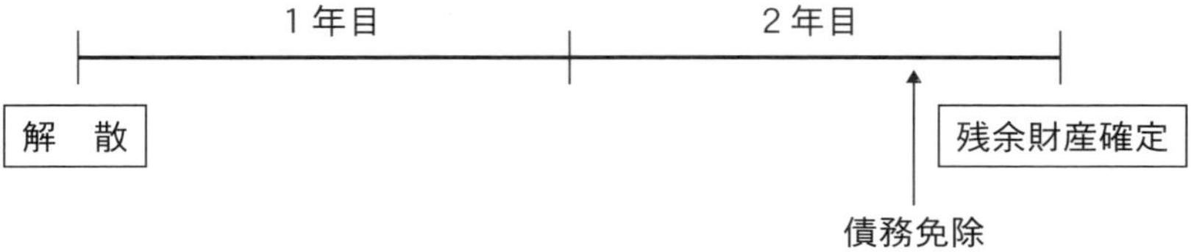

（１年目）

事業年度終了時の貸借対照表

| 科　　目 | 金　　額 | 科　　目 | 金　　額 |
|---|---|---|---|
| 資　　産 | | 負　　債 | |
| 資　　産 | 32,000 | 負　　債 | 42,000 |
| | | 負 債 合 計 | 42,000 |
| | | 純 資 産 | |
| | | 資 本 金<br>利益剰余金 | 10,000<br>−20,000 |
| | | 純 資 産 合 計 | −10,000 |
| 資 産 合 計 | 32,000 | 負債・純資産合計 | 32,000 |

時価による実態貸借対照表

| 科　　目 | 金　　額 | 科　　目 | 金　　額 |
|---|---|---|---|
| 資　　産 | | 負　　債 | |
| 資　　産 | 12,000 | 負　　債 | 42,000 |
| | | 負 債 合 計 | 42,000 |
| | | 純 資 産 | |
| | | 資 本 金<br>利益剰余金 | 10,000<br>−40,000 |
| | | 純 資 産 合 計 | −30,000 |
| 資 産 合 計 | 12,000 | 負債・純資産合計 | 12,000 |

（清算２年目）

残余財産確定時の貸借対照表

| 科　　目 | 金　　額 | 科　　目 | 金　　額 |
|---|---|---|---|
| 資　　産 | | 負　　債 | |
| 資　　産 | 12,000 | 負　　債 | 42,000 |
| | | 負　債　合　計 | 42,000 |
| | | 純　資　産 | |
| | | 資　本　金<br>利益剰余金 | 10,000<br>－40,000 |
| | | 純　資　産　合　計 | －30,000 |
| 資　産　合　計 | 12,000 | 負債・純資産合計 | 12,000 |

損益計算書

| | |
|---|---|
| 債務免除益 | 30,000 |
| 固定資産売却損 | 20,000 |
| 税引前当期利益 | 10,000 |

**２）（参考）法的整理により期限切れ欠損金を使用する場合**

**【前提条件】**

・　民事再生法の適用により，債務免除を受けるものとする。

・　法人税法第25条第３項，及び法人税法第33条第４項の規定を適用し，資産の評価益1,000と，資産の評価損21,000を計上する。

・　再生計画に対する認可決定による，債務免除益が30,000計上されるとする。

期首における貸借対照表

| 科　　目 | 金　　額 | 科　　目 | 金　　額 |
|---|---|---|---|
| 資　　産 | | 負　　債 | |
| 資　　産 | 32,000 | 負　　債 | 42,000 |
| | | 負債合計 | 42,000 |
| | | 純資産 | |
| | | 資本金<br>利益剰余金 | 10,000<br>−20,000 |
| | | 純資産合計 | −10,000 |
| 資産合計 | 32,000 | 負債・純資産合計 | 32,000 |

事業年度末の貸借対照表

| 科　　目 | 金　　額 | 科　　目 | 金　　額 |
|---|---|---|---|
| 資　　産 | | 負　　債 | |
| 資　　産 | 12,000 | 負　　債 | 12,000 |
| | | 負債合計 | 12,000 |
| | | 純資産 | |
| | | 資本金<br>利益剰余金 | 10,000<br>−10,000 |
| | | 純資産合計 | 0 |
| 資産合計 | 12,000 | 負債・純資産合計 | 12,000 |

## 解説

**1）通常の解散により，期限切れ欠損金を使用する場合**

**（1年目）**

事業年度終了のときにおける，実態貸借対照表について，債務超過であり，残余財産がないと見込まれるため，期限切れ欠損金の使用が可能である。

別表七(一)

欠損金又は災害損失金の損金算入に関する明細書

| 事業年度 | 区　分 | 控除未済欠損金額 | 当期控除額（別表四「41の①」－別表七(二)「11」又は「22」を限度） | 翌期繰越額 (1)－(2) |
|---|---|---|---|---|
| | | 1 | 2 | 3 |
| 前々事業年度 | 青色欠損 | 3,000 | 3,000 | 0 |
| 前事業年度 | 青色欠損 | 4,000 | 4,000 | 0 |
| 計 | | 7,000 | 7,000 | 0 |

別表七(二)

Ⅲ　民事再生等評価換えが行われる場合以外の場合の再生等欠損金の損金算入及び解散の場合の欠損金の損金算入に関する明細書

| | | | |
|---|---|---|---|
| 欠損金額の計算 | 適用年度終了の時における前事業年度以前の事業年度から繰り越された欠損金額 | 27 | 30,000 |
| | 欠損金又は災害損失金の当期控除額（別表七(一)「2の計」） | 28 | 7,000 |
| | 差引欠損金額 (27)－(28) | 29 | 23,000 |
| 所得金額 (別表四「41の①」)－(28) | | 30 | 3,000 |
| 当期控除額 ((29)と(30)のうち少ない金額) | | 31 | 3,000 |

前事業年度以前の事業年度から繰り越された欠損金額は，別表五(一)の期首利益積立金額のマイナス残高となる。適用年度の控除額は，青色欠損金の控除後の金額となる。

**別表四　所得の金額の計算に関する明細書**

| 区分 | | | 総額 | 処分 | | |
|---|---|---|---|---|---|---|
| | | | | 留保 | 社外流出 | |
| | | | ① | ② | ③ | |
| 当期利益又は当期欠損の額 | | 1 | 10,000 | 10,000 | | 0 |
| 加算 | | | | | | |
| 減算 | | | | | | |
| 差引計 | | 41 | 10,000 | 10,000 | ※ | 0 |
| 欠損金又は災害損失金等の当期控除額 | | 42 | △10,000 | | ※ | △10,000 |
| 残余財産の確定の日の属する事業年度に係る事業税の損金算入額 | | 43 | 0 | 0 | | |
| 所得金額又は欠損金額 | | 44 | 0 | 10,000 | ※ | △10,000 |

**別表五(一)**

**Ⅰ　利益積立金額の計算に関する明細書**

| 区分 | 期首現在利益積立金額 | 当期の増減 | | 差引翌期首現在利益積立金額 ①－②＋③ |
|---|---|---|---|---|
| | | 減 | 増 | |
| | ① | ② | ③ | ④ |
| 繰越損益金 | △30,000 | △30,000 | △20,000 | △20,000 |
| 差引合計額 | △30,000 | △30,000 | △20,000 | △20,000 |

**（清算２年目）**

清算所得課税から，所得課税へ移行されることにより，従来，残余財産確定時の貸借対照表を中心とした，財産法により計算されていたが，所得課税に伴い損益計算書に基づく通常の所得計算となる。

債務免除益についても，最後事業年度の益金の額に算入されることとなる。

別表七(二)

Ⅲ　民事再生等評価換えが行われる場合以外の場合の再生等欠損金の損金算入及び解散の場合の欠損金の損金算入に関する明細書

| | | | |
|---|---|---|---|
| 欠損金額の計算 | 適用年度終了の時における前事業年度以前の事業年度から繰り越された欠損金額 | 27 | 20,000 |
| | 欠損金又は災害損失金の当期控除額<br>(別表七(一)「2の計」) | 28 | 0 |
| | 差引欠損金額<br>(27) − (28) | 29 | 20,000 |
| 所得金額<br>(別表四「41の①」)−(28) | | 30 | 10,000 |
| 当期控除額<br>((29)と(30)のうち少ない金額) | | 31 | 10,000 |

別表四　所得の金額の計算に関する明細書

| 区分 | | | 総額 | 処分 | | |
|---|---|---|---|---|---|---|
| | | | | 留保 | 社外流出 | |
| | | | ① | ② | ③ | |
| 当期利益又は当期欠損の額 | | 1 | 10,000 | 10,000 | | 0 |
| 加算 | | | | | | |
| 減算 | | | | | | |
| 差引計 | | 41 | 10,000 | 10,000 | ※ | 0 |
| 欠損金又は災害損失金等の当期控除額 | | 42 | △10,000 | | ※ | △10,000 |
| 残余財産の確定の日の属する事業年度に係る事業税の損金算入額 | | 43 | 0 | 0 | | |
| 所得金額又は欠損金額 | | 44 | 0 | 10,000 | ※ | △10,000 |

別表五(一)

Ⅰ　利益積立金額の計算に関する明細書

| 区分 | 期首現在利益積立金額 | 当期の増減 | | 差引翌期首現在利益積立金額 ①－②＋③ |
|---|---|---|---|---|
| | | 減 | 増 | |
| | ① | ② | ③ | ④ |
| 繰越損益金 | △20,000 | △20,000 | △10,000 | △10,000 |
| 差引合計額 | △20,000 | △20,000 | △10,000 | △10,000 |

## 2）（参考）法的整理により期限切れ欠損金を使用する場合

別表七(一)

欠損金又は災害損失金の損金算入に関する明細書

| 事業年度 | 区分 | 控除未済欠損金額 | 当期控除額（別表四「41の①」－別表七(二)「11」又は「22」を限度） | 翌期繰越額 (1)－(2) |
|---|---|---|---|---|
| | | 1 | 2 | 3 |
| 前々事業年度 | 青色欠損 | 3,000 | 0 | 3,000 |
| 前事業年度 | 青色欠損 | 4,000 | 0 | 4,000 |
| 計 | | 7,000 | 0 | 7,000 |

別表七(二)

Ⅱ　民事再生等評価換えが行われる場合の再生等欠損金の損金算入に関する明細書

| | | | |
|---|---|---|---|
| 債務免除等による利益の内訳 | 債務の免除を受けた金額 | 12 | 30,000 |
| | 私財提供を受けた金銭の額 | 13 | 0 |
| | 私財提供を受けた金銭以外の資産の価額 | 14 | 0 |
| | 資産の評価益の総額(別表十四(一)「13」) | 15 | 1,000 |
| | 資産の評価損の総額(別表十四(一)「24」) | 16 | 21,000 |
| | 計(12)＋(13)＋(14)＋(15)－(16) | 17 | 10,000 |
| 欠損金額の計算 | 適用年度終了の時における前事業年度以前の事業年度から繰り越された欠損金額 | 18 | 20,000 |
| | 欠損金又は災害損失金の額(別表七(一)「1の計」) | 19 | 7,000 |
| | 差引欠損金額 (18) － (19) | 20 | 13,000 |
| 所得金額(別表四「41の①」) | | 21 | 10,000 |
| 当期控除額((17), (20)と(21)のうち少ない金額) | | 22 | 10,000 |

別表四　所得の金額の計算に関する明細書

| 区分 | | | 総額 | 処分 | | |
|---|---|---|---|---|---|---|
| | | | | 留保 | 社外流出 | |
| | | | ① | ② | ③ | |
| 当期利益又は当期欠損の額 | | 1 | 10,000 | 10,000 | | 0 |
| 加算 | | | | | | |
| 減算 | | | | | | |
| 差引計 | | 41 | 10,000 | 10,000 | ※ | 0 |
| 欠損金又は災害損失金等の当期控除額 | | 42 | △10,000 | | ※ | △10,000 |
| 残余財産の確定の日の属する事業年度に係る事業税の損金算入額 | | 43 | 0 | 0 | | |
| 所得金額又は欠損金額 | | 44 | 0 | 10,000 | ※ | △10,000 |

別表五(一)

Ⅰ　利益積立金額の計算に関する明細書

| 区　分 | 期首現在利益積立金額 | 当期の増減 | | 差引翌期首現在利益積立金額①－②＋③ |
| --- | --- | --- | --- | --- |
| | | 減 | 増 | |
| | ① | ② | ③ | ④ |
| 繰越損益金 | △20,000 | △20,000 | 0 | 0 |
| 差引合計額 | △20,000 | △20,000 | 0 | 0 |

## （4）　仮装経理の取扱い

### ①　仮装経理を行った場合の期限切れ欠損金の利用について

平成22年10月1日以後に，内国法人が解散をした場合において，その事業年度終了のときに，残余財産がないと見込まれるときは，前事業年度以前から繰り越された欠損金（期限切れ欠損金）を使用することができる。この場合の期限切れ欠損金は，前事業年度において申告された，税務申告書上の繰越欠損金（別表五(一)の利益積立金額のマイナスの金額）により算定されることとなる。

法人が，過年度において仮装経理，いわゆる粉飾決算を行ったことにより，過年度の所得の金額が実際に課税標準とされるべき所得の金額超える場合には，実態としての欠損金額よりも，申告書に記載された利益積立金額が大きくなっていると想定される。

このような場合には，仮装経理に基づく過大申告の部分について，過年度の欠損金を正しい数値に減額する必要があるが，修正の方法として，その修正すべき事業年度が1年以内の事業年度の場合には，更正の請求をすることにより，減額更正をすることが可能であるが，その事業年度の確定申告書の提出期限から1年を経過している場合には，更正の嘆願等により，税務署長により更正をすることとなる。

なお，過年度において申告した所得の金額が，実際の所得の金額と異なる場合において，この金額のうち仮装経理に基づくものがあるときは，税務署長は，内国法人がその事実に係る修正の経理をし，かつ，その修正の経理をした事業年度の確定申告書を提出するまでの間は，更正をしないことができる（法法129①）こととされているため，更正に関する手続の前に，過年度における仮装経理部分について，会社決算上で修正の経理をし，その後，更生手続により，過年度の欠損金を減額更正することとなる。

減額更正に関しては，税務署長により手続が行われるため，減額更正が認められなければ，その部分についての欠損金が使用できなくなるため，その手続については，慎重な対応が必要になるものと思われる。

### ②　仮装経理に基づく過大申告の場合の更正に伴う法人税額の還付の特例

内国法人が，事実を仮装して経理したことにより，確定申告書に記載された所得の金額がその事業年度の課税標準とされるべき所得の金額を超える場合において，税務署長が，その事業年度の所得に対する法人税について更正をしたときは，その減少する部分の法人税額のうち，仮装経理に係るものについては，直ちに還付をせず，その後の事業年度の法人税に充当されることとなる（法法135①）。

なお，その更正の日の属する事業年度開始の日前１年以内に開始する事業年度に対する法人税（付帯税の額を除く。）で，その更正の日の前日において確定しているものについては，直ちに還付される（法法135②）。

更正の日の属する事業年度開始の日から５年を経過する日の属する事業年度の確定申告書の提出期限が到来した場合には，税務署長は，その適用法人に対し，その更正に係る仮装経理法人税額を還付する。

ただし，５年経過する前に，残余財産が確定した場合，合併による解散（連結法人の解散及び単体間適格合併による解散を除く。）した場合，破産手続開始の決定により解散した場合などの事実があった場合には，それぞれの事業年度に係る確定申告書の提出期限までに，還付されることとなる（法法135③）。

更生手続や，再生手続開始の決定があった場合，特別清算開始の決定があった場合などには，法人からの還付請求に基づき還付されることとなる（法法135④，法令175②）。

5年経過前の還付事由の中には，従来は，内国法人が解散した場合が含まれていたが，平成22年度の改正により，解散後も税額控除することが出来るため，合併による解散，及び破産手続開始決定による解散に限定され，通常の解散については，残余財産が確定した時点に変更された。

**【仮装経理の更正に伴う還付のイメージ】**

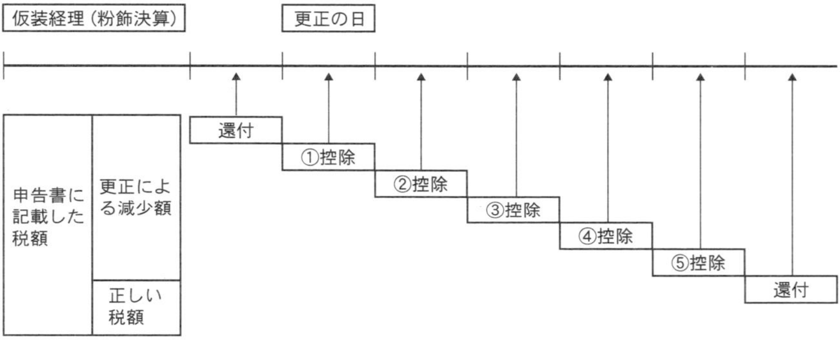


更正があった日の事業年度では，還付せず，５年間で繰越控除される。更正の日の前日までに確定した税額がある場合には，還付される。また，５年以内に，残余財産が確定した場合，破産手続開始の決定があった場合，特別清算開始の決定があった場合などには，その時点の控除未済額が還付される。
（出典：財務省資料より一部修正）

## (5) その他

### ① 金銭以外の資産による残余財産の分配又は引渡し

内国法人が，残余財産の全部の分配又は引渡し（適格現物分配を除く。）により被現物分配法人その他の者にその有する資産の移転をするときは，その被現物分配法人その他の者に，その移転をする資産の残余財産の確定時の時価により譲渡をしたものとして，その内国法人の各事業年度の所得の金額を計算する（法法62の５①）。

この，残余財産の全部の分配，又は引渡しにより，移転をする資産の譲渡に係る譲渡利益額(注１)又は譲渡損失額(注２)については，その残余財産の確定の日の属する事業年度の益金の額，又は損金の額に算入される（法法62の５②）。

（注１）　その譲渡に係る対価の額が，原価の額を超える場合におけるその超える部分の金額をいう。
（注２）　その譲渡に係る原価の額が，対価の額を超える場合におけるその超える部分の金額をいう。

内国法人が適格現物分配により，被現物分配法人にその有する資産の移転をしたときは，その被現物分配法人に移転をした資産の，その適格現物分配の直前の帳簿価額（当該適格現物分配が残余財産の全部の分配である場合には，その残余財産の確定のときの帳簿価額）による譲渡をしたものとして，当該内国法人の各事業年度の所得の金額を計算し，資産の移転により生ずる収益の額は，益金の額に算入しない（法法62の５③④）。

また，被現物分配法人の資産の取得価額は，適格現物分配の直前の帳簿価額により受け入れたものとして処理される（法令123の６①）。

残余財産の全部が分配される適格現物分配については，残余財産の確定の日の翌日に行われたものとする（法令123の６②）。

### ②　圧縮記帳，引当金

国庫補助金等で取得した資産の圧縮などの圧縮記帳については，従来より清算中の法人については，適用されていないが，これは，清算所得課税ということが理由ではないため，引き続き適用されないこととなった（法法42～50）。

租税特別措置法に規定される圧縮記帳，土地の先行取得をした場合の課税の特例等についても，同様に，清算中の法人については，適用が除外されている（措法65の７～66の２）。

貸倒引当金，及び返品調整引当金については，残余財産の分配が適格現物分配に該当しない場合について，残余財産の確定した日の属する事業年度については，戻入れの機会がないため，引当金の繰入れは認められない（法法52①②，53①）。

### ③　非適格合併等により移転を受ける資産等に係る調整勘定の損金算入

内国法人が非適格合併等により，その非適格合併等に係る被合併法人等から資産又は負債の移転を受けた場合において，その内国法人が，その非適格合併等により交付した金銭の額等の価額の合計額が，その移転を受けた資産及び負債の時価純資産価額を超えるときは，その超える部分の金額のうち政令で定める部分の金額は，資産調整勘定の金額とする（法法６２の８①）。

この資産調整勘定の金額は，５年間で均等償却をし，各事業年度の損金の額に算入することとなるが，内国法人の残余財産が確定した場合には，その事業年度終了のときの残高を損金の額に算入する（法法62の８④）。

また，非適格合併により発生した，短期重要負債調整勘定の金額，又は差額負債調整勘定の金額についても，内国法人の残余財産が確定した場合には，その事業年度終了のときの残高を減額し，その事業年度の益金の額に算入する（法法62の８⑦）。

### ④　受益者等の存しない法人課税信託

受益者等が存しない法人課税信託に，受益者が存することとなったことにより，法人課税信託に該当しないこととなった場合には，その法人課税信託に係る受託法人は受益者に対しその信託財産に属する資産及び負債を，その該当しないこととなったときの直前の帳簿価額により引継ぎをしたものとして，その受託法人の各事業年度の所得の金額を計算する（法法64の３②）。

従来は，信託特定解散として清算所得を課税しないこととしていたが（旧法法92②），清算所得課税が廃止され，通常の所得課税へ計算方法が移行されることに伴い，従来どおり，課税関係が生じないようにするために，引継ぎという取扱いとなったものである。

### ⑤　一括償却資産，繰延消費税等

内国法人が適格合併に該当しない合併により解散した場合，又は内国法人の残余財産が確定した場合（適格現物分配に該当する場合を除く。）には，合併の日の前日，又は残余財産の確定の日の属する事業年度終了のときにおける一括償却資産の金額，又は繰延消費税額等の金額は，その事業年度の損金の額に算入する（法令133の２④，139の４⑨）。

### ⑥　特定同族会社の特別税率

内国法人である特定同族会社について，各事業年度の留保金額が留保控除額を超える場合には，その超える部分の金額に，その金額に応じて，10％～20％の税率を乗じて計算した金額を通常の法人税の額に加算する制度であるが，清算中の法人は，この留保金課税の対象となる特定同族会社の対象から除外されている（法法67）。

清算中の株式会社は　原則としてその清算株式会社の債務を弁済した後でなければ，その財産を株主に分配することはできない（会社法502），とされていることを理由とするものである。

# 3　残余財産確定の場合の欠損金の引継ぎ

## (1)　制度の内容

### ①　経緯・趣旨

グループに係る税制の見直しの一環として,100%資本関係法人における現物配当について，適格現物分配として移転する損益については認識しないこととされ，残余財産の分配についても同様とされた。

この見直しは,100%グループ内の子法人から親法人への現物資産の移転に関し，他の組織再編成の税制上の取扱いと整合させるものとなっており，特に残余財産が確定した法人の欠損金については，特定の資産との結びつきが希薄であることから，その移転資産の有無には関係なく，合併に係る欠損金の引継ぎと同様の取扱いとされたのである。

したがって，完全支配関係があるグループ内の内国法人の残余財産が確定した場合には，組織再編税制の一環として位置づけられ，適格合併の場合と同様に，その欠損金額を株主等に引き継ぐこととされる。

### ②　改正の内容

平成22年度の税制改正により，完全支配関係にある法人間における有価証券の譲渡損益については，みなし配当が生ずる基因となる事由により，金銭その他の資産の交付を受けた場合,又は,他の内国法人の株式を有しないこととなった場合には，その有価証券の譲渡対価を譲渡原価とみなし，損益を認識しない。それに対し，完全支配関係にある親子会社間においては，その子会社の解散により，その子会社の残余財産が確定した場合に，親会社は子会社の未処理欠損金額を引き継ぐことが可能となった。

引き継ぐことが可能となる欠損金額の原則的な取扱いは次のとおりである。

内国法人との間に完全支配関係がある他の内国法人でその内国法人が発行済

株式又は出資の全部又は一部を有するものの残余財産が確定した場合（特に残余財産の分配は要件とされていない。）において，当該他の内国法人のその残余財産の確定の日の翌日前７年以内に開始した各事業年度（以下「前７年内事業年度」という。）において生じた未処理欠損金額があるときは，その内国法人のその残余財産の確定の日の翌日の属する事業年度以後の各事業年度における欠損金の繰越控除に関する制度の適用については，その前７年内事業年度において生じた未処理欠損金額は，その内国法人の各事業年度において生じた欠損金額とみなす（法法57②）。

なお，災害損失欠損金額についても同様である（法法58②）。

**＜改正前と改正後の取扱い＞**

| | 平成22年９月30日までの解散 | 平成22年10月１日以後の解散 |
|---|---|---|
| 子会社株式の消滅損 | 消滅損の計上可能 | 消滅損の計上不可 |
| 欠損金の引継ぎ | 欠損金の引継ぎ不可 | 欠損金の引継ぎ可能 |

### ③　完全支配関係がある他の内国法人

欠損金の引継ぎの対象となるのは，残余財産が確定した他の内国法人と株主等である内国法人との間に完全支配関係がある場合に限定される。

この完全支配関係は，株主等である内国法人による完全支配関係又は他の者との間に他の者による完全支配関係がある法人相互の関係に限ることとされる。

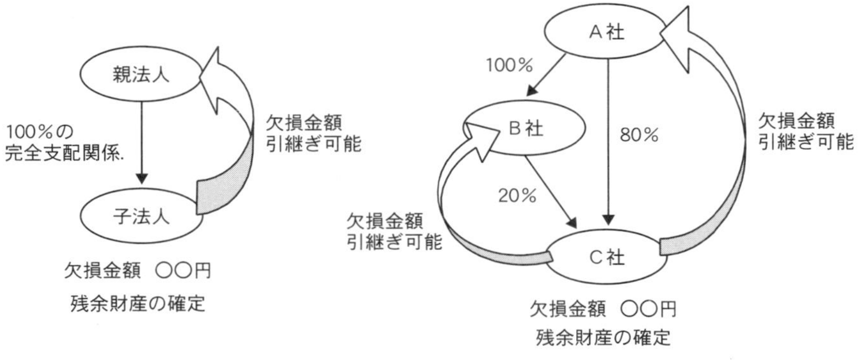

つまり，上記でいう完全支配関係は，「当該内国法人による完全支配関係又は第２条第12号の７の６（定義）に規定する相互の関係に限る」とされているため，グループ頂点の法人の株式の一部をグループ内の子法人が有していた場合に，頂点の法人の残余財産が確定しても，頂点の法人からその株主等である子法人に欠損金が引き継がれることはないとされる。

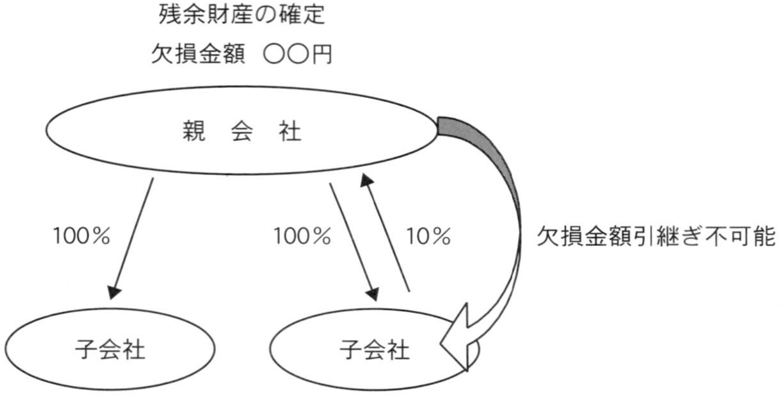


### ④　未処理欠損金額

引継ぎの対象となる未処理欠損金額とは，残余財産が確定した完全支配関係のある他の内国法人の欠損金額であり，当該金額に含まれるもの，除かれるもの等については，下記のとおりである。

また，当該他の内国法人が，前７年内事業年度のうちその欠損金額の生じた事業年度について青色申告書である確定申告書を提出し，かつ，その後において連続して確定申告書を提出していることが必要とされる。

災害損失欠損金額にあっては，その生じた事業年度において災害により生じた損失の額の計算に関する明細を記載した確定申告書を提出し，かつ，上記と同様にその後において連続して確定申告書を提出する必要がある（法法57②，58②，法令112①，116の２①）。

未処理欠損金額に「含まれるもの」，「除かれるもの」，「要件があるもの」は，それぞれ次のとおりである。

**a）　含まれるもの**

残余財産が確定した他の内国法人の欠損金額とみなされたもの

**b）　除かれるもの**

残余財産が確定した他の内国法人に損金算入されたもの，ないものとされたもの及び繰戻しによる還付を受けるべき金額の計算の基礎となったもの

**c）　要件があるもの**

（ア）　他の内国法人の残余財産の確定の前に当該他の内国法人を合併法人とする適格合併が行われたこと又は当該他の内国法人との間に完全支配関係がある別の内国法人の残余財産が確定したことに基因して当該他の内国法人の欠損金額又は災害損失欠損金額とみなされたもの
……その適格合併の日の属する事業年度又はその残余財産の確定の日の翌日の属する事業年度について確定申告書を提出し，かつ，その後において連続して確定申告書を提出していること

（イ）　連結納税の承認の取消し等の場合において他の内国法人の欠損金額とみなされた当該他の内国法人の連結欠損金個別帰属額
……最終の連結事業年度終了の日の翌日の属する事業年度について確定申告書を提出し，かつ，その後において連続して確定申告書を提出していること

## ⑤　引き継がれる欠損金額

株主等に引き継がれる欠損金額は，その残余財産が確定した他の内国法人に株主等が二以上ある場合には，未処理欠損金額を当該他の内国法人の発行済株式又は出資（当該他の法人が有する自己の株式又は出資を除く。）の総数又は総額で除し，これに株主等である法人の有する当該他の内国法人の株式又は出資の数又は金額を乗じて計算した金額とされる（法法57②，58②）。

これは他の内国法人との完全支配関係については，上記のとおり，直接的な支配関係のみに限定されているわけではないため，株主等が複数存在する場合にはその持分割合に応じて引継ぎが行われることになる。

したがって，次の計算式のとおり，各法人の持分割合で按分し，その法人ごとに引き継ぐ欠損金額を算出することとなる。

$$\frac{\text{未処理欠損金額（又は未処理災害損失欠損金額）}}{\text{発行済株式等（自己株式等を除く。）}}\times\text{内国法人の持株数等}$$

＝引き継ぐ未処理欠損金額（又は未処理災害損失欠損金額）

例えば，残余財産の確定した法人（Ｃ社）の株式を，Ａ社とＢ社がそれぞれ60％と40％ずつ所有していた場合に，各社が引き継ぐことになる欠損金額は，Ｃ社の欠損金額1,000円を各社の所有割合に応じて按分した金額となる。

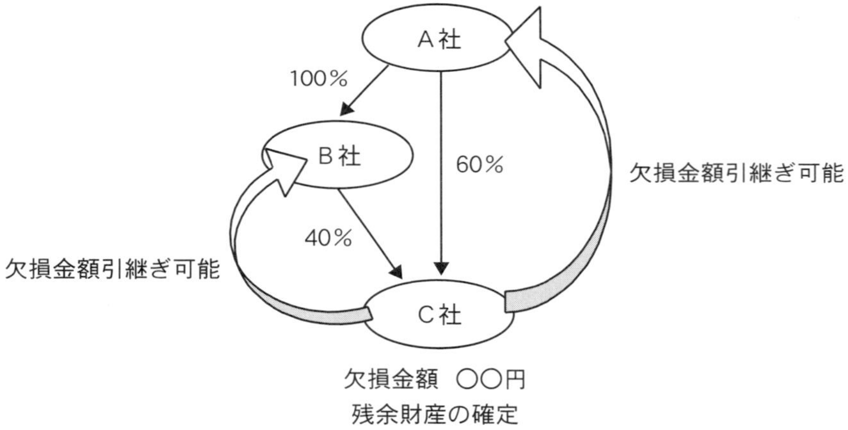


Ａ社：欠損金額1,000円×所有割合60％＝600

Ｂ社：欠損金額1,000円×所有割合40％＝400

### ⑥　未処理欠損金額の帰属事業年度

#### ａ）原　　　則

株主等に引き継がれる未処理欠損金額は，それぞれ「その未処理欠損金額の生じた前７年内事業年度開始の日の属する株主等である法人の事業年度」において生じた欠損金額とみなされる（法法57②）。

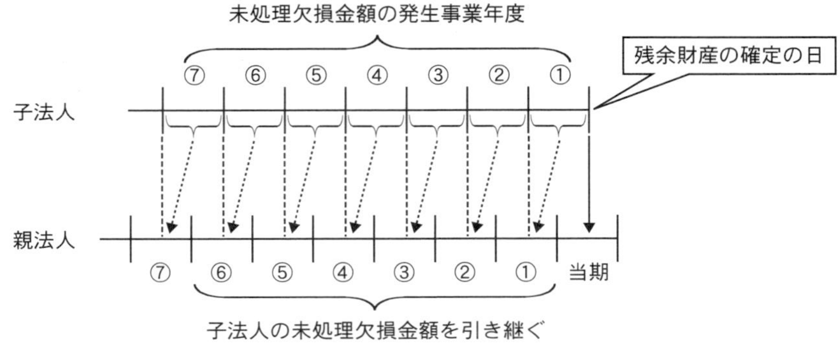


**b）例　　外**

株主等である法人のその残余財産の確定の日の翌日の属する事業年度開始の日以後に開始した他の内国法人の前７年内事業年度において生じた未処理欠損金額にあっては，その残余財産の確定の日の翌日の属する事業年度の前事業年度において生じた欠損金額とみなされる（法法57②かっこ書き）。

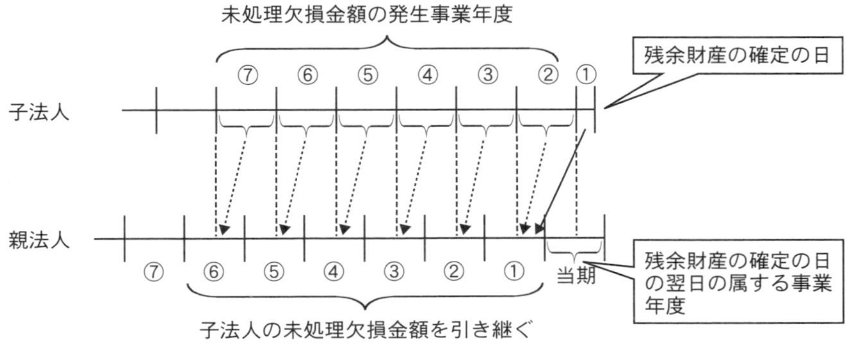


**c）株主等である内国法人が設立後７年経過していない場合の特例**

株主等である内国法人のその残余財産の確定の日の翌日の属する事業年度開始の日前７年以内に開始した各事業年度のうち最も古い事業年度開始の日がその残余財産の確定した他の内国法人の前７年内事業年度で未処理欠損金額が生じた事業年度のうち最も古い事業年度開始の日後である場合には，当該他の内国法人の前７年内事業年度開始の日からその株主等である内国法人の前７年内事業年度開始の日の前日までの期間をその期間に対応する当該他の内国法人の前７年内事業年度ごとに区分したそれぞれの期間（その株主等である内国法人の前７年内事業年度開始の日の前日の属する期間にあっては，他の内国法人の同日の属する事業年度開始の日からその株主等である内国法人のその前７年内事業年度開始の日の前日までの期間）は，その株主等である内国法人のそれぞれの事業年度とみなすこととされている（法令112②，116の２②）。

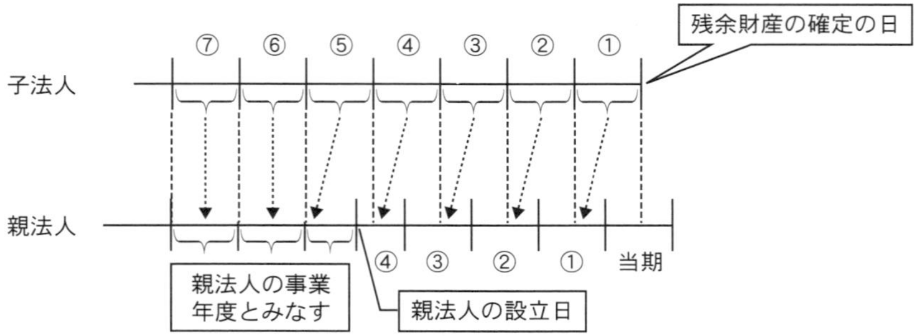


つまり，他の内国法人の未処理欠損金額の生じた最も古い事業年度開始の日が，株主等である内国法人の設立前であるときは，その設立前までの期間については，当該他の内国法人の事業年度の期間をその株主である内国法人の事業年度とみなすこととされている。

### ⑦　支配関係がある場合の制限

残余財産が確定した完全支配関係がある他の内国法人の青色欠損金額について，株主等である内国法人との間の支配関係が５年前の日からある場合等を除き，適格合併に係る被合併法人の青色欠損金額と同様に，支配関係事業年度前の事業年度に係る未処理欠損金額の引継ぎができない等，引継額に一定の制限が行われている（法法57③）。

この制限は，当事者の間に支配関係がある場合の制度利用の容易性に着目し，グループ外の法人を利用した所得調整等の制度の濫用を防ぐために設けられている。

具体的には，株主等である内国法人と完全支配関係にある残余財産が確定した他の内国法人との間に，次のいずれかに該当する場合には欠損金の引継ぎに制限はない。

a）残余財産の確定の日の翌日の属する株主である法人の事業年度開始の日の５年前の日から継続して支配関係にある場合

b）残余財産が確定した法人又は株主である内国法人が５年前の日後に設立された法人である場合には，残余財産の確定した法人の成立の日又は株主である法人の設立の日のいずれか遅い日から継続して支配関係がある場合

**【前　提】**

Ｓ社，Ｔ社はともに３月決算法人。

Ｔ社において残余財産の分配なし。

Ｔ社において毎期500の欠損金が生じている。

| | No. | H18.3 | H19.3 | H20.3 | H21.3 | H22.3 | H23.3 | H24.3 |
|---|---|---|---|---|---|---|---|---|
| Ｔ社の清算手続 | | | | | | | 解　散 | 残余財産の確定 |
| Ｔ社の青色欠損金 | | △500 | △500 | △500 | △500 | △500 | △500 | △500 |
| Ｓ社のＴ社への出資比率 | ① | 100% | 100% | 100% | 100% | 100% | 100% | 100% |
| | ② | 55% | 55% | 55% | 85% | 90% | 95% | 100% |
| | ③ | 0% | 0% | 0% | 0% | 80% | 100% | 100% |
| | ④ | 100% | 100% | 100% | 100% | 90% | 90% | 90% |

支配関係事業年度※

①：欠損金の引継ぎ制限なし（Ｓ社の欠損金引継金額△3,500）

②：欠損金の引継ぎ制限なし（Ｓ社の欠損金引継金額△3,500）

③：欠損金の引継ぎ制限あり（Ｓ社の欠損金引継金額△1,500）

④：欠損金の引継ぎ不可

※　支配関係事業年度とは，法人税法第57条第３項第１号のカッコ書きでは，「最後に支配関係があることとなった日の属する事業年度」としていることから，実際には，「支配関係事業年度＝残余財産確定日までの間，一番最後に新たな支配関係が生じた日の属する事業年度」と解することとなる。

a）に関しては，上記の表のとおり，他の内国法人との支配関係が残余財産確定日以前，最低５年間継続していない場合には，引継ぎが制限される。

b）に関しては次のいずれかに該当する場合には制限を受けることになる。

例えば，b）の規定により，5年前の日後に設立された残余財産が確定した法人を利用して，買収してきた法人等の欠損金の引継ぎをしようとすることに対する制限である。

（ア） 残余財産の確定の日以前に，株主である内国法人との間に支配関係がある他の内国法人を被合併法人とする適格合併で，残余財産の確定をした法人を設立するもの又は株主である内国法人と他の内国法人との間に最後に支配関係があることとなった日以後に設立された残余財産の確定をした法人を合併法人とするものが行われていた場合（同日が当該5年前の日以前である場合を除く。）

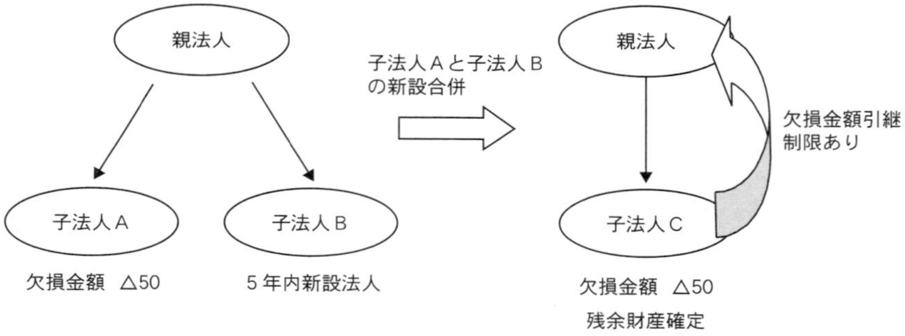


又は

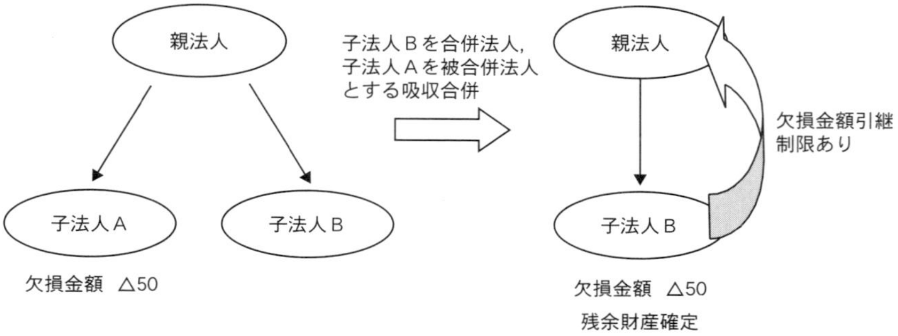


（イ） 残余財産の確定の日以前に，株主である内国法人と他の内国法人との間に最後に支配関係があることとなった日以後に設立された残余財産の

確定をした法人との間に完全支配関係がある他の内国法人（当該内国法人との間に支配関係があるものに限る。）で残余財産の確定をした法人が発行済株式又は出資の全部又は一部を有するものの残余財産が確定していた場合（同日が当該５年前の日以前である場合を除く。）

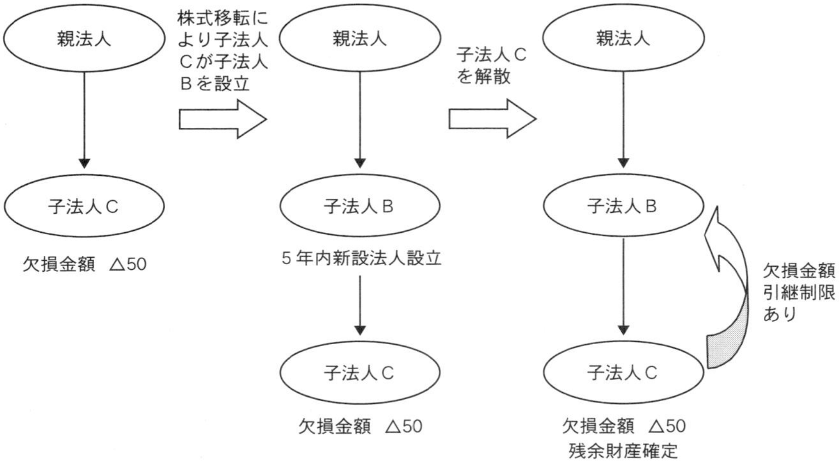


（ウ）　残余財産の確定の日以前に，残余財産の確定をした法人との間に支配関係がある他の法人を被合併法人，分割法人，現物出資法人又は現物分配法人とする適格組織再編等で，株主である内国法人を設立するもの又は残余財産の確定をした法人と他の法人との間に最後に支配関係があることとなった日以後に設立された株主である内国法人を合併法人，分割承継法人，被現物出資法人若しくは被現物分配法人とするものが行われていた場合（同日が当該５年前の日以前である場合を除く。）

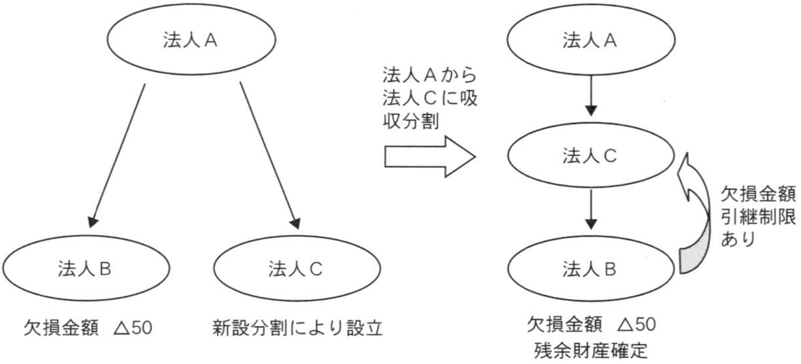
法人A
法人B
法人C
欠損金額　△50
新設分割により設立
法人Aから
法人Cに吸
収分割
法人A
法人C
法人B
欠損金額
引継制限
あり
欠損金額　△50
残余財産確定

又は

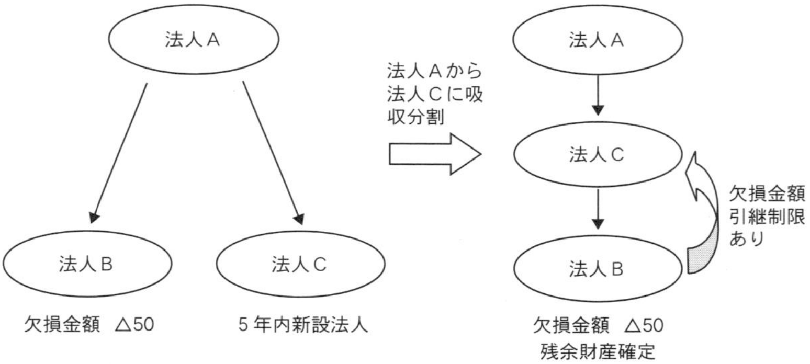
法人A
法人B
法人C
欠損金額　△50
5年内新設法人
法人Aから
法人Cに吸
収分割
法人A
法人C
法人B
欠損金額
引継制限
あり
欠損金額　△50
残余財産確定

## 設例23　完全支配関係のある子法人（支配関係は５年超）が解散後，残余財産が確定した場合の欠損金の引継ぎについて

【前提条件】

子会社の残余財産確定時の貸借対照表

| 科目 | 金額 | 科目 | 金額 |
|---|---|---|---|
| 資産 | | 負債 | |
| 現金 | 600 | 借入金 | 0 |
| | | 負債合計 | 0 |
| | | 純資産 | |
| | | 資本金 | 1,000 |
| | | 利益剰余金 | ▲400 |
| | | 純資産合計 | 600 |
| 資産合計 | 600 | 負債・純資産合計 | 600 |

※　青色欠損金は300

## 解説

【会計処理】

| | | | | |
|---|---|---|---|---|
| （借） | 現金 | 600 | （貸）子会社株式 | 1,000 |
| | 資本金等の額 | 400 | | |

【申告調整】

別表五（一）

Ⅱ　資本金等の額の計算に関する明細書

| 区分 | 期首現在利益積立金額 | 当期の増減 | | 差引翌期首現在利益積立金額 ①－②＋③ |
|---|---|---|---|---|
| | | 減 | 増 | |
| | ① | ② | ③ | ④ |
| 資本金 | 10,000 | | ▲400 | 9,600 |

※　青色欠損金は親法人に300引き継がれる。

## (2) そ の 他

### ① 特定株主等によって支配された欠損等法人の欠損金の繰越しの不適用

上記の改正に伴い，特定株主等によって支配された欠損等法人の欠損金の繰越しにおいて，適格合併に係る被合併法人の青色欠損金額と同様に，次のとおり制限されることとなった。

**a） 繰越控除の不適用**

欠損等法人（他の内国法人との間に当該他の内国法人による完全支配関係があるものに限る。）が，特定支配日の直前において事業を営んでいない場合にその特定支配日以後に事業を開始したとき等において，その欠損等法人の残余財産が確定することとなった場合には，適用事業年度前の欠損金額については，その繰越控除は適用できないこととされた（法法57の２①四）。

これは，適格合併と同様，欠損金を利用した租税回避行為を防止するためである。

**b）欠損金の引継ぎ制限**

**（ア） 欠損等法人の子法人の欠損金の引継ぎ制限**

欠損等法人の該当日以後にその欠損等法人との間に完全支配関係がある内国法人でその欠損等法人が発行済株式又は出資の全部又は一部を有するものの残余財産が確定する場合におけるその内国法人の残余財産の確定の日の属する事業年度以前の各事業年度において生じた欠損金額については，その欠損等法人の欠損金額とみなすことはできないこととされた（法法57の２③）。

これは，該当日以後は，適格合併が行われた場合と同様に，欠損等法人の子法人の残余財産が確定した場合においても，その子法人の欠損金額を引き継いで繰越控除することを制限するものである。

ただし，その残余財産の確定の日がその欠損等法人の該当日の属する事業年度開始の日以後３年を経過する日以後である場合には，この対象となる欠損金額は，その該当日の属する事業年度等開始の日前に開始したその内国法人の事業年度において生じた欠損金額に限るものとされている。

なお，これに伴い，この適用がある欠損金額が含まれているその内国法人の未処理欠損金額については，未処理欠損金額等の制限対象金額の計算の特例は適用できないこととされた（法令113の２㉓三）。

**（イ）　欠損等法人の残余財産確定の場合の欠損金の引継ぎ制限**

内国法人との間に完全支配関係がある他の内国法人である欠損等法人の残余財産が確定する場合には，その欠損等法人の適用事業年度の各事業年度において生じた欠損金額については，その内国法人の欠損金額とみなすことはできないこととされる（法法57の２⑤）。

これにより，上記(ア)により繰越控除の不適用となるだけでなく，残余財産の確定によって他の法人への引継ぎもできないこととされる。

なお，これに伴い，この適用がある欠損金額が含まれている欠損等法人又は欠損等連結法人の未処理欠損金額については，未処理欠損金額等の制限対象金額の計算の特例は適用できないこととされた（法令113の２㉓四）。

### ②　連結納税制度

連結欠損金の繰越しについて，連結親法人との間に完全支配関係がある他の内国法人で連結完全支配関係がないものの残余財産が確定した場合には，適格合併に係る被合併法人の欠損金額と同様に，株主等である連結法人の連結欠損金額（特定連結欠損金額）とみなすこととされた（法法81の９）。

また，連結子法人の残余財産が確定した場合には，その残余財産の確定の日の属する事業年度において生じた欠損金額は，株主等である連結法人の残余財産の確定の日の翌日の属する連結事業年度の連結所得の金額の計算上損金の額に算入することとされた（法法81の９④）。

（注）　株主等の適格合併の日の前日の属する単体事業年度又は残余財産の確定の日の属する単体事業年度においても同様である（法令112⑩）。この場合には，引継ぎに係る制限措置は適用されない（法令112⑫）。

また，残余財産が確定した連結子法人の連結欠損金個別帰属額は，残余財産の確定の日の属する単体事業年度において損金算入された金額を除き株主等に引き継がれる（法令155の21②二）。なお，上記により株主等に引き継がれる金額又は株主等の損金の額に算入される金額について，株主等が二以上ある場合には，上記と同様に，持株割合で按分される。上記のほか，特定株主等によって支配された欠損等連結法人の連結欠損金の繰越しについても，上記と同様に制限された（法法81の10①③⑤）。

# Ⅲ章

# 組織再編成

1　税制適格組織再編成
2　会社分割の改正
3　無対価組織再編成（合併・分割・株式交換）
4　その他の改正点

# 1　税制適格組織再編成

## （1）　税制非適格組織再編成の概要

非適格合併の場合には，資産及び負債の移転は時価による資産等の譲渡をしたものとして取り扱うこととしているため（法法62①），移転する資産及び負債の価額と，その対価として支払われる金銭等の価額に差額が生じたときは，その差額のうち，一定の金額を資産調整勘定又は負債調整勘定の金額とする（法法62の８）。

この制度の対象となる組織再編成は次のとおりである。

・　適格合併に該当しない合併

・　適格分割に該当しない分割

・　適格現物出資に該当しない現物出資

・　事業の譲受け

ただし，適格分割に該当しない分割・適格現物出資に該当しない現物出資・事業の譲受けについては，分割法人，現物出資法人又は事業の移転法人のその非適格分割等の直前において営む，事業及びその事業に係る主要な資産又は負債のおおむね全部が，その非適格分割等により分割承継法人，被現物出資法人又は事業の譲受け法人に移転するものをいう（法令123の10①）。

### a）　資産調整勘定

法人が非適格合併等により被合併法人等から資産又は負債の移転を受けた場合において，その法人が交付した非適格合併等対価額が，その移転を受けた資産及び負債の時価純資産額を超えるときは，その超える部分のうち，一定の金額は資産調整勘定の金額とする（法法62の８①）。

ここにいう「非適格合併等対価額」には，その非適格合併等においてその被合併法人等から支出を受けた寄附金の損金不算入の規定（法法37⑦）に規定する寄附金の額に相当する金額を含み，その被合併法人等に対して支出した寄附金の額に相当する金額は除かれる。

「時価純資産額」とは，その非適格合併等により移転を受けた資産の取得価額の合計額から負債の額の合計額を控除した額をいい，この移転を受けた資産のうち，営業権については，それが独立した資産として取引される慣習のあるものに限り含め，負債には負債調整勘定（退職給与債務引受額及び短期重要債務見込額）を含む。

「その超える部分の金額のうち，一定の金額」とは，その超える部分の金額のうち，「資産等超過差額」として規定される金額に相当する金額以外の金額をいう。「資産等超過差額」とは，①非適格合併等により交付された非適格合併等対価資産のその合併等のときの価額が，約定時の価額の２倍を超える場合における非適格合併等対価額から，その移転を受けた事業の価値を控除した金額又は約定時価額を控除した金額，②非適格合併又は非適格分割の場合に「その超える部分の金額」が実質的に被合併法人又は分割法人の欠損金額に相当する部分からなると認められる金額があるときは，その欠損金額に相当する部分からなると認められる金額をいう（法規27の16）。

**（合併における資産調整勘定の算式）**

資産調整勘定の金額＝Ａ－Ｂ－Ｃ

Ａ：非適格合併等対価額＝合併法人が交付した金銭の額及び金銭以外の資産の価額の合計額

Ｂ：時価純資産価額＝被合併法人から移転を受けた資産の時価（営業権については，独立した資産として取引される慣習のあるものに限る。）

－移転を受けた負債の時価（負債調整勘定すなわち退職給与債務引受額及び短期重要債務見込額を含む。）

Ｃ：資産等超過差額＝合併時に交付された合併法人の株式等の価額が合併約定時の価額と２倍超の差異を生じている場合の，交付時の時価から移転を受けた事業の価値（一定の場合には約定時の価額）を控除した金額等

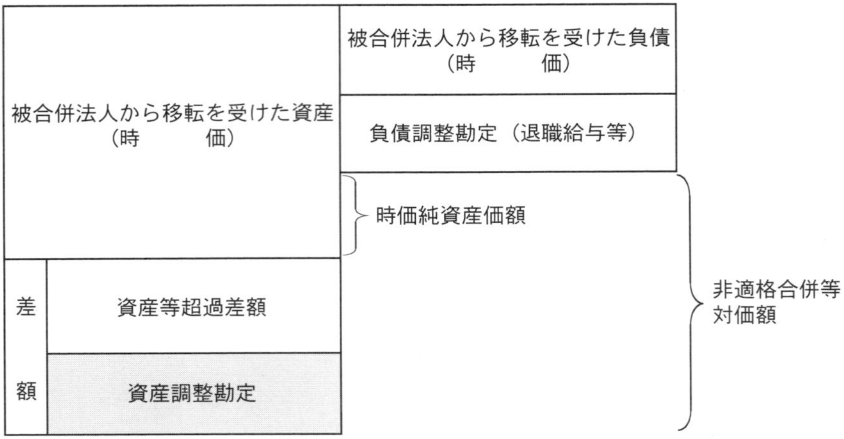


**ｂ）　負債調整勘定**

法人が非適格合併等により被合併法人等から資産又は負債の移転を受けた場合において，次の場合に該当するときは，それぞれの場合の区分に応じ，それぞれに定める金額を負債調整勘定の金額とする（法法62の８②）。

**ア　退職給与債務引受額**

非適格合併等に伴いその被合併法人等から引継ぎを受けた従業者について退職給与債務の引受けをした場合

⇒　その退職給与引受けに係る金額

この金額は退職給与負債調整勘定の金額として処理する。

なお，「退職給与引受け」とは，非適格合併等の後，退職その他の事由により，その引継ぎを受けた従業者に対する退職給与の額につき，非適格合併等の前における在職期間その他の勤務実績等を勘案して算定する旨を約し，かつ，これに伴う負担の引受けをすることをいう（法法62の８②一かっこ書）。

**イ　短期重要債務見込額**

法人が非適格合併等により被合併法人等から移転を受けた事業に係る将来の債務で，その履行が非適格合併等の日からおおむね３年以内に見込ま

れるものについて，その法人がその履行に係る負担の引受けをした場合

⇒　その債務に相当する金額

この金額は，短期重要負債調整勘定の金額として処理する。

なお，この債務はその移転を受けた事業の利益に重大な影響を与えるものに限られ，退職給与引受けに係るもの及びすでにその履行をすべきことが確定しているものは除き，また，債務の額に相当する金額として移転を受けた事業につき生ずるおそれのある損失の額と見込まれる金額が，非適格合併等により移転を受けた資産の取得価額の合計額の20％相当額を超える場合における，その債務の額に限られる（法令123の10⑧）。

**ウ　差額負債調整勘定の金額**

法人が非適格合併等により被合併法人等から資産又は負債の移転を受けた場合において，交付した非適格合併等対価額が，その移転を受けた資産及び負債の時価純資産額に満たないとき

⇒　その満たない部分の金額

この金額は，差額負債調整勘定の金額とする（法法62の８③）。

なお，負債調整勘定の金額を有する法人は，その有することとなった事業年度及びその金額を減額する事業年度の確定申告書に，その有することとなった金額の計算又は取崩しによって益金の額に算入される金額の計算に関する明細書を添付しなければならない（法令123の10⑨）。

**（合併における負債産調整勘定の算式）**

退職給与債務引受額＝次の要件を満たす退職給付引当金の額に相当する額

（法法62の８②，法令123の10⑦）

・合併の後，退職その他の事由により，その引継ぎを受けた従業者に対する退職給与の額につき，合併の前における在職期間その他の勤務実績等を勘案して算定する旨を約し，かつ，これに伴う負担の引受けをすること

・一般に公正妥当と認められる会計処理の基準に従って算定されている

こと

・その額についてその負債調整勘定を有することになった事業年度及びその金額を減額することになる事業年度の確定申告書に，一定の記載をした明細書の添付があること

短期重要債務見込額＝次の要件を満たす債務見込額に相当する額
（法法62の８②，法令123の10⑧）

・合併により被合併法人から移転を受けた事業に係る将来の債務で，その事業の利益に重大な影響を与えるものであること
・その履行が合併の日から概ね３年以内に見込まれるものであること
・その法人がその履行に係る負担の引受けをしたこと
・退職給与引受けに係るもの及びすでにその履行をすべきことが確定している債務以外の債務であること
・その債務の額が合併により移転を受けた資産の取得価額の合計額の20％相当額を超えること

差額負債調整勘定の金額＝Ａ－Ｂ（法法62の８③）

Ａ：時価純資産価額＝被合併法人から移転を受けた資産の時価（営業権については，独立した資産として取引される慣習のあるものに限る。）
－移転を受けた負債の時価（負債調整勘定すなわち退職給与債務引受額及び短期重要債務見込額を含む。）

Ｂ：非適格合併等対価額＝合併法人が交付した金銭の額及び金銭以外の資産の価額の合計額

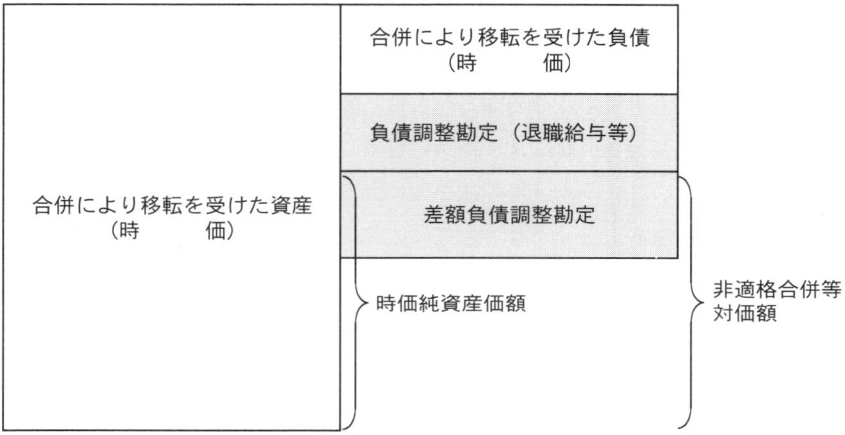


## (2) 税制適格組織再編成の概要

税制適格組織再編とは，企業グループ内あるいは共同で事業を行うための一定要件を満たしたものとして，次に掲げるものをいう。

・　適格合併
・　適格分割
・　適格現物出資
・　適格現物分配
・　適格株式交換
・　適格株式移転

平成22年度税制改正により新たに100%出資の完全支配関係の企業グループ法人税制が導入され，この税制の導入により，新たにグループ企業間の資産譲渡，現物分配等の譲渡益課税の繰延べが認められるようになった。なお，この適格現物分配とは，法人が完全支配関係にある株主に対し，金銭以外の現物資産を配当することをいい，税制改正により組織再編の一環として位置づけられるようになった。

### ①　適格合併等の取扱い

合併が適格合併に該当する場合には，合併法人は受入資産及び負債を被合併法人の税務上の簿価で引き継いだものとして，各資産及び負債の取得価額を決定する（法令123の３）。

また，合併法人の資本金等の額と利益積立金額の引継ぎの処理は，従前までは利益積立金額を先に計算し，その次に資本金等を計算していたが，平成22年度の税制改正により，資本金等の額を先に計算することになった。なお，具体的な計算方法は次のとおりとなる。

**a）　増加する資本金等の額**

適格合併の合併法人の増加する資本金等の額は，被合併法人の適格合併の日の前日の属する事業年度終了のときにおける資本金等の額に相当する金額となる（法令８①五）。

（注１）　合併親法人株式を交付した場合には，その合併親法人株式のその合併の直前の帳簿価額を減算する。

（注２）　抱合株式がある場合には，その抱合株式のその合併の直前の帳簿価額を減算する。

**b）　増加する利益積立金額**

適格合併の合併法人の増加する利益積立金額は，次の算式により計算された金額となる（法令９①二）。

| |
|---|
| 被合併法人の適格合併の日の前日の属する事業年度終了の時の移転資産の帳簿価額 －（被合併法人の適格合併の日の前日の属する事業年度終了の時の移転負債の帳簿価額 ＋ 増加資本金等の額） |

（注１）　公益法人等の収益事業以外の事業に属する資産及び負債については，移転資産の帳簿価額及び移転負債の帳簿価額は，これらの資産及び負債の価額として合併法人の帳簿に記載された金額とする。

（注２）　合併親法人株式を交付した場合には，その合併親法人株式のその適格合併の直前の帳簿価額を減算する。

（注３）　抱合株式がある場合には，その抱合株式のその合併の直前の帳簿価額を減算する。

### ②　適格合併等の要件

合併における税制適格要件は，「グループ内の適格合併」，「共同事業を営むための適格合併」の２つに大別され，また，「グループ内の適格合併」は，さらに「完全支配関係（100％グループ内）のある会社間の合併」と「支配関係（50％超100％未満グループ内）のある会社間の合併」に分けられる（法法２①十二の八，法令４の２①②③，法基通１－４－６，１－４－７）。

その具体的な要件は以下のとおりである。

**＜税制適格合併のまとめ＞**

| 完全支配関係<br>（100％グループ内） | 支配関係<br>（50％超100％未満） | 共同事業 |
|---|---|---|
| i　金銭等の交付なし | i　金銭等の交付なし<br>ii　従業者引継要件<br>iii　事業継続要件 | i　金銭等の交付なし<br>ii　従業者引継要件<br>iii　事業継続要件<br>iv　事業関連性要件<br>v　規模要件又は経営参画要件<br>vi　株式継続保有要件 |

**a）　完全支配関係（100％資本関係）の合併**

合併法人の株主に被合併法人の株式以外の資産が交付されない合併をいう。なお，100％保有関係については次のいずれかに該当する必要がある。

ア　合併法人と被合併法人との間に直接又は間接の100％の資本関係がある合併

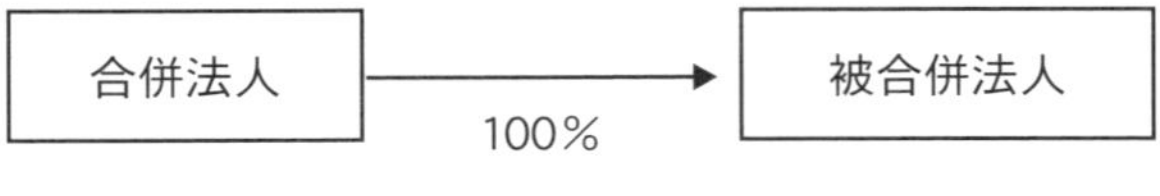


イ　合併前に合併法人と被合併法人が同一の者によって直接又は間接に100％の持分を所有されており，かつ，合併後に合併法人株式の100％がその同一の者によって継続的に保有されると見込まれる合併

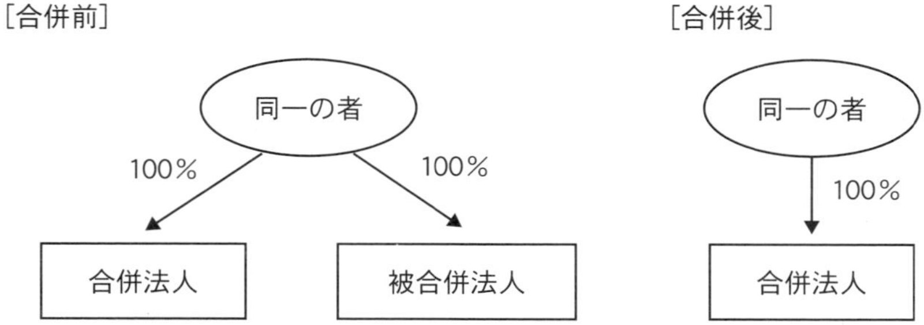


（注） 直接又は間接に保有される関係の「直接」とは，一方の法人が他方の法人の持分を有する関係をいい，「間接」とは100%の持分関係にある法人を介して所有する持分関係をいう。また，同一の者とは，法人，若しくは個人及びその個人の同族関係者をいう。

**b） 支配関係（50%超100%未満の資本関係）の合併**

上記aの完全支配関係の合併の条件と同じく合併法人の株主に被合併法人の株式以外の資産が交付されないこと，及び上記aア，イの「100%」を「50%超100%未満」に読み替えて適用し，かつ，次の要件を満たす必要がある。

**ア 従業者引継要件**

被合併法人の従業者のうち，その総数のおおむね80%以上の者が合併法人の業務に従事することが見込まれていること

**イ 事業継続要件**

被合併法人の主要な事業が合併法人において合併後も引き続き営まれることが見込まれていること

**c） 共同事業のための合併（50%以下の資本関係の合併）**

上記a，bと同じく合併法人の株主に被合併法人の株式以外の資産が交付されないこと，及び次の全ての要件を満たす必要がある。

ただし，被合併法人の株主の数が50人以上である場合には，ア～オの要件を満たせば該当する。

**ア 従業者引継要件**

被合併法人の従業者のうち，その総数のおおむね80%以上の者が合併法人の業務に従事することが見込まれていること

**イ　事業継続要件**

被合併法人の主要な事業が合併法人において合併後も引き続き営まれることが見込まれていること

**ウ　事業関連性要件**

合併法人の事業と被合併法人の事業が相互に関連すること

**エ　規模要件又は経営参画要件**

合併法人と被合併法人の相互に関連する事業の売上金額又は従業員数，あるいは，合併法人と被合併法人の資本金の額，若しくは金融機関における預金量など客観的・外形的にその事業の規模を示すものと認められる指標のいずれかがおおむね５倍を超えないこと。又は，被合併法人の特定の役員のいずれかと合併法人の特定役員のいずれかが，合併後の合併法人の特定役員に就任することが見込まれること

（注）特定役員とは，社長，副社長，代表取締役，代表執行役，専務取締役若しくは常務取締役，又はこれらの者と同等に法人の経営の中枢に参画している者をいう。

**オ　株式継続保有要件**

被合併法人の株主で合併により取得する合併法人の株式の全部を継続して保有することが見込まれる者が有する被合併法人の株式数が被合併法人の発行済株式数の80％以上であること

なお，上記ウの事業関連性要件の具体的な内容が定められ，次の一と二の要件をともに満たす場合には，ウの要件を満たすものとされる（法規３）。

**一　事業性判定**

被合併法人及び合併法人が当該合併の直前において，次の要件の全てに該当すること

ア　事務所，店舗，工場その他の固定施設を所有又は賃借していること

イ　従業員がいること（役員の場合は法人業務に専ら従事するものに限る。）

ウ　自己の名義をもって，かつ，自己の計算において次のいずれかの関係があること

・　商品販売等
・　広告又は宣伝による商品販売等に関する契約の申込み又は締結の勧誘
・　商品販売等を行うために必要となる資料を得るための市場調査
・　商品販売等を行うにあたり法令上必要となる行政機関の許認可等
・　知的財産権の取得をするための出願若しくは登録の請求若しくは申請
・　商品販売等を行うために必要となる資産の所有又は賃借
・　上記のそれぞれの行為に類するもの

**二　事業関連性判定**

次の要件のいずれかに該当すること

ア　被合併事業と合併事業が同種なものであること

イ　被合併事業に係る商品等又は経営資源と，合併事業に係る商品等又は経営資源とが同一又は類似するものであること

ウ　被合併事業と合併事業とが合併後に被合併事業に係る商品等又は経営資源と，合併事業に係る商品等又は経営資源とを活用して営まれることが見込まれていること

そのほか，当該要件に該当するものと推定されるものとして，合併に係る被合併法人の被合併事業とその合併に係る合併法人の合併事業とが，その合併後に被合併事業に係る商品，資産若しくは役務又は経営資源とその合併事業に係る商品，若しくは役務又は経営資源とを活用して一体として営まれている場合には，被合併事業と合併事業とは，当該要件に該当するものと推定される（法規３②）。

**設例24　同一の個人株主により支配されている会社間で行われる吸収合併**

次の前提において，税制上の適格合併が行われた場合の合併法人（Ａ社）の申告調整等の処理はどうなるか。

**【前提条件】**

甲は，Ａ社株を80％（帳簿価額2,000）で保有し，Ｂ社株を60％（帳簿価

額1,500）で保有し，支配している。同じ株主甲により支配されているＡ社とＢ社間で，Ａ社がＢ社を吸収合併する契約を行った。

合併直前のＢ社の貸借対照表は次のとおりであった。

貸　借　対　照　表

| 科　　目 | 金　　額 | 科　　目 | 金　　額 |
|---|---|---|---|
| 資　　産 | 5,500 | 負　　債 | 2,000 |
| | | 資　本　金 | 3,000 |
| | | 利益剰余金 | 500 |
| 合　　計 | 5,500 | 合　　計 | 5,500 |

また，Ａ社はＢ社株式を帳簿価額500有しており，吸収合併に伴い交付する新株式は，その分を除いて交付した。なお，株式発行に伴う資本金の増加を2,000とする吸収合併契約書を締結している。

## 解説

### 1）　Ａ社の会計処理

会社間での吸収合併であるが，同じ株主甲により支配されているＡ社とＢ社間での合併であるため，共通の支配下における企業結合に該当する。したがって，移転を受ける財産は，合併期日の前日に付された適性な帳簿価額で計算される。

増加資本の会計処理は，原則的には資本金及び資本剰余金を払込資本として取り扱う。会社計算規則によれば，株主払込資本変動額の範囲内で合併契約により定めた金額で資本金，資本剰余金とする処理が行われる。ただし，例外として自己株式の処理を除き，吸収合併消滅会社（Ｂ社）の純資産額をそのまま引き継ぐ処理も認められている。本件では，合併契約より定められた金額により払込資本を設定することになるため，資本金2,000とし，その他の残額は「その他資本剰余金」として処理を行うことになる。

また，吸収合併の直前にＡ社はＢ社株式を帳簿価額500で保有していたため，当該抱合株式に対応する合併会社の株式は交付する必要はないが，この場合の会計処理は次のいずれかの方法によることとされている。第一は，消滅会社の株主資本の額から当該抱合株式の適正な帳簿価額を控除した額を払込資本の増加として処理し，その差額がマイナスとなった場合は，その他利益剰余金の減少として処理する方法。第二は，消滅会社の株主資本をいったん引き継いだうえで，当該抱合株式の適正な帳簿価額をその他資本剰余金から控除する方法がある。いずれの方法であっても当該抱合株式の帳簿価額を合併会社の株主資本の増加額から減少させる点では同じとなる。

以上の内容をＡ社の処理として仕訳にすると次のようになる。

| | | | | | |
|---|---|---|---|---|---|
| **（借）** | 資　　産 | 5,500 | **（貸）** | 負　　債 | 2,000 |
| | | | | 資 本 金 | 2,000 |
| | | | | その他資本剰余金 | 1,000 |
| | | | | Ｂ社株式 | 500 |

その他資本剰余金は，株主資本の増加額3,500のうち資本金の増加額2,000と抱合株式の帳簿価額500を控除した金額となっている。

**２）　Ａ社の税務処理**

適格合併の場合の合併法人の引継価額は，被合併法人の適格合併の日の前日の属する事業年度終了のときの移転をした資産及び負債の帳簿価額とする（法令123の３）。

平成22年度の税制改正により，適格合併の場合の合併法人の増加する資本金等の額は，被合併法人の適格合併の日の前日の属する事業年度終了のときにおける資本金等の額から合併による増加資本金額等と抱合株式の合併直前の帳簿価額とを合計した金額を減算した金額とされた（法令８①六）。

したがって，本件における増加する資本金等は，被合併法人の適格合併の日の前日の属する事業年度終了のときにおける資本金等の額3,000から合併による増加資本金額等2,000と抱合株式の合併直前の帳簿価額500を差し引いた500となる。

以上の税務上の処理を仕訳にすると次のようになる。

| | | | | | |
|---|---|---|---|---|---|
| **（借）** | 資　　　産 | 5,500 | **（貸）** | 負　　　債 | 2,000 |
| | | | | 資本金等の額 | 3,000 |
| | | | | 利益積立金額 | 500 |

よって，次のような申告調整が必要となる。

| | | | | | |
|---|---|---|---|---|---|
| **（借）** | 資本金等の額 | 500 | **（貸）** | 利益積立金額 | 500 |

**別表五(一)**

**Ⅰ　利益積立金額の計算に関する明細書**

| 区　　分 | | 期首現在利益積立金額 | 当期の増減 | | 差引翌期首現在利益積立金額 ①－②＋③ |
|---|---|---|---|---|---|
| | | | 減 | 増 | |
| | | ① | ② | ③ | ④ |
| 利益準備金 | | | | | 0 |
| 積立金 | | | | | 0 |
| 資本金等の額 | | | | 500 | 500 |
| 計 | | | 0 | 500 | 500 |

**Ⅱ　資本金等の額の計算に関する明細書**

| 区　　分 | 期首現在利益積立金額 | 当期の増減 | | 差引翌期首現在利益積立金額 ①－②＋③ |
|---|---|---|---|---|
| | | 減 | 増 | |
| | ① | ② | ③ | ④ |
| 資本金 | | | 2,000 | 2,000 |
| 資本準備金 | | | | 0 |
| その他資本剰余金 | | | 1,000 | 1,000 |
| 利益積立金 | | | △500 | △500 |
| 差引合計 | 0 | 0 | 2,500 | 2,500 |

### （3） 繰越欠損金等の引継ぎ制限，利用制限の緩和

#### ① 税制改正の趣旨

平成22年度税制改正前では，グループ内で適格合併が行われた場合，被合併法人と合併法人との間に特定資本関係(※)があり，その特定資本関係が合併法人の合併等事業年度開始の日の５年前の日以後に生じている場合において，その適格合併等が共同事業を営むための適格合併に該当しない場合で，かつ「みなし共同事業要件」も満たさない場合には，繰越欠損金等の引継ぎ・利用が制限されていた。

このため，例えばグループ内で会社を新設し，その設立の日から５年を経過せずに当該会社をグループ内法人と合併させるといった，グループ外の法人の取り込みとはいえないような場合でも，繰越欠損金等の引継ぎ・利用が制限されていた。

そこで繰越欠損金等の引継ぎ・利用制限について，制限対象から継続して支配関係(※)がある場合を除くこととした。すなわち，被合併法人と合併法人との間に，当該適格合併等の日の属する事業年度開始の日の５年前の日，当該被合併法人等の設立の日若しくは当該合併等法人の設立の日のうち最も遅い日から継続して支配関係がある場合には，みなし共同事業要件を満たさなくても制限が課されないこととなった（法法57③④）。

※ 法人の発行済株式の50％超を直接若しくは間接に保有する関係をいう。改正前の「特定資本関係」は改正後の「支配関係」と同義である。

#### ② みなし共同事業要件

支配関係が形成されてから５年を経過していなくても，みなし共同事業要件を満たしていれば，繰越欠損金等の引継ぎ・利用制限は課されない。みなし共同事業要件を満たすためには，適格合併等のうち，次のａ）からｄ）までの要件又はａ）とｅ）の要件を満たす必要がある（法令112③一～五）。

**ａ） 事業関連性要件**

被合併法人の被合併事業と合併法人の合併事業とが相互に関連するものであること。被合併法人等の被合併等事業と合併法人等の合併等事業とが相互に関

連するものであること。被合併等事業とは当該被合併法人の当該適格合併の前に営む主要な事業のうちのいずれかの事業をいい，合併等事業と当該合併法人の当該適格合併の前に営む事業のうちのいずれかの事業をいう（法令112③一）。

**b）　事業規模要件**

被合併事業と合併事業のそれぞれの売上金額，当該被合併事業と当該合併事業のそれぞれの従業者の数，適格合併に係る被合併法人と合併法人のそれぞれの資本金の額若しくは出資金の額又はこれらに準ずるものの規模の割合がおおむね５倍を超えないこと（法令112③二）。

**c）　被合併事業の規模継続要件**

被合併事業が当該適格合併に係る被合併法人と合併法人との間に最後に支配関係があることとなったときから当該適格合併の直前のときまで継続して営まれており，かつ，当該被合併法人支配関係発生時と当該適格合併の直前のときにおける当該被合併事業の規模（ｂの規模の割合の計算の基礎とした指標に係るものに限る。）の割合がおおむね２倍を超えないこと（法令112③三）。

**d）　合併事業の規模継続要件**

合併事業が当該適格合併に係る合併法人と被合併法人との間に最後に支配関係があることとなったときから当該適格合併の直前のときまで継続して営まれており，かつ，当該合併法人支配関係発生時と当該適格合併の直前のときにおける当該合併事業の規模（ｂの規模の割合の計算の基礎とした指標に係るものに限る。）の割合がおおむね２倍を超えないこと（法令112③四）。

**e）　特定役員引継ぎ要件**

適格合併に係る被合併法人の当該適格合併の前における特定役員である者のいずれかの者と当該合併法人等の当該適格合併の前における特定役員である者のいずれかの者とが当該適格合併の後に当該合併法人等の特定役員となることが見込まれていること（法令112③五）。

この場合，被合併法人の特定役員，合併法人の特定役員は最後に支配関係があることとなった日前から特定役員で経営に従事していたことが必要。

### ③　被合併法人等から引継ぎを受ける未処理欠損金額に係る制限

適格合併に係る被合併法人と合併法人との間に支配関係があり，かつ，その支配関係が合併法人の合併等事業年度開始の日の５年前の日以後に生じている場合において，当該適格合併が共同で事業を営むための合併に該当せず，いずれかの法人の設立の日から継続して支配関係がない場合には，次に掲げる欠損金額は，被合併法人の未処理欠損金額に含まないものとされる（法法57③）。

ａ）当該被合併法人等の支配関係事業年度（当該被合併法人等と当該内国法人との間に最後に支配関係があることとなった日の属する事業年度をいう。）前の各事業年度で前７年内事業年度に該当する事業年度において生じた欠損金額（当該被合併法人等において前７年内事業年度の所得の金額の計算上損金の額に算入されたもの及び還付を受けるべき金額の計算の基礎となったものを除く。）

ｂ）当該被合併法人等の支配関係事業年度以後の各事業年度で前７年内事業年度に該当する事業年度において生じた欠損金額のうち特定資産譲渡等損失額に相当する金額から成る部分の金額

**設例25**　被合併法人から引継ぎを受ける未処理欠損金額に係る制限

**【前提条件】**

**・　Ａ社（合併法人：３月決算）は，Ｂ社（被合併法人：６月決算）を平成22年12月１日に吸収合併した。**

**・　Ａ社とＢ社は，平成20年12月15日に支配関係となった。**

**・　当該合併は適格要件を充足しているが，共同で事業を営むための合併でなく，みなし共同事業要件も満たしていない。**

**・　Ｂ社の（ア）未処理欠損金と（イ）特定資産譲渡等損失相当額は以下のとおり。**

| B社の事業年度 | 未処理欠損金（ア） | 特定資産譲渡等損失相当額（イ） | 備　　考 |
|---|---|---|---|
| H16. 7. 1～H17. 6. 30 | 200 | 0 | |
| H17. 7. 1～H18. 6. 30 | 300 | 100 | |
| H18. 7. 1～H19. 6. 30 | 500 | 0 | |
| H19. 7. 1～H20. 6. 30 | 1,000 | 200 | |
| H20. 7. 1～H21. 6. 30 | 800 | 150 | ※支配関係（H20. 12. 15） |
| H21. 7. 1～H22. 6. 30 | 900 | 60 | |
| H22. 7. 1～H22. 11. 31 | 300 | 0 | |
| 合　　計 | 4,000 | 510 | |

## 解説

この場合，B社の未処理欠損金のうち，引き継げない金額は以下のとおりとなる。

1）　支配関係事業年度前の各事業年度における未処理欠損金額

　　＝引継ぎ不可

| B社の事業年度 | 未処理欠損金（ア） | 特定資産譲渡等損失相当額（イ） | 引継ぎ不可＝（ア） |
|---|---|---|---|
| H16. 7. 1～H17. 6. 30 | 200 | 0 | 200 |
| H17. 7. 1～H18. 6. 30 | 300 | 100 | 300 |
| H18. 7. 1～H19. 6. 30 | 500 | 0 | 500 |
| H19. 7. 1～H20. 6. 30 | 1,000 | 200 | 1,000 |
| 合　　計 | 2,000 | 300 | 2,000 |

2） 支配関係事業年度以後の各事業年度の未処理欠損金のうち，特定資産譲渡等損失額に相当する金額から成る部分の金額＝引継ぎ不可

| B社の事業年度 | 未処理欠損金（ア） | 特定資産譲渡等損失相当額（イ） | 引継ぎ不可＝（イ） |
|---|---|---|---|
| H20．7．1～H21．6．30 | 800 | 150 | 150 |
| H21．7．1～H22．6．30 | 900 | 60 | 60 |
| H22．7．1～H22．11．30 | 300 | 0 | 0 |
| 合　　計 | 2，000 | 210 | 210 |

よって，引継ぎ可能な未処理欠損金額は以下のとおりとなる。

| B社の事業年度 | 未処理欠損金額（a） | 引継ぎ不可（b） | 差引引継ぎ額（（a）－（b）） |
|---|---|---|---|
| H16．7．1～H17．6．30 | 200 | 200 | 0 |
| H17．7．1～H18．6．30 | 300 | 300 | 0 |
| H18．7．1～H19．6．30 | 500 | 500 | 0 |
| H19．7．1～H20．6．30 | 1，000 | 1，000 | 0 |
| H20．7．1～H21．6．30 | 800 | 150 | 650 |
| H21．7．1～H22．6．30 | 900 | 60 | 840 |
| H22．7．1～H22．11．30 | 300 | 0 | 300 |
| 合　　計 | 4，000 | 2，210 | 1，790 |

### ④　合併法人等の繰越青色欠損金額に係る制限

合併法人が有する繰越青色欠損金についても，被合併法人から引継ぎを受ける未処理欠損金額に係る制限と同様に，利用制限が課せられている。

すなわち，繰越青色欠損金額がある合併法人と支配関係のある法人との間で適格合併が行われ，かつ，その支配関係が合併法人の合併等事業年度開始の日の５年前の日以後に生じている場合において，当該適格合併が共同で事業を営むための合併に該当せず，いずれかの法人の設立の日から継続して支配関係が

ない場合には，次に掲げる欠損金額は，合併法人の繰越青色欠損金額に含まないものとされる（法法57④）。

a）当該合併法人の支配関係事業年度（当該合併法人と当該支配関係法人との間に最後に支配関係があることとなった日の属する事業年度をいう。）前の各事業年度で前７年内事業年度に該当する事業年度において生じた欠損金額（当該合併法人等において前７年内事業年度の所得の金額の計算上損金の額に算入されたもの及び還付を受けるべき金額の計算の基礎となったものを除く。）

b）当該内国法人の支配関係事業年度以後の各事業年度で前７年内事業年度に該当する事業年度において生じた欠損金額のうち特定資産譲渡等損失額に相当する金額から成る部分の金額。

### ⑤　特定資産に係る譲渡等損失額の損金不算入

合併後の事業年度においては，支配関係が生じた日前から有する一定の資産について，一定の期間までに発生した譲渡等損失は，損金算入できないこととされている。

すなわち，グループ内で適格合併が行われた場合，被合併法人と合併法人との間に支配関係があり，その支配関係が合併法人の合併等事業年度開始の日の５年前の日以後に生じている場合において，その適格合併が共同事業を営むための適格合併に該当しない場合で，かつ「みなし共同事業要件」も満たさない場合，その適用期間において生ずる特定資産譲渡等損失額は，当該内国法人の各事業年度の所得の金額の計算上，損金の額に算入しないこととされている（法法67の２①③）。

適用期間とは当該合併事業年度開始の日から同日以後３年を経過する日までの期間をいうが，その３年を経過する日が合併法人と被合併法人との間に最後に支配関係があることとなった日以後５年を経過する日後となる場合にあっては，その５年を経過する日までの期間をいう。

特定資産譲渡等損失額とは，次に掲げる「特定引継資産の譲渡等損失額」と「特定保有資産の譲渡等損失額」の合計額をいう。

・　合併法人が被合併法人から前述の適格合併により移転を受けた資産で当該被合併法人が当該合併法人との間に最後に支配関係があることとなった日前から有していた特定引継資産の譲渡，評価換え，貸倒れ，除却その他これらに類する事由による損失の額の合計額から特定引継資産の譲渡又は評価換えによる利益の額の合計額を控除した金額

・　合併法人が支配関係発生日前から有していた特定保有資産の譲渡，評価換え，貸倒れ，除却その他これらに類する事由による損失の額の合計額から特定保有資産の譲渡又は評価換えによる利益の額の合計額を控除した金額

特定引継資産とは，当該合併により移転を受けた資産のうち，次のものを除いたものをいい，特定保有資産も同様である（法令123の８③⑬）。

・　棚卸資産（土地及び土地の上に存する権利を除く。）

・　短期売買商品

・　売買目的有価証券

・　特定適格組織再編成等の日における帳簿価額又は取得価額が千万円に満たない資産

・　支配関係発生日における価額が当該支配関係発生日における帳簿価額を下回っていない資産（合併法人の合併事業年度の確定申告書に，当該支配関係発生日における当該資産の価額及びその帳簿価額に関する明細書の添付があり，かつ，当該資産に係る支配関係発生日の価額の算定の基礎となる事項を記載した書類その他一定の書類を保存している場合における当該資産に限る。）

### 設例26　特定資産に係る譲渡等損失額の損金不算入

**【前提条件】**

・　Ａ社の当事業年度は，平成22年４月１日から平成23年３月31日である。

・　Ａ社（合併法人：３月決算）は，Ｂ社（被合併法人：６月決算）を平

成22年12月１日に吸収合併した。

・　Ａ社とＢ社は，平成20年12月15日に支配関係となった。

・　当該合併は適格要件を充足しているが，共同事業を行うための合併でなく，みなし共同事業要件も満たしていない。

・　Ａ社の当事業年度における特定資産譲渡等損失額は以下のとおり。

| | 特定引継資産 | 特定保有資産 |
|---|---:|---:|
| 譲渡等特定事由による損失の額 | 1,200 | 800 |
| 譲渡又は評価換えによる利益の額 | 300 | 200 |

## 解説

**（適用期間）**

合併事業年度開始日より３年：平成25年３月31日

支配関係発生日より５年　　：平成25年12月14日

よって，適用期間は平成22年４月１日より平成25年３月31日までとなる。

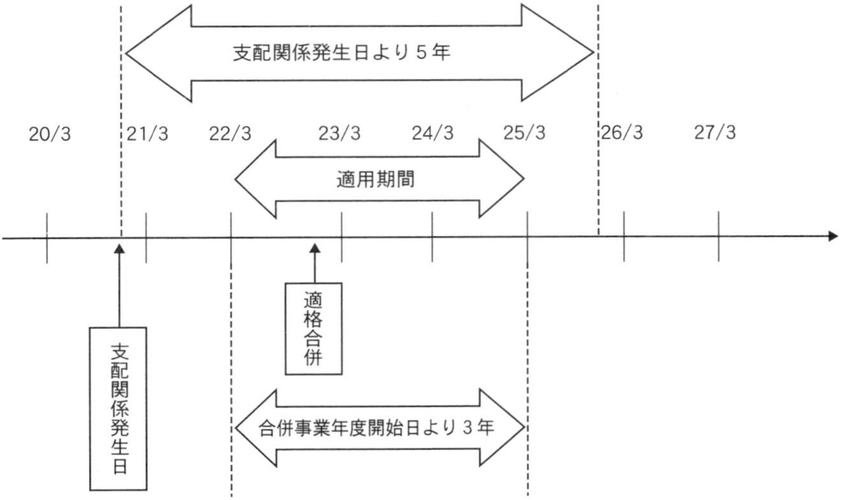

この場合，Ａ社の当事業年度における特定資産譲渡等損失の損金不算入の金額は，以下のとおりとなる。

特定引継資産：1,200－300＝900

特定保有資産：800－200＝600

合　　計　：1,500（900＋600）

### ⑥　税制改正の内容

#### ａ）　継続して支配関係がある場合の見直し

被合併法人等から引継ぎを受ける未処理欠損金に係る制限，合併法人等の繰越青色欠損金額に係る制限，特定資産に係る譲渡等損失額の損金不算入について，支配関係が複数ある場合の判定に関し，適格組織再編成等の日の属する事業年度開始の日の５年前の日から継続して支配関係がある場合には，適用しないこととされた（法法57③④，62の７①③）。

**【例】**

・　Ｔ社はＡ社とＢ社を子会社化

・　Ｐ社はＴ社を子会社化

・　Ｐ社はＴ社を吸収合併

・　Ａ社はＢ社を吸収合併

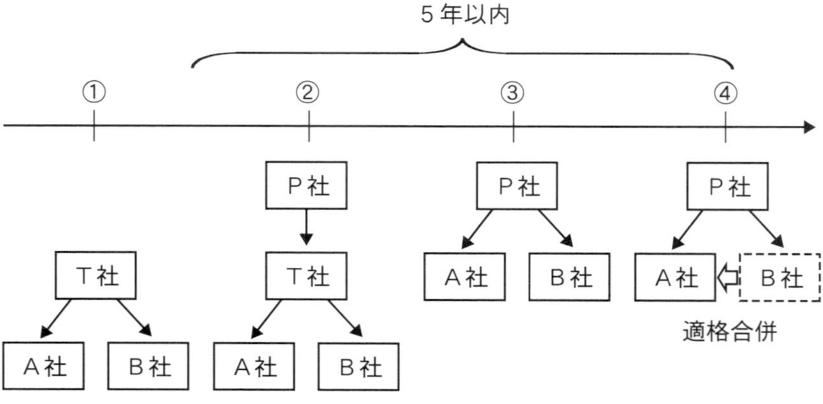


上図のように，グループの親法人（Ｔ社）が合併により他の法人（Ｐ社）に

変わったとしても，Ａ社とＢ社の間の支配関係は①より継続して支配関係があるということになる。

**b）　支配関係の継続期間の見直し**

被合併法人等から引継ぎを受ける未処理欠損金に係る制限，合併法人等の繰越青色欠損金額に係る制限，特定資産に係る譲渡等損失額の損金不算入について，５年前の日以後に支配関係が発生した場合であっても，その当事者であるいずれかの法人の設立の日から継続して支配関係がある場合についても，これらの制限措置を適用しないこととされた（法法57③④，62の７①，法令112④⑥，123の８①）。

**【例】**

・　Ｔ社は子会社Ａ社を設立
・　Ｔ社は子会社Ｂ社を設立
・　Ｂ社はＡ社を吸収合併

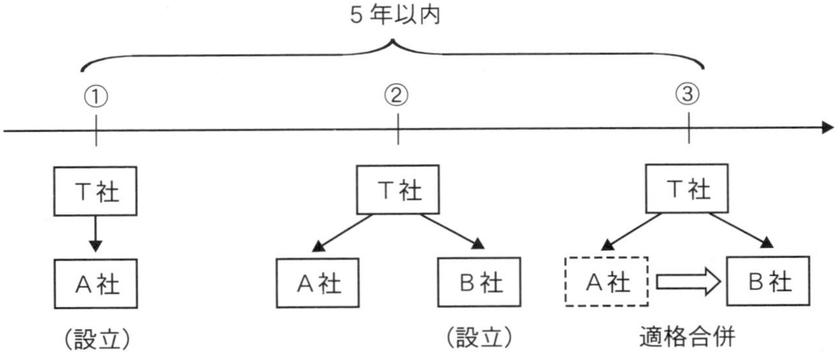


上図のように，Ａ社とＢ社とは合併事業年度開始の日の５年前以後に支配関係が発生しているが，Ｂ社設立の日から，Ａ社とＢ社の間に継続してＴ社による支配関係があるので，みなし共同事業要件を満たさない場合であっても，制限措置は適用されないこととなる。

ただし，欠損金の受け皿法人や特定資産の受け皿法人を介することにより，支配関係前の欠損金や適用期間において生ずる特定資産譲渡等損失額の制限措置を回避することを防ぐため，一定の場合を適用除外とはしないこととしている。

例えば次のような場合を除いている。

**【例】**

・　Ｔ社は繰越欠損金を有するＸ社を子会社化

・　Ｔ社は子会社Ａ社を設立

・　Ａ社はＸ社を吸収合併

・　Ｔ社はＡ社を吸収合併

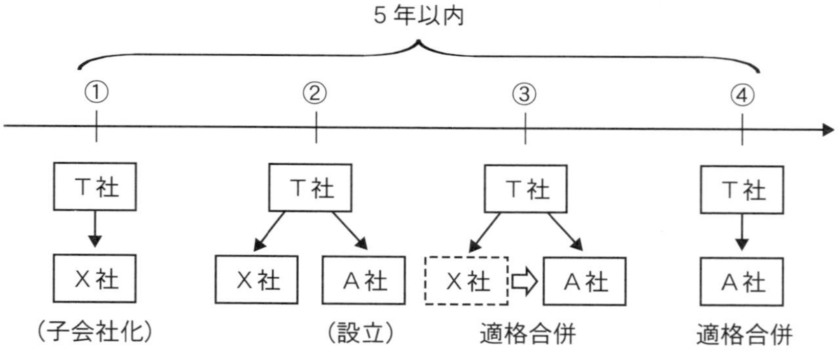


これは，被合併法人となるＡ社が，合併法人Ｔ社が買収したＸ社から欠損金の引継ぎを受けていると考えられるため，制限措置適用除外とはしないものである。

### ｃ）　事業を移転しない適格分割等の場合の制限対象金額等の計算の特例の創設

#### ア　欠損金の制限措置

適格組織再編成等が事業を移転しない適格分割若しくは適格現物出資又は適格現物分配である場合において，適格組織再編成等により移転を受けた資産が含み益のない資産である場合には，分割承継法人等の繰越青色欠損金の利用を制限する必要がないとし，含み益のある資産である場合にのみ，含み益相当額まで利用を制限することとした（法令113⑤）。

これは，適格組織再編成等が単なる資産の移転であれば，その移転を受けた資産の含み益相当額のみ受け入れ法人の繰越欠損金の利用を制限すればよいからである。

具体的には，当該適格組織再編成等に係る分割承継法人，被現物出資法人又は被現物分配法人である内国法人の欠損金額は，次の取扱いによることができるとされた。

**【移転時価資産価額≦移転簿価資産価額の場合】**

当該内国法人が当該適格組織再編成等により移転を受けた資産の当該移転の直前の移転時価資産価額（その移転を受けた資産の価額の合計額をいう。）が当該直前の移転簿価資産価額（その移転を受けた資産の帳簿価額の合計額をいう。）以下である場合（法令113⑤一）

| |
|---|
| 制限対象となる欠損金額は，ないものとする。 |

**【移転時価資産価額＞移転簿価資産価額の場合】**

移転時価資産価額＞移転簿価資産価額の場合で，移転時価資産超過額（移転時価資産価額から移転簿価資産価額を減額した金額）≦支配関係前欠損金額の合計額の場合（法令113⑤二）

| |
|---|
| 制限対象となる欠損金額は，当該移転時価資産超過額に相当する金額が当該支配関係前欠損金額のうち最も古いものから成るものとした場合に当該移転時価資産超過額に相当する金額を構成するものとされた支配関係前欠損金額があることとなる事業年度ごとに当該事業年度の支配関係前欠損金額のうち当該移転時価資産超過額に相当する金額を構成するものとされた部分に相当する金額とされる。 |

移転時価資産価額＞移転簿価資産価額の場合で，移転時価資産超過額＞支配関係前欠損金額の合計額の場合（法令113⑤三）

| |
|---|
| 制限対象となる欠損金額は，次の金額の合計額とされる。 |

・　支配関係前欠損金額
・　当該移転時価資産超過額から支配関係前欠損金額を控除した金額（制限対象金額）が支配関係事業年度以後の各事業年度において生じた特定資産譲渡等損失相当額から成る欠損金額に相当する金額（支配関係後欠損金額）のうち最も古いものから成るものとした場合に制限対象金額を構成するものとされた支配関係後欠損金額があることとなる事業年度ごとに当該事業年度の支配関係後欠損金額のうち制限対象金額を構成するものとされた部分に相当する金額

**イ　特定資産譲渡等損失額の損金不算入**

適格組織再編成等により移転を受けた資産が，含み益のない資産であったり，含み益があったとしても含み益に見合う繰越青色欠損金額が制限される場合には，特定保有資産に係る特定譲渡等損失額の損金算入を制限する必要はないものとされ，含み益のある資産であって当該含み益が制限される繰越青色欠損金額を超える場合にのみ特定保有資産に係る特定譲渡等損失額の損金算入が制限されることとされている

具体的には，特定適格組織再編成等が事業を移転しない適格分割若しくは適格現物出資又は適格現物分配である場合には，当該特定適格組織再編成等に係る分割承継法人，被現物出資法人又は被現物分配法人である内国法人は，特定組織再編成事業年度以後の各事業年度（適用期間内の日の属する事業年度に限る。）における当該適用期間内の特定保有資産に係る特定資産譲渡等損失額は，次よることができるとされた（法令123の９⑦）。

**【移転時価資産価額≦移転簿価資産価額の場合，又は移転時価資産超過額≦上記アの制限対象とされた欠損金額（特例切捨欠損金額）の場合】**（法令123の９⑦一）

当該適用期間内の当該特定保有資産に係る特定資産譲渡等損失額は，ないものとされる。

**【移転時価資産超過額＞上記アの制限対象とされた欠損金額（特例切捨欠損金額）の場合】**（法令123の９⑦二）

> 適用期間内の日の属する事業年度における当該事業年度の適用期間の特定保有資産に係る特定資産譲渡等損失額は，当該特定資産譲渡等損失額のうち，移転時価資産超過額から特例切捨欠損金額及び実現済額（当該事業年度前の適用期間内の日の属する各事業年度の特定保有資産に係る特定資産譲渡等損失額の合計額をいう。）の合計額を控除した金額に達するまでの金額とされる。

**ウ　適 用 要 件**

上記アの特例は，内国法人の適格組織再編成等に係る組織再編成事業年度の確定申告書に，この特例により制限対象となる欠損金額の計算に関する明細書の添付があり，かつ，移転時価資産価額の算定の基礎となる事項を記載した以下の書類等を保存している場合に限り，適用することとされている（法令113⑥，法規26の４②）。

一　適格組織再編成等により移転を受けた資産の当該移転の直前における時価資産価額及び帳簿価額を記載した書類

二　次に掲げるいずれかの書類で移転の直前における時価資産価額を明らかにするもの

・　その資産の価額が継続して一般に公表されているものであるときは，その公表された価額が示された書類の写し

・　内国法人が，当該移転の直前における価額を算定し，これを当該移転の直前における価額としているときは，その算定の根拠を明らかにする事項を記載した書類及びその算定の基礎とした事項を記載した書類

・　その資産の価額を明らかにする事項を記載した書類

税務署長は，上記の明細書の添付がない確定申告書の提出があった場合又は同項の書類の保存がない場合においても，その明細書の添付又は書類の保存がなかったことについてやむを得ない事情があると認めるときは，当該明細書及

び当該書類の提出があった場合に限り，上記アの特例を適用することができるとされている（法令113⑦）。

また，上記イの特例も同様に，内国法人の特定組織再編成事業年度の確定申告書に，特定資産譲渡等損失額の計算に関する明細書の添付があり，かつ，移転時価資産価額の算定の基礎となる事項を記載した上記と同様の書類を保存している場合に限り，適用することとされている（法令123の９⑧，法規27の15の２②）。

なお，これらは，仮決算による中間申告書を提出する場合も同様とされている（法令113⑧，123の９⑩）。

d）その他

ア　未処理欠損金額等の制限対象金額の計算の特例について，残余財産確定の場合の欠損金の引継ぎ等に係る制限措置の整備が行われている（法令113①②④）。

イ　未処理欠損金額等の制限対象金額の計算の特例及び特定引継資産又は特定保有資産に係る譲渡等損失額の計算の特例について，仮決算による中間申告書を提出する場合にも適用できることが明らかにされた（法令113⑧，123の９⑩）。

# 2　会社分割の改正

## （1）　分割型分割のみなし事業年度の廃止

### ①　改正の内容

平成22年度税制改正により，会社分割については大きく，

・　みなし事業年度の廃止

・　会社分割に伴う資本金等の額及び利益積立金額の計算

についての改正が行われている。その他，上記の改正に伴う所要の整備も行われている。

分割型分割が行われた場合には，利益積立金額の引継額を計算する必要性があることから，従前の取扱いでは，適格・非適格にかかわらず分割型分割の日の前日を事業年度終了の日とするみなし事業年度が設けられていた。

しかし，平成18年度改正で資本金等の額の意義が「法人が株主等から出資を受けた金額」（法法２十六）と明らかにされ，この考え方を踏まえ，資本の部の引継額の計算のあり方が考えられることとなった。その結果，まず資本金等の額の引継額を計算し，移転純資産の帳簿価額から資本金等の額を減算した金額を利益積立金額の引継額とすることが適当であると考えられたのである。

そこで，改正によりみなし事業年度を廃止し，分割型分割が行われた場合の利益積立金額及び資本金等の額の引継額は，先に資本金等の額の引継額を計算する構成とされたのである。ちなみに，改正前はまず利益積立金額の引継額を計算し，資本金等の額は移転純資産と引き継ぐ利益積立金額との差額から求められていたことから，改正により計算の順序がまったく逆になったことになる。

これにより，従来から指摘があった，分割型分割が行われた場合のみなし事業年度に伴う仮決算や申告に係る過重な事務負担が軽減されることになった。

### ②　みなし事業年度の廃止

分割型分割を行った場合のみなし事業年度が廃止された。なお，連結法人に

ついても同様に廃止されている。

【分割法人のみなし事業年度】

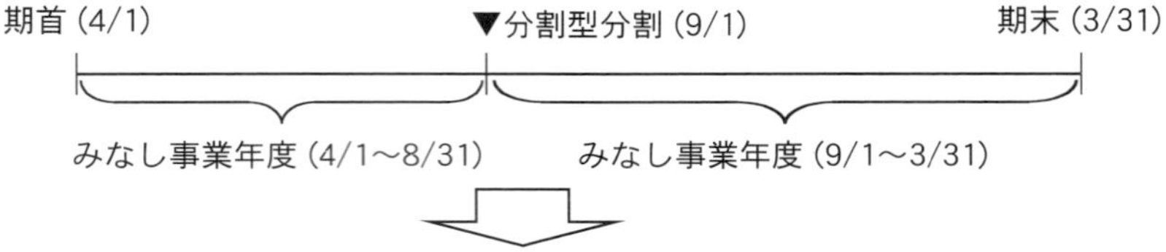


【みなし事業年度の廃止後】

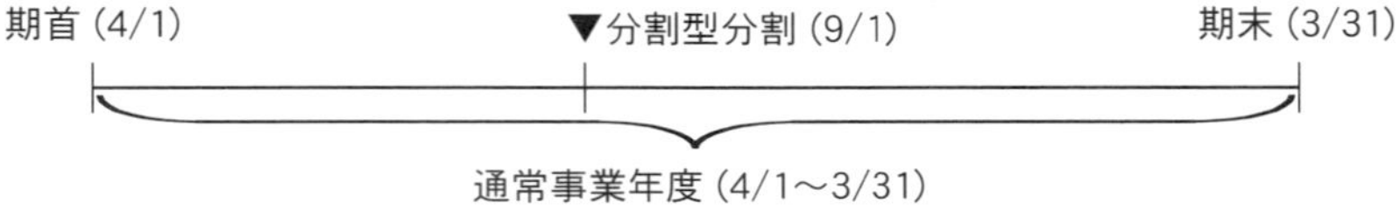


改正前は，みなし事業年度において仮決算を行うことから，分割型分割において分割法人から分割承継法人へ引き継ぐ資産・負債及び資本金等の額や利益積立金額について，みなし事業年度の仮決算で確定した金額を用いることができた。しかし，みなし事業年度の廃止に伴い，分割型分割により分割法人から分割承継法人へ引き継ぐこれら資産・負債や資本金等の額・利益積立金額の数字をいかに確定するかが，実務上の大きなポイントとなる。以下，それぞれにつき，改正後の取扱いを説明する。

### ③　移転資産等の帳簿価額

#### a）　分割法人の取扱い

**【適格分割型分割の場合】**

法人が適格分割型分割により移転をした資産及び負債は，その適格分割型分割の直前の帳簿価額による引継ぎをしたものとして，その法人の各事業年度の所得の金額を計算することとされた（法法62の２②）。

従前では，みなし事業年度の規定があったため，みなし事業年度の決算において分割時点の帳簿価額が確定されていた。しかし，みなし事業年度の規定が廃止となったことから，移転資産・負債の引継ぎを明確化する上記規定が設けられたものである。適格分割型分割の場合，分割法人から分割承継法人に対し，帳簿価額で資産・負債の引継ぎを行うという考え方自体は改正前後で変わってはいない。

**【非適格分割型分割の場合】**

非適格分割型分割の場合，みなし事業年度の規定如何によらず，分割のときの価額（＝時価）で分割法人から分割承継法人へ資産・負債の譲渡をしたものとみなす規定（法法62）となっており，変更はない。

**ｂ）　分割承継法人の取扱い**

**【適格分割型分割の場合】**

分割承継法人は，分割法人の適格分割型分割の直前の帳簿価額による引継ぎを受けたものとされた（法令123の３④）。

**【非適格分割型分割の場合】**

非適格分割型分割の場合，分割のときの価額（＝時価）で分割法人から分割承継法人へ資産・負債の譲渡（分割承継法人側では時価による譲受け）をしたものとみなす規定（法法62）について，変更はない。

### ④　資本金等の額及び利益積立金額

前述のとおり，資本金等の額の概念の明確化やみなし事業年度廃止に伴い，分割型分割を行った場合の税務上の資本勘定（資本金等の額，利益積立金額）の計算方法について改正が行われている。

**ａ）　分割法人の取扱い**

**【適格分割型分割の場合】**

**ア　資本金等の額**

分割法人の減少する資本金等の額は，適格・非適格ともに，次のとおりとされた（法令８①十五）。

$$\text{分割法人の分割型分割の直前の資本金等の額}\times\frac{\text{分割型分割の直前の移転資産の帳簿価額}-\text{移転負債の帳簿価額}}{\text{分割型分割の日の属する事業年度の前事業年度終了の時の資産の帳簿価額}-\text{負債の帳簿価額}}$$

（注１）　分割型分割の日以前６月以内に仮決算による中間申告書を提出し，かつ，その提出した日からその分割型分割の日までの間に確定申告書を提出していな

かった場合には，上記算式の分母の金額は，その中間申告書に係る中間期間の終了のときの資産の帳簿価額から負債の帳簿価額を減算した金額とする。

（注２） 前事業年度終了のとき（（注１）の場合には，中間期間の終了のとき）から分割型分割の直前のときまでの間に資本金等の額又は利益積立金額（法人税法施行令第９条第１項第１号又は第６号に掲げる金額，すなわち期末の増減項目と投資簿価修正額を除く。）が増加し，又は減少した場合には，上記算式の分母は，その増加した金額を加算し，又はその減少した金額を減算した金額とする。

（注３） 負債には新株予約権を含む。

（注４） 直前の資本金等の額が０以下である場合には，上記算式の分数は０とし，直前の資本金等の額及び上記算式の分子が０を超え，かつ，上記算式の分母が０以下である場合には，上記算式の分数は１とし，上記算式の分数に小数点以下３位未満の端数がある場合にはこれを切り上げる。

（注５） 上記算式の分子の金額が分母の金額を超える場合（分母の金額が０に満たない場合を除く。）には，上記算式の分子の金額は，分母の金額と同じ金額とする。

（注６） 非適格分割型分割の場合において，上記算式により計算した金額がその分割型分割によりその分割法人の株主等に交付した分割承継法人の株式その他の資産の価額を超えるときは，その超える部分の金額を減算した金額を資本金等の額の減少額とする。

### イ　利益積立金額

適格分割型分割の分割法人の減少する利益積立金額が，次のとおりとされた（法令９①十）。

| |
|---|
| 分割直前の移転資産の帳簿価額 － （分割直前の移転負債の帳簿価額 ＋ 減少資本金等の額） |

（注１） 分割承継親法人株式を交付した場合には，その交付した分割承継親法人株式の交付の直前の帳簿価額を減算する。

（注２） 無対価分割に該当する適格分割型分割の場合には，分割承継法人が有していた分割法人の株式に係る分割純資産対応帳簿価額を減算する。無対価分割については，後述の「無対価組織再編成」を参照。

**【非適格分割型分割の場合】**

### ア　資本金等の額

分割法人の減少する資本金等の額は，適格分割型分割の場合と同様である（法令８①十五）。

**イ　利益積立金額**

非適格分割型分割の分割法人の減少する利益積立金額については，計算要素となる減少資本金等の額の計算方法が上記アのように変更となった以外は改正されていない（法令９①九）。

| |
|---|
| 分割法人が株主に交付した金銭等の額－減少資本金等の額 |

**b）　分割承継法人の取扱い**

**【適格分割型分割の場合】**

**ア　資本金等の額**

適格分割型分割の分割承継法人の増加する資本金等の額は，分割法人の減少資本金等の額に相当する金額とされた（法令８①六）。

**イ　利益積立金額**

適格分割型分割の分割承継法人の増加する利益積立金額は，次のとおりとされた（法令９①三）。

| |
|---|
| 分割直前の移転資産の帳簿価額－（分割直前の移転負債の帳簿価額＋増加資本金等の額） |

（注１）　分割承継親法人株式を交付した場合には，その交付した分割承継親法人株式の交付の直前の帳簿価額を減算する。

（注２）　無対価分割に該当する適格分割型分割の場合には，分割承継法人が有していた分割法人の株式に係る分割純資産対応帳簿価額を減算する。無対価分割については，後述「無対価組織再編成」を参照のこと。

**【非適格分割型分割の場合】**

**ア　資本金等の額**

非適格分割型分割の分割承継法人の増加する資本金等の額については，改正されていない。

| |
|---|
| 分割承継法人が分割法人に交付した資産の分割型分割の時の価額の合計額－分割承継法人が分割法人に交付した分割承継法人の株式以外の資産の分割型分割の時の価額の合計額 |

### イ　利益積立金額

非適格分割型分割においては，分割による分割承継法人における利益積立金額の増加はない。

## ⑤　他の制度における整備

分割型分割のみなし事業年度の廃止に伴い，適格分割型分割に係る移転資産の減価償却費については税務署長への書類の提出を前提に期中損金経理額の損金算入が可能とされる等，基本的に分社型分割に係る措置に統合するような整備が行われている。

### a）　配当等の額とみなす金額

非適格分割型分割の場合のみなし配当の額の計算の基礎となる，分割資本金額等の見直しがなされた（法令23①二）。

みなし事業年度の廃止に伴い，払戻割合の計算にあたって，分母の数字を前事業年度終了のときの帳簿価額を用いて求める取扱いとなった。

### b）　棚卸資産の取得価額

分割承継法人における棚卸資産の取得価額は，分割法人のその適格分割型分割の直前におけるその棚卸資産の評価額の計算の基礎となった取得価額にその棚卸資産を消費し又は販売の用に供するために直接要した費用を加算した金額を棚卸資産の評価額として計算するものとされている（法令28④）。

### c）　減価償却資産，繰延資産，一括償却資産の償却費の計算

### ア　期中損金経理額の損金算入

分割法人が，適格分割型分割により分割承継法人に減価償却資産，繰延資産，一括償却資産を移転する場合において，当該資産についての償却費等を損金経理により費用の額としたときは，期中損金経理額のうち，その資産につきその適格分割型分割の日の前日を事業年度終了の日とした場合に計算される償却限度額に相当する金額に達するまでの金額は，その適格分割型分割の日の属する事業年度の損金の額に算入することとされた（法法31②，32②，法令133の２②）。

**イ　償却超過額の引継ぎ**

適格分割型分割により移転を受ける減価償却資産，繰延資産，一括償却資産について，その損金経理額には，分割法人の適格分割型分割の日の属する事業年度以前の各事業年度の損金経理額及び期中損金経理額のうち各事業年度の損金の額に算入されなかった金額を含むものとされている（法法31④，32⑥，法令133の２⑨）。

**ウ　取得価額**

適格分割型分割により移転を受けた減価償却資産の償却限度額の計算の基礎となる取得価額は，分割法人が適格分割型分割の日の前日を事業年度終了の日とした場合にその事業年度においてその資産の償却限度額の計算の基礎とすべき取得価額及び分割承継法人がその資産を事業の用に供するために直接要した費用の額の合計額とされている（法令54①五）。

**d）　圧縮記帳**

**ア　期中圧縮**

分割法人が，圧縮記帳の対象となる資産を適格分割型分割により分割承継法人に移転する場合において，その資産につき圧縮記帳を行い，圧縮限度額の範囲内でその帳簿価額を減額したときは，その減額した金額は，分割法人の当該事業年度の損金の額に算入することとされている（法法42⑤⑥，45⑤⑥，47⑤⑥，50⑤）。

**イ　期中特別勘定（国庫補助金・保険金等の特別勘定）**

分割法人が，適格分割型分割の日の属する事業年度開始のときからその適格分割型分割の直前のときまでの期間内に固定資産の取得若しくは改良に充てるための国庫補助金等又は保険金等の交付を受けている場合において，圧縮限度額の範囲内で期中特別勘定を設けたときは，その設けた期中特別勘定の金額に相当する金額は，分割法人の当該事業年度の損金の額に算入することとされている（法法43⑥，48⑥）。

**ウ　特別勘定を設けた場合の期中圧縮**

特別勘定の金額を有する分割法人が圧縮記帳の対象となる資産を適格分割型

分割により分割承継法人に移転する場合において，その資産につき，圧縮限度額に相当する金額の範囲内でその帳簿価額を減額したときは，その減額した金額に相当する金額は，当該事業年度の損金の額に算入することとされている（法法44④，49④）。

**e） 貸倒引当金・返品調整引当金**

**ア 期中個別評価貸倒引当金の繰入額の損金算入**

分割法人が，適格分割型分割により分割承継法人に個別評価金銭債権を移転する場合において，その個別評価金銭債権について期中個別貸倒引当金勘定を設けたときは，その設けた期中個別貸倒引当金勘定の金額に相当する金額のうち，その個別評価金銭債権につきその適格分割型分割の直前のときを事業年度終了のときとした場合に計算される個別貸倒引当金繰入限度額に相当する金額に達するまでの金額は，その適格分割型分割の日の属する事業年度の損金の額に算入することとされている（法法52⑤）。

**イ 期中返品調整引当金の繰入額の損金算入**

分割法人が，適格分割型分割により分割承継法人に対象事業の全部又は一部を移転する場合において，その移転をする対象事業について期中返品調整引当金勘定を設けたときは，その設けた期中返品調整引当金勘定の金額に相当する金額のうち，その適格分割型分割の直前のときを事業年度終了のときとした場合に計算される返品調整引当金繰入限度額に相当する金額に達するまでの金額は，その適格分割型分割の日の属する事業年度の損金の額に算入することとされている（法法53④）。

**f） 有価証券・短期売買商品**

分割法人が，適格分割型分割によりその有する有価証券や短期売買商品を分割承継法人に移転した場合には，その有価証券や短期売買商品で総平均法を採用しているもののその1単位当たりの帳簿価額は，事業年度開始のときからその適格分割型分割の直前のときまでの期間及びその適格分割型分割のときから当該事業年度終了のときまでの期間をそれぞれ1事業年度とみなして，総平均法によりその1単位当たりの帳簿価額を算出することとされている（法令118

の6②)。

この場合において，適格分割型分割のときにおいて有するその有価証券・短期売買商品の帳簿価額は，事業年度開始のときからその適格分割型分割の直前のときまでの期間を1事業年度とみなして総平均法により算出したその有価証券・短期売買商品のその1単位当たりの帳簿価額に，その適格分割型分割の直後にその法人の有するその有価証券・短期売買商品の数を乗じて計算した金額とされている（法令118の6②，119の4④)。

**g）　長期割賦販売等に係る収益及び費用の帰属事業年度**

適格分割型分割により長期割賦販売等に係る契約の移転をする場合には，その長期割賦販売等の賦払金割合の計算は，その適格分割型分割の日の前日までの期間を対象に行うこととされた（法令124②)。

**h）　工事の請負に係る収益及び費用の帰属事業年度**

適格分割型分割により工事に係る契約を移転する分割法人の適格分割型分割の日の属する事業年度における工事進行基準の方法の適用においては，適格分割型分割の直前のときの現況によりその工事につき見積もられる原価の額をその工事の原価の額とすることとされている（法令129③)。

**i）　金銭債務の償還差損益**

適格分割型分割により分割承継法人に金銭債務（その収入額が，その債務額を超えるもの又は満たないものに限る。)の償還に係る義務を引き継ぐ場合には，当該事業年度開始の日（当該事業年度がその債務者となった日の属する事業年度である場合には，その債務者となった日）からその適格分割型分割の日の前日までの期間に対応する償還差益の額又は償還差損の額を益金の額又は損金の額に算入することとされている（法令136の2②)。

**j）　償還有価証券の調整差損益**

適格分割型分割によりその有する償還有価証券の全部又は一部を移転する場合には，分割法人においては，事業年度開始の日からその適格分割型分割の日の前日までの期間及びその適格分割型分割の日から事業年度終了の日までの期間をそれぞれ一事業年度とみなして，その引継ぎを行う償還有価証券に係る調整差益又は調整差損の計算を行うこととされている（法令139の２④）。

**ｋ）　資産に係る控除対象外消費税額等**

**ア　期中損金経理額の損金算入**

分割法人が，適格分割型分割により分割承継法人に繰延消費税額等を引き継ぐ場合において，その繰延消費税額等について損金経理により費用の額としたときは，期中損金経理額のうち，その繰延消費税額等につきその適格分割型分割の日の前日を事業年度終了の日とした場合に計算される損金算入限度額に相当する金額（繰延消費税額等÷60×期首から適格分割型分割の日の前日までの月数）に達するまでの金額は，その適格分割型分割の日の属する事業年度の損金の額に算入することとされている（法令139の４⑦）。

**イ　損金算入限度超過額の引継ぎ**

適格分割型分割により分割法人から引継ぎを受けた繰延消費税額等については，損金経理額には，分割法人の適格分割型分割の日の属する事業年度以前の各事業年度の損金経理額及び期中損金経理額のうち各事業年度の損金の額に算入されなかった金額を含むものとされている（法令139の４⑭）。

**ｌ）　旧退職給与引当金**

退職給与引当金勘定の金額を有する法人が改正事業年度以後の各事業年度において分割型分割を行ったことに伴い，その使用人が分割承継法人の業務に従事することとなった場合（その法人がその従事することとなった使用人に退職給与を支給していないこと等の要件に該当する場合に限る。）の当該事業年度後の各事業年度において取り崩すべき退職給与引当金勘定の金額の計算の基礎となる改正時の退職給与引当金勘定の金額は，改正時の退職給与引当金勘定の金額に分割等移転使用人割合を乗じて計算した金額を控除した金額とされている（平成14年改正法令等附則５④）。

## 設例27　分割型分割の取扱い

**【前提条件】**

- A社を分割法人，B社を分割承継法人とする分割型分割を行う。
- 当該分割は，適格分割型分割に該当する。
- A社の事業年度は4／1～3／31，B社の事業年度は9／1～8／31とする。
- 当該分割の分割期日をH22／9／1とする。
  （A社株主に対し，B社株式以外の資産の交付はないものとする。）
- 分割実施の直前期（H22／3期）の貸借対照表は以下のとおり。
  （貸借対照表上の金額は適正な時価を表示しているものとする。）

貸　借　対　照　表
平成22年3月31日現在

| 科　　目 | 金　　額 | 科　　目 | 金　　額 |
|---|---|---|---|
| 資　　産 | | 負　　債 | |
| 資産（分割移転事業に係るもの） | 45,000 | 負債（分割移転事業に係るもの） | 20,000 |
| 資産（上記以外） | 37,000 | 負債（上記以外） | 12,000 |
| | | 負　債　合　計 | 32,000 |
| | | 純　資　産 | |
| | | 資　本　金 | 10,000 |
| | | 資本剰余金 | 15,000 |
| | | 利益剰余金 | 25,000 |
| | | 純　資　産　合　計 | 50,000 |
| 資　産　合　計 | 82,000 | 負債・純資産合計 | 82,000 |

※　上記分割移転事業に係る資産のうちには，下記の税務否認額がある。
・土地減損損失否認額　3,000

- なお分割直前による移転事業に係る資産・負債の状況は以下のとおり。
  （上記税務否認額についての変動はない。）

分割直前の移転資産・負債の状況（会計上の金額）

| 科　　目 | 金　　額 | 科　　目 | 金　　額 |
|---|---|---|---|
| 資　　産 | | 負　　債 | |
| 資産（分割移転事業に係るもの） | 42,000 | 負債（分割移転事業に係るもの） | 22,000 |
| | | 移転純資産 | 20,000 |

## 解説

### ＜分割法人Ａ社の処理＞

**【会計処理】**

| | | | | |
|---|---|---|---|---|
| （借） | 負　　　債 | 22,000 | （貸）資　　　産 | 42,000 |
| | Ｂ 社 株 式 | 20,000 | | |

移転資産・負債の対価としてＢ社株式を受け入れる。

| | | | | |
|---|---|---|---|---|
| （借） | 資　本　金 | 4,000 | （貸）Ｂ 社 株 式 | 20,000 |
| | 資本剰余金 | 6,000 | | |
| | 利益剰余金 | 10,000 | | |

受け入れたＢ社株式を直ちに剰余金の配当として株主に分配する。

移転純資産の割合に応じ，払込資本（資本金，資本剰余金）と利益剰余金をプロラタで取り崩すものとする。

**【税務処理】**

| | | | | |
|---|---|---|---|---|
| （借） | 負　　　債 | 22,000 | （貸）資　　　産※1 | 45,000 |
| | Ｂ 社 株 式 | 23,000 | | |

※１　会計上の資産42,000＋否認資産3,000＝45,000

| | | | | | |
|---|---|---|---|---|---|
| （借） | 資本金等の額※2 | 10,850 | （貸） | B社株式 | 23,000 |
| | 利益積立金額※3 | 12,150 | | | |

※2　25,000（分割直前の資本金等の額）×$\frac{23,000（税務上の移転純資産）}{53,000（直前期末の税務上の純資産）}$

=25,000×0.434（小数3位未満切上げ）

=10,850

※3　23,000（税務上の移転純資産）−10,850=12,150

## ＜分割承継法人B社処理＞

### 【会計処理】

| | | | | | |
|---|---|---|---|---|---|
| （借） | 資産 | 42,000 | （貸） | 負債 | 22,000 |
| | | | | 資本剰余金 | 20,000 |

増加する純資産の額は，払込資本（資本剰余金）とする。

### 【税務処理】

| | | | | | |
|---|---|---|---|---|---|
| （借） | 資産 | 45,000 | （貸） | 負債 | 22,000 |
| | | | | 資本金等の額※4 | 10,850 |
| | | | | 利益積立金額※5 | 12,150 |

※4　A社で減少した資本金等の額

※5　45,000（分割直前の移転資産の帳簿価額）−（22,000（移転負債の帳簿価額）+10,850（増加した資本金等の額））=12,150

## ＜分割法人Ａ社の処理＞

別表五(一)

Ⅰ　利益積立金額の計算に関する明細書

| 区　　分 | 期首現在利益積立金額 | 当期の増減 | | 差引翌期首現在利益積立金額①－②＋③ |
|---|---|---|---|---|
| | | 減 | 増 | |
| | ① | ② | ③ | ④ |
| 土地減損損失 | 3,000 | 3,000 | | 0 |
| 資本金等 | | | 850 | 850 |
| 繰越損益金 | 25,000 | 10,000 | | 15,000 |
| 差引合計額 | 28,000 | 13,000 | 850 | 15,850 |

Ⅱ　資本金等の額の計算に関する明細書

| 区　　分 | | 期首現在利益積立金額 | 当期の増減 | | 差引翌期首現在利益積立金額①－②＋③ |
|---|---|---|---|---|---|
| | | | 減 | 増 | |
| | | ① | ② | ③ | ④ |
| 資本金 | | 10,000 | 4,000 | | 6,000 |
| 資本剰余金 | | 15,000 | 6,000 | | 9,000 |
| 利益積立金額 | | | | △850 | △850 |
| 差引合計額 | | 25,000 | 10,000 | △850 | 14,150 |

## ＜分割承継法人Ｂ社の処理＞

別表五(一)

Ⅰ　利益積立金額の計算に関する明細書

| 区　　分 | | 期首現在利益積立金額 | 当期の増減 | | 差引翌期首現在利益積立金額①－②＋③ |
|---|---|---|---|---|---|
| | | | 減 | 増 | |
| | | ① | ② | ③ | ④ |
| 土地減損損失 | | | | 3,000 | 3,000 |
| 資本金等 | | | | 9,150 | 9,150 |
| 繰越損益金 | | | | | 0 |
| 差引合計額 | | 0 | 0 | 12,150 | 12,150 |

Ⅱ　資本金等の額の計算に関する明細書

| 区分 | | 期首現在利益積立金額 | 当期の増減 | | 差引翌期首現在利益積立金額①－②＋③ |
|---|---|---|---|---|---|
| | | | 減 | 増 | |
| | | ① | ② | ③ | ④ |
| 資本金 | | | | | 0 |
| 資本剰余金 | | | | 20,000 | 20,000 |
| 利益積立金額 | | | | △9,150 | △9,150 |
| 差引合計額 | | 0 | 0 | 10,850 | 10,850 |

## （2）　適格分社型分割等の改正

### ①　適格分社型分割

会社分割は，その対価を分割法人の株主が取得するか，分割法人自身が取得するかにより，分割型分割と分社型分割に区分される。

分社型分割は，法人税法において以下のように定義されている。

1．分割の日において当該分割に係る分割対価資産が分割法人の株主等に交付されない場合の分割

2．分割対価資産が交付されない分割で，その分割の直前において分割法人が分割承継法人の株式を保有している場合の分割

分社型分割のうち，一定の要件を満たしたものが適格分社型分割とされ，適格分社型分割が行われた場合には，分割法人側においては，その事業の移転は，分割直前の帳簿価額による譲渡とされ，移転資産に係る譲渡損益は発生させない（法法62の３）。また，分割承継法人側では，承継した資産及び負債を，分割法人における分割直前の帳簿価額のまま取得したものとして処理を行う。

### ②　改正の内容

平成22年税制改正において，分割型分割のみなし事業年度の規定が廃止されたことで，従来行われていた分割型分割のみなし事業年度における仮決算・申告処理がなくなる代わりに，分割型分割を行った分割法人は，分割の直前のときを事業年度終了のときとした場合に計算される貸倒引当金（期中貸倒引当金

勘定）の繰入れや資産等の時価評価損益等を計上し，分割承継法人は期中貸倒引当金勘定及びその時価評価資産（時価評価後）を引き継ぐこととなった。

この改正に合わせて，適格分社型分割が行われた場合も，適格分割型分割が行われた場合と同様に分割の直前のときを事業年度終了のときとした場合に計算される貸倒引当金（期中貸倒引当金勘定）の繰入れや資産等の時価評価損益等を計上するものとする見直しが行われている。

この改正により，分割型分割において従前行われていた煩雑な申告処理がなくなり，また分割型分割・分社型分割における処理の統一，さらに分社型分割の税務処理と会計基準との整合もとられることとなった。

### ③　会社分割が行われた場合の貸倒引当金の引継ぎ

適格分割があった場合，適格分割の直前のときを事業年度終了のときとした場合に計算される個別評価金銭債権に係る貸倒引当金（期中個別貸倒引当金勘定）あるいは一括評価金銭債権に係る貸倒引当金（期中一括貸倒引当金勘定）については分割法人において損金に計上することが可能であるとし（法法52⑤⑥），分割承継法人はこれら期中個別貸倒引当金勘定及び期中一括貸倒引当金勘定を引き継ぐものとされた（法法52⑧）。

なお，分割承継法人が引継ぎを受けた期中個別貸倒引当金勘定又は期中一括貸倒引当金勘定は分割の日の属する事業年度の所得の金額の計算上，洗替えにより，益金の額に算入する（法法52⑪）。

### ④　会社分割が行われた場合の短期売買商品及び売買目的有価証券の引継ぎ

適格分割が行われた場合には，分割法人は，当該適格分割の日の前日を事業年度終了の日とした場合に計算される短期売買商品又は売買目的有価証券の評価差額を益金又は損金に算入するものとされた（法法61④，61の３③）。

分割承継法人は時価評価後の価額により短期売買商品又は売買目的有価証券を引き継ぐものとされ，分割の日の属する事業年度において，評価損益相当額を洗替えにより損金又は益金に算入することとされた（法令118の８③，119の15③）。

### ⑤　会社分割が行われた場合の繰延ヘッジ処理の引継ぎ

適格分割により分割承継法人が，ヘッジ対象資産等損失額を減少させる目的で行われたデリバティブ取引等をヘッジ対象資産とともに移転を受け，かつ繰延ヘッジ処理の適用を受ける旨等の帳簿記載をした場合には，分割承継法人がヘッジ対象資産等損失額を減少させる目的でデリバティブ取引等を行い，かつ，当該帳簿記載をしていたものとみなし，引き続き繰延ヘッジ処理を行うことができる（法法61の６③）。

また，分割法人においてデリバティブ取引等がヘッジ対象資産等損失額を減少させるのに有効であると認められる範囲を超える部分，あるいは満たない部分として益金又は損金に算入されたみなし決済差額は，分割承継法人の分割の日の属する事業年度において，洗替えにより損金又は益金に算入することとされた（法令121の５③）。

### ⑥　会社分割が行われた場合の時価ヘッジ処理が行われた売買目的外有価証券の引継ぎ

分割法人が，ヘッジ対象有価証券損失額を減少させるために行ったデリバティブ取引等とともに売買目的外有価証券を分割承継法人に移転した場合は，分割法人において，当該適格分割の日の前日を事業年度終了の日とした場合に計算されるヘッジ対象有価証券評価差額相当額を益金又は損金に算入することとされた（法法61の７②）。

また，適格分割により分割承継法人が，ヘッジ対象有価証券損失額を減少させるために行ったデリバティブ取引等とともに売買目的外有価証券の移転を受け，かつ，時価ヘッジ処理の適用を受ける旨等の帳簿記載をした場合には，分割承継法人がヘッジ対象有価証券損失額を減少させる目的でデリバティブ取引等を行い，かつ，当該帳簿記載をしていたものとみなし，分割承継法人は引き続き時価ヘッジ処理の適用を受けられることとされた　（法法61の７③）。

さらに，このヘッジ対象有価証券損失額相当額は，分割承継法人の分割の日の属する事業年度において，洗替えにより損金又は益金に算入することとされた（法令121の11②）。

### ⑦　会社分割が行われた場合の外貨建資産等の引継ぎ

適格分割が行われた場合には，分割法人は，当該適格分割の日の前日を事業年度終了の日とした場合に計算される為替換算差額相当額を益金又は損金に算入するものとされた（法法61の９③）。

分割承継法人は換算後の価額により外貨建資産等を引き継ぐものとされ，分割の日の属する事業年度において，為替換算差額相当額を洗替えにより損金又は益金に算入することとされた（法令122の８③）。

# 3　無対価組織再編成（合併・分割・株式交換）

## (1)　改正の趣旨及び概要

### ①　改正の趣旨及び概要

これまで，消滅会社等の株主に対価を交付しない，いわゆる「無対価組織再編成」である合併や株式交換の場合，株式以外の資産が交付されないため，その他の適格要件を満たしていれば適格組織再編成に該当するものと解されていた。

また，国税庁が公表している質疑応答事例において，無対価の分割型分割や分社型分割について，一定の条件を満たす場合には適格組織再編成に該当するとの見解が示されていたが，分割について法人税法上明確な取扱いが規定されていなかった。

平成22年度の税制改正では，無対価組織再編成に係る法人税法上の取扱いを明確化した。

無対価による合併，分割及び株式交換について，その定義，適格判定の要件，取扱い等を規定している。

## (2)　合　　併

### ①　適格判定

無対価合併が適格と認められるのは，以下の関係がある場合である。

1）合併法人が被合併法人の発行済株式等の全部を保有する関係（法令4の3②一）

2）一の者が被合併法人及び合併法人の発行済株式等の全部を保有する関係（法令4の3②二）

3）合併法人及び当該合併法人の発行済株式等の全部を保有する者が被合併

法人の発行済株式等の全部を保有する関係（法令４の３②二）

４）被合併法人及び当該被合併法人の発行済株式等の全部を保有する者が合併法人の発行済株式等の全部を保有する関係（法令４の３②二）

５）被合併法人の全て又は合併法人が資本又は出資を有しない法人である場合に，共同事業要件を満たす関係

５）は公益法人等といった資本がない法人の合併の場合の適格要件を共同事業要件としたものである。

なお，上記関係は合併前に充足しなければならない要件であるが，合併後の株式継続要件については改正が行われていない。すなわち，支配関係を有する法人間での無対価合併にあっては，合併前に発行済株式等の全部を保有する関係が必要であるが，合併後に発行済株式等の全部を保有する関係がなくなることが見込まれていても支配関係を有することが見込まれていれば適格合併の要件を満たすことになる。

上記１）から４）の関係を図で示すと以下のようになる。

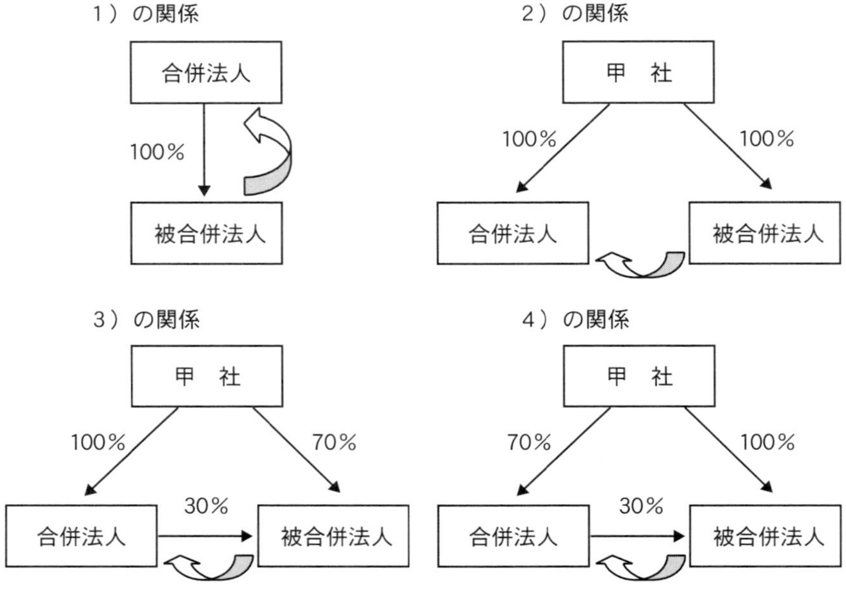

## ②　被合併法人の処理

### 1）　適格合併の場合

無対価による合併が税制適格の場合には，通常の適格合併と同じ取扱いになる。すなわち，資産・負債は簿価で引き渡すため，譲渡損益は生じない。

なお，被合併法人が合併法人株式等を移転簿価純資産価額による取得後直ちに被合併法人の株主へ交付したものとみなす規定は無対価の場合交付する株式がないことから削除された。この廃止に合わせて合併法人株式の譲渡損益を非課税とする規定も削除されている。

### 2）　非適格合併の場合

無対価による合併が非適格の場合には，資産の無償譲渡が行われたことになる。よって被合併法人では，資産の時価と簿価との差額について譲渡損益の課税及びその対価について合併法人へ寄附したものとみなされ寄附金課税が発生する。

ただし，平成22年10月１日以降，100％グループ内の法人間の非適格合併に係る資産の譲渡損益については，Ⅰ章グループ法人税制の制度が適用される。詳細については，Ⅰ章を参照。

## ③　合併法人の処理

### 1）　適格合併の場合

無対価による合併が税制適格の場合には，通常の適格合併と同じ取扱いである。すなわち，資産・負債については簿価引継ぎを行い，資本金等の額や利益積立金等の増額処理を行うことになる。

ただし，抱合株式がある場合には，被合併法人の資本金等の額に相当する金額からその抱合株式の合併直前の帳簿価額を減算することに改正されている（法令８①五）。

また，合併法人の増加する利益積立金の計算について，改正前は被合併法人の利益積立金の金額を引き継ぐこととされていたが，改正後は移転簿価純資産からその合併により増加した資本金等の額及び抱合株式がある場合はその合併直前の帳簿価額の合計額を減額した金額とされた（法令９①二）。

なお，この改正に伴い，合併法人が抱合株式の価額に相当する金額の合併法人株式の交付を受けたものとみなす規定は廃止されている。

**2） 非適格合併の場合**

無対価による合併が非適格の場合には，資産の無償譲受を受けたことになる。よって，合併法人は合併承継資産・負債を時価で計上するとともに，合併対価相当額が受贈益となる。詳細については，Ⅰ章を参照。

ただし，平成22年10月1日以降，100％グループ内の法人間の非適格合併に係る資産の譲渡損益については，Ⅰ章グループ法人税制の制度が適用される。詳細については，Ⅰ章を参照。

### ④ 被合併法人の株主の処理

無対価による合併の場合，被合併法人の株主には何も交付されないため，適格合併又は非適格合併にかかわらず，以下の取扱いとなる。

**1） 合併法人が被合併法人の発行済株式等の全部を保有する関係の場合**

この場合，被合併法人の株主は合併法人のみであるため，被合併法人株式の譲渡損益は計上せず，合併法人の資本金等の額で調整をする。

改正前に規定されていた，合併法人株式のみなし割当ての規定は③で記述のとおり廃止されている。

| | | | |
|---|---|---|---|
| **（借）** 資　本　金　等 | ×××　 | **（貸）** 被合併法人株式 | ××× |

**2） 被合併法人の株主によって直接又は間接に合併法人と被合併法人の発行済株式等の全部が保有される関係がある場合**

この場合，被合併法人の株主は被合併法人株式のその帳簿価額を合併法人株式の帳簿価額に加算する。

| | | | |
|---|---|---|---|
| **（借）** 合併法人株式 | ××× | **（貸）** 被合併法人株式 | ××× |

## 設例28　無対価合併の処理

子会社と他の子会社の合併の場合

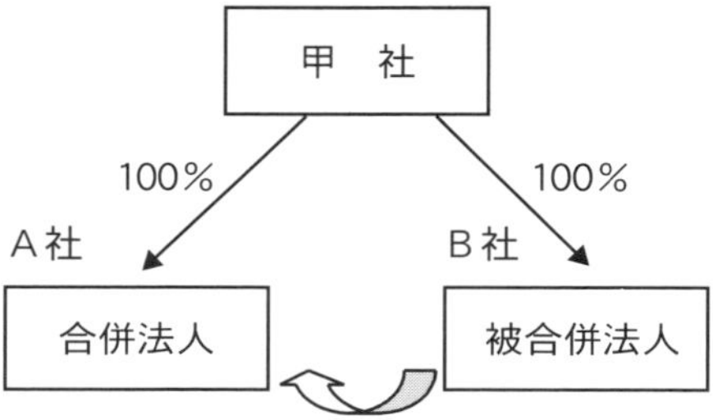


**【前提条件】**

- 無対価適格合併とする。
- 甲社のB社株式の帳簿価額は12,500とする。
- B社の税務上の資産の価額は，70,000とする。
- A社はB社の資本構成をそのまま引き継ぐものとする。
- B社の資本金等の額は12,500とする。

被合併法人B社の貸借対照表は以下のとおりとする。

B　社　　　　貸　借　対　照　表

| 科　　目 | 金　　額 | 科　　目 | 金　　額 |
|---|---|---|---|
| 資　　産 | | 負　　債 | |
| 資　　産 | 67,500 | 負　　債 | 32,000 |
| | | 負 債 合 計 | 32,000 |
| | | 純　資　産 | |
| | | 資　本　金<br>資本剰余金<br>利益剰余金<br>その他利益剰余金 | 10,000<br>2,500<br>2,500<br>20,500 |
| | | 純 資 産 合 計 | 35,500 |
| 資 産 合 計 | 67,500 | 負債・純資産合計 | 67,500 |

## 解説

以上の条件の場合のＡ社と甲社の仕訳は以下のようになる。

**【会計処理】**

**Ａ社：**

| | | | | | |
|---|---|---|---|---|---|
| **(借)** | 資　　　　　産 | 67,500 | **(貸)** | 負　　　　　債 | 32,000 |
| | | | | 資　　本　　金 | 10,000 |
| | | | | 資本剰余金 | 2,500 |
| | | | | 利益剰余金 | 2,500 |
| | | | | その他利益剰余金 | 20,500 |

**甲社：**

| | | | | | |
|---|---|---|---|---|---|
| **(借)** | Ａ　社　株　式 | 12,500 | **(貸)** | Ｂ　社　株　式 | 12,500 |

Ａ社はＢ社の資産，負債及び株主資本の項目をそのまま引き継ぐ決定をしたため帳簿価額がそのまま受入価額になる。

甲社はＢ社株式の帳簿価額をＡ社株式に付け替える。

**【税務処理】**

**Ａ社：**

| | | | | | |
|---|---|---|---|---|---|
| **(借)** | 資　　　　　産 | 70,000 | **(貸)** | 負　　　　　債 | 32,000 |
| | | | | 資　本　金　等 | 12,500 |
| | | | | 利益積立金 | 25,500 |

利益積立金＝70,000－32,000－12,500＝25,500

**甲社：**

| | | | | | |
|---|---|---|---|---|---|
| **(借)** | Ａ　社　株　式 | 12,500 | **(貸)** | Ｂ　社　株　式 | 12,500 |

Ａ社の増加資本金等の金額はＢ社の資本金等の金額である。また，Ａ社が引

き継ぐＢ社の利益積立金の額は税務上の簿価純資産から増加資本金等の額を減額した額である。

甲社の株式の振替えは会計処理と同じであり，株式の譲渡損益は認識しない。

会計処理と税務処理との差額は別表調整を行う。

**【申告調整】**

**Ａ社：**

**別表五(一)**

Ⅰ　**利益積立金額の計算に関する明細書**

| 区分 | 期首現在利益積立金額 | 当期の増減 | | 差引翌期首現在利益積立金額 ①－②＋③ |
|---|---|---|---|---|
| | | 減 | 増 | |
| | ① | ② | ③ | ④ |
| 資産 | | | 2,500 | 2,500 |

Ⅱ　**資本金等の額の計算に関する明細書**

| 区分 | 期首現在利益積立金額 | 当期の増減 | | 差引翌期首現在利益積立金額 ①－②＋③ |
|---|---|---|---|---|
| | | 減 | 増 | |
| | ① | ② | ③ | ④ |
| 資本金 | ××× | | 10,000 | ××× |
| 資本剰余金 | | | 2,500 | |

利益積立金の計算に関する明細書にて，資産の差額金額を増加欄に記入して利益積立金の金額を税務上の金額に一致させるとともに，合併により増加した資本金や資本剰余金をⅡ資本金等の額の計算に関する明細書の増加欄に記入する。

## (３)　分　　割

### ①　分割型分割と分社型分割の区分

平成22年度の税制改正では，無対価の分割について分割型分割と分社型分割についてその定義が以下のように明確化された。

**1） 分割型分割（法法２十二の九ロ）**

・ 分割対価資産が交付されない分割で，その分割の直前において分割承継法人が分割法人の発行済株式等の全部を保有している場合

・ 分割対価資産が交付されない分割で，分割法人が分割承継法人の株式を保有していない場合

**２）分社型分割（法法２十二の十ロ）**

・ 分割対価資産が交付されない分割で，その分割の直前において分割法人が分割承継法人の株式を保有している場合（分割承継法人が分割法人の発行済株式等の全部を保有している場合を除く。）

### ② 適格判定

無対価分割が適格と認められるのは，以下の関係がある場合である。

なお，分割型分割の場合は次の１）から３）までのいずれかの関係がある場合に限り，分社型分割の場合には次の４）の関係がある場合に限り，適格に該当する。

また，共同事業を営むための分割の場合には，下記１）から３）の関係がある分割型分割に限り，適格に該当する。

１）分割承継法人が分割法人の発行済株式等の全部を保有する関係（法令４の３⑥一）

２）一の者が分割法人及び分割承継法人の発行済株式等の全部を保有する関係（法令４の３⑥二）

３）分割承継法人及び当該分割承継法人の発行済株式等の全部を保有する者が分割法人の発行済株式等の全部を保有する関係（法令４の３⑥二）

４）分割法人が分割承継法人の発行済株式等の全部を保有する関係（法令４の３⑥二）

上記１）から４）の関係を図にすると以下のようになる。

1）の関係

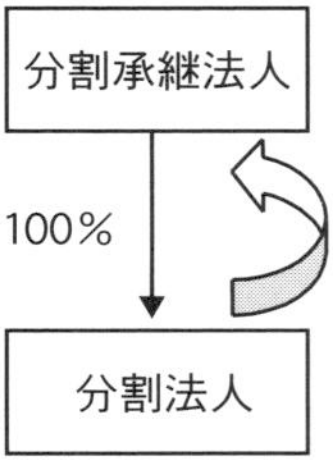


2）の関係

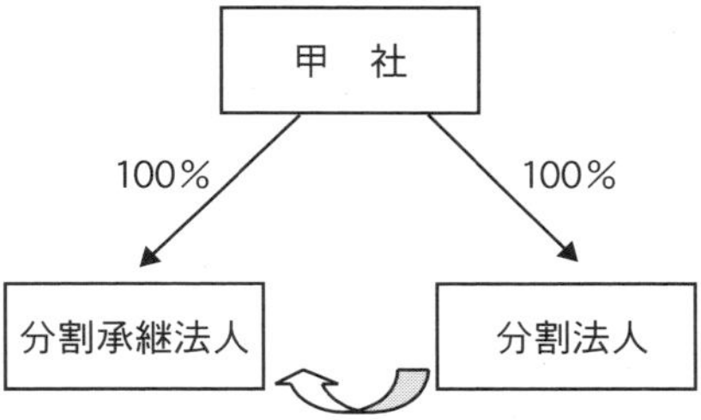


3）の関係

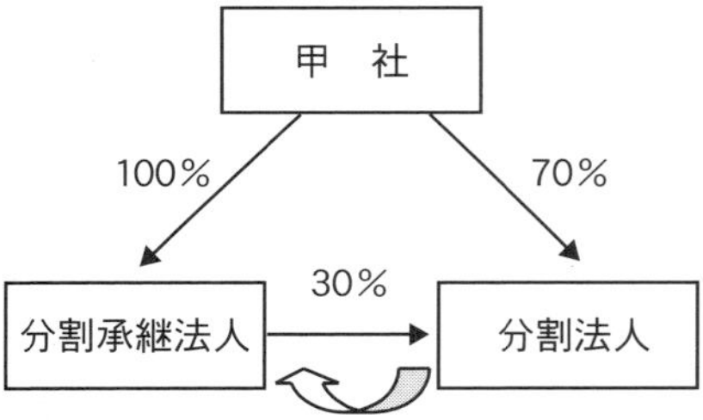


4）の関係

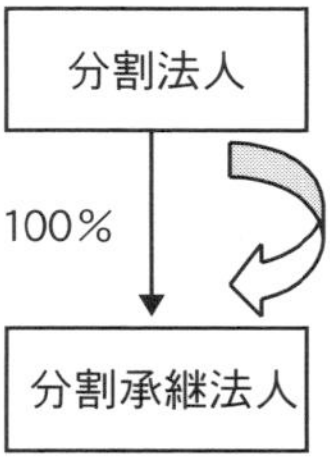


## ③　分割法人の処理

### 1）　適格分割の場合

無対価分割が税制適格である場合は，従前の取扱いと同じである。

すなわち，分社型分割の場合には，

・　適格分社型分割により移転する資産・負債の譲渡価額は分割法人の分割直前帳簿価額である。

・　分割承継法人の株式の取得価額は，移転資産・負債の帳簿価額による純資産価額である（法令119の3⑬）。

| | | | | | |
|---|---|---|---|---|---|
| **（借）** | 負　　債 | ×××| **（貸）** | 資　　産 | ××× |
| | 分割承継法人株式 | ××× | | | |

また，分割型分割の場合には，

・　適格分割型分割により移転する資産・負債の譲渡価額は分割法人の分割直前の帳簿価額である。

・　分割法人の資本金等のうち，分割移転純資産に対応する金額を減少する。
・　分割法人の利益積立金のうち，分割移転純資産から分割により減少させる資本金等の額を減算した金額を減少する。

| | | | | |
|---|---|---|---|---|
| (借) 負　　　　債 | ××× | (貸) 資　　　　産 | ××× |
| 資　本　金　等 | ××× | | |
| 利　益　積　立　金 | ××× | | |

分割型分割のみなし事業年度が廃止されたことにより，移転資産等の帳簿価額をどのようにするかについて疑義があったが，適格分社型分割と同様とする措置がとられた。

すなわち，分割後２ヶ月以内の税務署長への届出を前提に，減価償却資産や繰延資産については期中損金経理額の損金算入が可能である。期中の個別貸倒引当金の繰入れや返品調整引当金の繰入額の損金算入等についても同様である。

#### 2）　非適格分割の場合

無対価分割が税制非適格である場合は，分社型分割，分割型分割どちらの場合も資産・負債の無償譲渡を行ったものとする。

よって資産・負債は時価により譲渡したものとして譲渡損益を計上するとともに対価相当額を寄附したものとみなされる。

ただし，平成22年10月１日以降において，100％グループ法人間での非適格分割の場合には，寄附金の取扱いについて，Ⅰ章のグループ法人課税の適用がある場合がある。

### ④　分割承継法人の処理

#### 1）　適格分割の場合

無対価分割が税制適格の場合の分割承継法人の処理は以下のとおりである。

分社型分割の場合には，

・　適格分社型分割により承継する資産・負債の引継価額は分割法人の分割直前の帳簿価額である。
・　承継資産・負債の帳簿価額による純資産価額相当額を資本金等とする。

| | | | | | |
|---|---|---|---|---|---|
| （借） | 資　産 | ××× | （貸） | 負　債 | ××× |
| | | | | 資本金等 | ××× |

分割型分割の場合には，

・　適格分割型分割により承継する資産・負債の引継価額は分割法人の分割直前の帳簿価額である。

・　増加する資本金等の金額は，分割法人の減少資本金等の額から分割承継法人が有する分割法人株式がある場合のその分割法人株式に係る分割純資産対応帳簿価額を控除した金額とされた。

・　増加する利益積立金については，承継する資産・負債の帳簿価額による純資産価額から分割により増加した上記資本金等及び分割承継法人が有する分割法人株式がある場合のその分割法人株式に係る分割純資産対応帳簿価額の合計額を減額した金額とされた。

| | | | | | |
|---|---|---|---|---|---|
| （借） | 資　産 | ××× | （貸） | 負　債 | ××× |
| | | | | 資本金等 | ××× |
| | | | | 利益積立金 | ××× |

### 2） 非適格分割の場合

無対価分割が税制非適格である場合には，分社型分割，分割型分割どちらの場合も資産・負債を無償で譲り受けたものとする。

よって，資産・負債は時価を取得価額として計上するとともに，対価について受贈益を計上することになる。

ただし，平成22年10月１日以降において，100％グループ法人間での非適格分割の場合には，受贈益の取扱いについて，Ⅰ章のグループ法人課税の適用がある場合がある。

## ⑤　分割法人の株主の処理

分社型分割の場合には，分割法人の株主についての処理はない。無対価による分割型分割の場合の分割法人の株主の処理は以下のとおりである。

### 1） 適格分割の場合

適格分割の場合は分割法人の株主の処理は次のとおりである。

・ 分割承継法人が分割法人の発行済株式等の全部を保有しているとき

この場合，分割承継法人が分割法人の株主であるから，分割法人の株式の帳簿価額から分割純資産対応帳簿価額を減額する（法令119の３⑪）。

・ 分割法人の株主等が分割承継法人以外の法人である場合

この場合，分割法人の株式の分割純資産対応帳簿価額を分割承継法人の株式の帳簿価額に加算する（法令119の３⑫）。

### 2） 非適格分割の場合

非適格分割の場合おいても無対価であることから，分割法人の株主において，株式の譲渡損益やみなし配当は発生しない。

適格分割の場合と同じ取扱いとなる。

**設例29** 無対価分社型分割の処理

親会社から子会社へ分割する場合

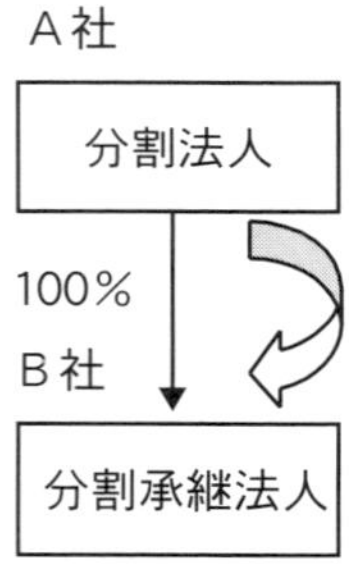


**【前提条件】**

・ 無対価適格分社型分割とする。
・ Ａ社の分割する資産は30,000（税務上35,000），負債は16,000とする。
・ Ａ社は分割に際して利益剰余金を取り崩すこととする。
・ Ｂ社はＡ社の株主資本の変動処理を引き継ぐこととする。

分割法人であるＡ社の貸借対照表は以下のとおりとする。

Ａ　社

貸　借　対　照　表

| 科　　目 | 金　　額 | 科　　目 | 金　　額 |
|---|---|---|---|
| 資　　産 | | 負　　債 | |
| 資　　産 | 67,500 | 負　　債 | 32,000 |
| | | 負債合計 | 32,000 |
| | | 純　資　産 | |
| | | 資本金 | 10,000 |
| | | 資本剰余金 | 2,500 |
| | | 利益剰余金 | 2,500 |
| | | その他利益剰余金 | 20,500 |
| | | 純資産合計 | 35,500 |
| 資産合計 | 67,500 | 負債・純資産合計 | 67,500 |

## 解説

Ａ社とＢ社の分割の仕訳は以下のようになる。

**【会計処理】**

**Ａ社：**

| | | | | | |
|---|---|---|---|---|---|
| **(借)** | 負　　債 | 16,000 | **(貸)** | 資　　産 | 30,000 |
| | Ｂ社株式 | 14,000 | | | |
| **(借)** | その他利益剰余金 | 14,000 | **(貸)** | Ｂ社株式 | 14,000 |

**Ｂ社：**

| | | | | | |
|---|---|---|---|---|---|
| **(借)** | 資　　産 | 30,000 | **(貸)** | 負　　債 | 16,000 |
| | | | | その他利益剰余金 | 14,000 |

Ａ社の株主資本の内訳は取締役会等の意思決定機関によって決定した金額に

なる。

**【税務処理】**

**A社：**

| | | | |
|---|---|---|---|
| **(借)** 負　　　債 | 16,000 | **(貸)** 資　　　産 | 35,000 |
| Ｂ 社 株 式 | 19,000 | | |

**B社：**

| | | | |
|---|---|---|---|
| **(借)** 資　　　産 | 35,000 | **(貸)** 負　　　債 | 16,000 |
| | | 資 本 金 等 | 19,000 |

Ｂ社は税務上資本取引となり，資本金等で処理をする。

会計上と税務上の差額については，別表調整を行う。

**【申告調整】**

**A社：**

別表五(一)

Ⅰ　**利益積立金額の計算に関する明細書**

| 区　　分 | | 期首現在利益積立金額 | 当期の増減 | | 差引翌期首現在利益積立金額 ①－②＋③ |
|---|---|---|---|---|---|
| | | | 減 | 増 | |
| | | ① | ② | ③ | ④ |
| 資　　　産 | | 5,000 | 5,000 | | |
| Ｂ　社　株　式 | | | | 5,000 | 5,000 |

Ａ社は，別表五(一)にて承継した資産の否認額を減算し，Ｂ社株式を加算する。

## Ｂ社：

### 別表五(一)

Ⅰ　利益積立金額の計算に関する明細書

| 区分 | | 期首現在利益積立金額 | 当期の増減 | | 差引翌期首現在利益積立金額 ①－②＋③ |
|---|---|---|---|---|---|
| | | | 減 | 増 | |
| | | ① | ② | ③ | ④ |
| 資産 | | | | 5,000 | 5,000 |
| 資本積立金 | | | | △19,000 | △19,000 |
| 繰越損益金 | | | | 14,000 | |

Ⅱ　資本金等の額の計算に関する明細書

| 区分 | | 期首現在利益積立金額 | 当期の増減 | | 差引翌期首現在利益積立金額 ①－②＋③ |
|---|---|---|---|---|---|
| | | | 減 | 増 | |
| | | ① | ② | ③ | ④ |
| 資本金 | | ××× | | | ××× |
| 資本剰余金 | | | | | |
| 利益積立金 | | | | 19,000 | 19,000 |

Ｂ社は，その他利益剰余金14,000を会計上引き継いでいることから，別表五(一)にて繰越損益金14,000を受入れするとともに否認資産5,000を受入れする。これらの合計額19,000を資本金等の額に振替えする。そのため，利益積立金の受入額は14,000＋5,000－19,000＝０となる。また，利益積立金より振り替えられた19,000が，増加資本金等の額になる。

## 設例30 無対価分割型分割の処理

子会社の事業を他の子会社に分割する場合

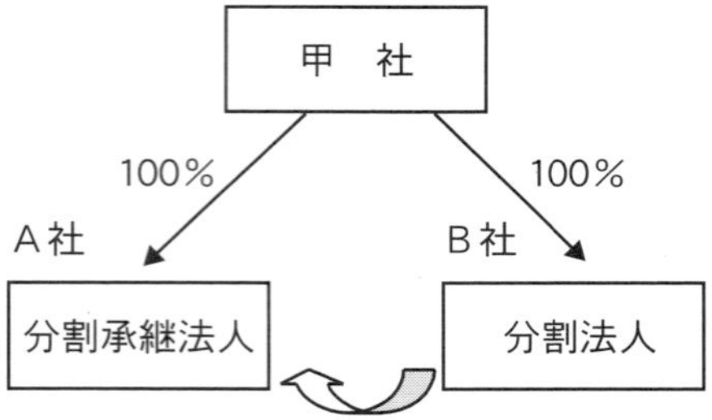


**【前提条件】**

・　無対価適格分割型分割とする。

・　B社の分割する資産は30,000（税務上35,000），負債は16,000とする。

・　B社の税務上資本金等は12,500，純資産額は40,500とする。

・　B社は分割に際して利益剰余金を取り崩すこととする。

・　A社はB社の株主資本の変動処理を引き継ぐこととする。

・　甲社のB社株式の帳簿価額は12,500とする。

分割法人B社の貸借対照表は以下のとおりである。

B　社　　　　貸　借　対　照　表

| 科　目 | 金　額 | 科　目 | 金　額 |
|---|---|---|---|
| 資　産 | | 負　債 | |
| 資　産 | 67,500 | 負　債 | 32,000 |
| | | 負　債　合　計 | 32,000 |
| | | 純　資　産 | |
| | | 資　本　金 | 10,000 |
| | | 資本剰余金 | 2,500 |
| | | 利益剰余金 | 2,500 |
| | | その他利益剰余金 | 20,500 |
| | | 純　資　産　合　計 | 35,500 |
| 資　産　合　計 | 67,500 | 負債・純資産合計 | 67,500 |

## 解説

Ａ社とＢ社及び甲社の分割に係る仕訳は以下のようになる。

**【会計処理】**

**Ｂ社：**

| | | | | | |
|---|---|---|---|---|---|
| (借) | 負債 | 16,000 | (貸) | 資産 | 30,000 |
| | Ａ社株式 | 14,000 | | | |
| (借) | その他利益剰余金 | 14,000 | (貸) | Ａ社株式 | 14,000 |

**Ａ社：**

| | | | | | |
|---|---|---|---|---|---|
| (借) | 資産 | 30,000 | (貸) | 負債 | 16,000 |
| | | | | その他利益剰余金 | 14,000 |

**甲社：**

| | | | | | |
|---|---|---|---|---|---|
| (借) | Ａ社株式※1 | 4,929 | (貸) | Ｂ社株式 | 4,929 |

※1　$12,500 \times \frac{30,000 - 16,000}{35,500} = 4,929$

Ａ社の株主資本の内訳は取締役会等の意思決定機関によって決定した金額である。

甲社は，Ｂ社株式の分割純資産対応帳簿価額をＡ社株式の帳簿価額に付け替えることになる。

**【税務処理】**

**Ｂ社：**

| | | | | | |
|---|---|---|---|---|---|
| (借) | 負債 | 16,000 | (貸) | 資産 | 35,000 |
| | 資本金等※2 | 5,875 | | | |
| | 利益積立金※3 | 13,125 | | | |

※2　$12{,}500 \times \frac{35{,}000 - 16{,}000}{40{,}500^{(注)}} = 5{,}875$

※3　35,000－16,000－5,875＝13,125

**A社：**

| | | | | | |
|---|---|---|---|---|---|
| **（借）** | 資　　　　産 | 35,000 | **（貸）** | 負　　　　債 | 16,000 |
| | | | | 資 本 金 等 | 5,875 |
| | | | | 利益積立金 | 13,125 |

**甲社：**

| | | | | | |
|---|---|---|---|---|---|
| **（借）** | A 社 株 式※4 | 5,875 | **（貸）** | B 社 株 式 | 5,875 |

※4　$12{,}500 \times \frac{35{,}000 - 16{,}000}{40{,}500} = 5{,}875$

（注）　資本金等の額の計算式中，分数式は小数点3位未満を切上げずする。

B社は分割純資産価額に対応する資本金等の金額を減額するとともに，分割純資産価額から減少資本金等を減算した金額を利益積立金の減算額とする。

A社はB社の減少資本金等の額及び減少利益積立金の額を増額する。

甲社はB社株式の分割純資産対応帳簿価額（税務上の価額）をA社株式の帳簿価額に付け替えることになる。

会計上と税務上の差額については，別表調整を行う。

分割法人であるB社の別表調整は以下のようになる。

**【申告調整】**

**Ｂ社：**

別表五(一)

Ⅰ　**利益積立金額の計算に関する明細書**

| 区　分 | 期首現在利益積立金額 | 当期の増減 減 | 当期の増減 増 | 差引翌期首現在利益積立金額 ①－②＋③ |
|---|---|---|---|---|
| | ① | ② | ③ | ④ |
| 資産 | 5,000 | 5,000 | | |
| 資本積立金 | | | 5,875 | 5,875 |
| 繰越損益金 | | 14,000 | | |

Ⅱ　**資本金等の額の計算に関する明細書**

| 区　分 | 期首現在利益積立金額 | 当期の増減 減 | 当期の増減 増 | 差引翌期首現在利益積立金額 ①－②＋③ |
|---|---|---|---|---|
| | ① | ② | ③ | ④ |
| 資本金 | ××× | | | ××× |
| 資本剰余金 | | | | |
| 利益積立金 | | | △5,875 | △5,875 |

資産に係る減算処理を記入するとともに，資本金等と利益積立金の会計と税務の差額を調整する。Ｂ社の減少する利益積立金は5,000＋14,000－5,875＝13,125となり，減少する資本金等の額は5,875になる。

**【申告調整】**

**Ａ社：**

別表五(一)

Ⅰ　**利益積立金額の計算に関する明細書**

| 区分 | 期首現在利益積立金額 | 当期の増減 | | 差引翌期首現在利益積立金額①－②＋③ |
|---|---|---|---|---|
| | | 減 | 増 | |
| | ① | ② | ③ | ④ |
| 資産 | | | 5,000 | 5,000 |
| 資本積立金 | | | △5,875 | △5,875 |
| 繰越損益金 | | | 14,000 | |

Ⅱ　**資本金等の額の計算に関する明細書**

| 区分 | 期首現在利益積立金額 | 当期の増減 | | 差引翌期首現在利益積立金額①－②＋③ |
|---|---|---|---|---|
| | | 減 | 増 | |
| | ① | ② | ③ | ④ |
| 資本金 | ××× | | | ××× |
| 資本剰余金 | | | | |
| 利益積立金 | | | 5,875 | 5,875 |

14,000（その他利益剰余金の受入れ）＋5,000（否認資産の受入れ）－5,875（資本金等への振替え）＝13,125が増加利益積立金となる。また，利益積立金より振り替えられた5,875が，増加資本金等の額となる。

**甲社：**

別表五(一)

Ⅰ　**利益積立金額の計算に関する明細書**

| 区分 | 期首現在利益積立金額 | 当期の増減 | | 差引翌期首現在利益積立金額①－②＋③ |
|---|---|---|---|---|
| | | 減 | 増 | |
| | ① | ② | ③ | ④ |
| Ａ社株式 | | | 946 | 946 |
| Ｂ社株式 | | 946 | | －946 |

甲社は，別表五(一)にて，Ａ社株式，Ｂ社株式の会計上と税務の簿価の調整を行う。

## (4) 株式交換

### ① 適格判定

無対価株式交換が税制適格となるのは，以下の関係がある場合である。

1）一の者が株式交換完全子法人及び株式交換完全親法人の発行済株式等の全部を保有する場合

2）株式交換完全親法人及び当該株式交換完全親法人の発行済株式等の全部を保有する者が株式交換完全子法人の発行済株式等の全部を保有する場合

3）共同事業を営むための株式交換については，上記2）の関係がある場合に限る。

上記1）から2）の関係を図にすると，以下のようになる。

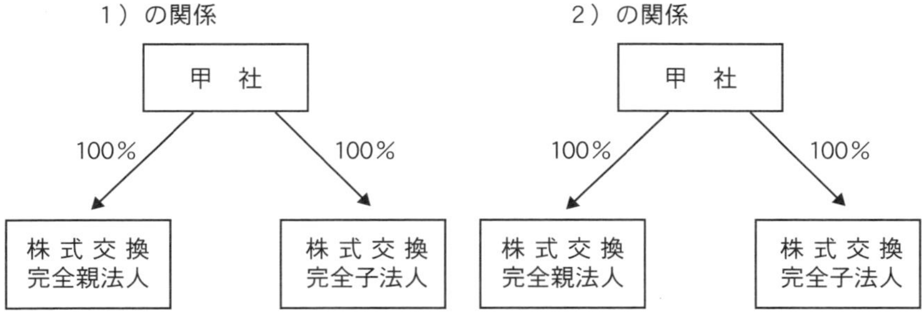


なお，株式交換前に株式交換完全子法人と株式交換完全親法人との間にいずれか一方の法人による完全支配関係がある場合の無対価株式交換は，適格株式交換に該当しないこととされた（法令4の3⑭）。

### ② 株式交換完全子法人の処理

#### 1） 適格株式交換の場合

無対価株式交換が税制適格に該当する場合，通常の株式交換と同様の処理になる。すなわち，完全子法人には課税関係が生じない。

**2）　非適格株式交換の場合**

無対価株式交換が税制非適格に該当する場合には，原則として完全子法人の有する一定の資産についての時価による評価損益を株式交換の日の属する事業年度の損金又は益金の額に算入することになる。

**3）　100％グループ内の法人の非適格株式交換の場合**

平成22年10月1日以降に100％グループ内の法人間において，非適格株式交換（株式移転も含む。）が行われる場合には，上記2）の時価による評価損益の課税は適用しないこととなった。詳細はⅠ章グループ法人課税を参照。

### ③　株式交換完全子法人の株主の処理

**1）　適格株式交換の場合**

無対価株式交換が税制適格に該当する場合，通常の株式交換と同様の処理になる。すなわち，

・　旧株主の株式交換完全子法人株式の譲渡益課税は繰延べとなる。

・　旧株主の株式交換完全親法人株式の取得価額は，株式交換完全子法人株式の交換直前の帳簿価額を引き継ぐ。

| | | | |
|---|---|---|---|
| **（借）** 完全親法人株式 | ××× | **（貸）** 完全子法人株式 | ××× |

**2）　非適格株式交換の場合**

無対価株式交換が税制非適格に該当する場合には，株式交換完全子法人の株主は株式交換完全親法人に当該株式を無償譲渡したことになる。よって，

・　株式交換完全子法人株式の時価と帳簿価額との差額について譲渡損益が発生する。

・　株式交換完全子法人株式の対価を株式交換完全親法人に寄附したものとみなされる。

**3）　100％グループ内の法人の非適格株式交換の場合**

平成22年10月1日以降に100％グループ内の法人間において，非適格株式交換が行われる場合で，株式交換完全子法人の株主がそのグループ法人に該当する場合には，上記2）の譲渡損益や寄附金についてⅠ章のグループ法人課税の適

用がされる場合がある。

## ④　株式交換完全親会社の処理

### 1）　適格株式交換の場合

無対価株式交換が税制適格に該当する場合，通常の株式交換と同様の処理になる。すなわち，

・　株式交換完全子法人の株式を受け入れて，資本金等の金額を増加する。

・　株式交換完全子法人株式受入価額は，旧株主が50人未満の場合には旧株主が有していた株式交換完全子法人の旧株の簿価の合計額である。

| | | | |
|---|---|---|---|
| **（借）** 完全子法人株式 | ××× | **（貸）** 資　本　金　等 | ××× |

### 2）　非適格株式交換の場合

無対価株式交換が税制非適格に該当する場合，無償で完全子法人株式を取得したことになる。よって株式交換完全子法人株式の時価受入による受贈益が発生する。

| | | | |
|---|---|---|---|
| **（借）** 完全子法人株式 | ××× | **（貸）** 受　　贈　　益 | ××× |

### 3）　100％グループ内の法人の非適格株式交換の場合

平成22年10月１日以降に100％グループ内の法人間において，非適格株式交換が行われる場合には，上記２）の受贈益については，Ⅰ章のグループ法人課税が適用される場合がある。

## ⑤　種類資本金額

上記無対価組織再編成の改正を踏まえて，２種類以上の株式を発行する種類資本金額を有する法人について，無対価適格合併，無対価適格分割，無対価適格株式交換が行われた場合の種類資本金額の計算について，以下の整備が行われている（法令８④）。

二以上の種類の株式を発行する法人を合併法人，分割承継法人，又は株式交換完全親法人とする，無対価合併に該当する適格合併，無対価分割に該当する適格分割又は無対価株式交換に該当する適格株式交換（以下「無対価適格合併

等」という。）が行われた場合には，その無対価合併等に係る増加資本金等の額をその法人の発行済株式又は出資（自己が有する自己株式及び償還株式（注）を除く。）のその無対価適格合併等の直後の価額の合計額で除し，これに各種類の株式ごとにその種類の株式（自己が有する自己株式及び償還株式（注）を除く。）のその無対価適格合併等の直後の価額の合計額を乗じて計算した金額を，それぞれの種類の株式に係る種類資本金額に加算することとされた（法令8④）。

（注） 償還株式とは，法人が次の株式及び次の株式以外の株式を発行している場合における次の株式をいう。
1）法人がその発行する一部の株式の内容として株主等がその法人に対して確定額又確定額とその確定額に対する利息に相当する金額との合計額の金銭を対価としてその株式の取得を請求することができる旨の定めを設けている場合のその株式
2）法人がその発行する一部の株式の内容としてその法人が一定の事由が発生したことを条件として確定額又確定額とその確定額に対する利息に相当する金額との合計額の金銭を対価としてその株式の取得を請求することができる旨の定めを設けている場合のその株式

## 設例31 無対価株式交換の処理

子会社と他の子会社の株式交換の場合

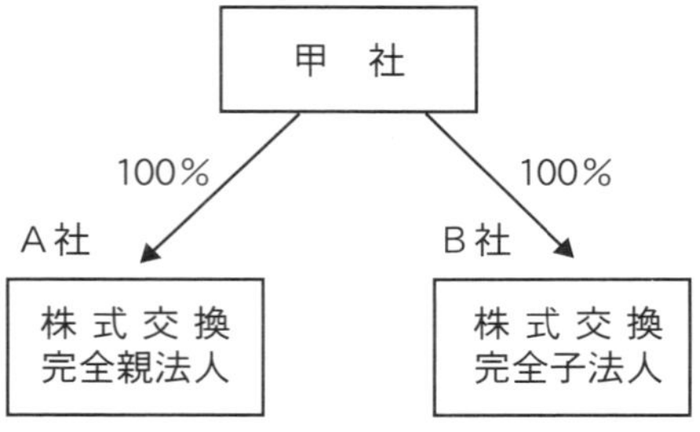


**【前提条件】**

- 無対価適格株式交換とする。
- 甲社のB社株式の取得価額は12,500とする。
- A社は株式の受入価額をすべてその他の資本剰余金とする。

B社の貸借対照表は以下のとおりとする。

B　社　　　　貸　借　対　照　表

| 科　　目 | 金　　額 | 科　　目 | 金　　額 |
|---|---|---|---|
| 資　　産 | | 負　　債 | |
| 資　　産 | 67,500 | 負　　債 | 32,000 |
| | | 負債合計 | 32,000 |
| | | 純資産 | |
| | | 資本金<br>資本剰余金<br>利益剰余金<br>その他利益剰余金 | 10,000<br>2,500<br>2,500<br>20,500 |
| | | 純資産合計 | 35,500 |
| 資産合計 | 67,500 | 負債・純資産合計 | 67,500 |

## 解説

以上の場合のA社及び甲社の無対価適格株式交換に係る仕訳は次のとおりである。

**【会計処理】**

**A社：**

| | | | |
|---|---|---|---|
| **(借)** B　社　株　式 | 35,500 | **(貸)** 資　本　剰　余　金 | 35,500 |

**甲社：**

| | | | |
|---|---|---|---|
| **(借)** A　社　株　式 | 12,500 | **(貸)** B　社　株　式 | 12,500 |

会計上は，B社の純資産価額をB社株式の取得価額としている。A社は株式の受入価額の全部をその他資本剰余金とすることにしたため，全額資本剰余金で処理する。

甲社はB社株式の帳簿価額をそのままA社株式に振り替えることになる。

**【税務処理】**

**A社：**

| | | | | | |
|---|---|---|---|---|---|
| **（借）** B社株式 | 12,500 | **（貸）** 資本金等 | 12,500 |

**甲社：**

| | | | |
|---|---|---|---|
| **（借）** A社株式 | 12,500 | **（貸）** B社株式 | 12,500 |

税務上は，B社の株主は甲社１社のみであるため，甲社のB社株式の税務上の帳簿価額を受入価額とし，全額を資本金等で処理する（仮にA社は一部を資本金とし，残額を資本剰余金とする決定をした場合には，別表五(一)の記載で資本金を増加することになる。）。

会計上と税務上の差額は別表五(一)で申告調整を行う。

**【申告調整】**

**A社：**

別表五(一)

Ⅰ　**利益積立金額の計算に関する明細書**

| 区分 | | 期首現在利益積立金額 | 当期の増減 | | 差引翌期首現在利益積立金額 ①－②＋③ |
|---|---|---|---|---|---|
| | | | 減 | 増 | |
| | | ① | ② | ③ | ④ |
| 資本金等 | | | | 23,000 | 23,000 |
| B社株式 | | | | △23,000 | △23,000 |

Ⅱ　**資本金等の額の計算に関する明細書**

| 区分 | | 期首現在利益積立金額 | 当期の増減 | | 差引翌期首現在利益積立金額 ①－②＋③ |
|---|---|---|---|---|---|
| | | | 減 | 増 | |
| | | ① | ② | ③ | ④ |
| 資本金 | | ××× | | | ××× |
| 資本剰余金 | | | | 35,500 | 35,500 |
| 利益積立金 | | | | △23,000 | △23,000 |

Ｉ　利益積立金額の計算に関する明細書にＢ社株の減額分を記入するとともに利益積立金と資本金等の調整を行う。Ａ社の増加資本金等の額は資本剰余金35,500－利益積立金への振替え23,000＝12,500となる。

# 4　その他の改正点

## （1）　合併類似適格分割型分割制度の廃止

我が国の組織再編成の実態を踏まえ，合併類似分割型分割に係る従前の各措置は廃止された。

## （2）　適格組織再編成の範囲

### ①　改正の内容

#### a）　完全支配関係

100％グループ内の法人間の取引等に関する各制度の改正に伴い，各制度と整合性をとるため，合併等の適格判定における「発行済株式等の全部を直接又は間接に保有する関係」が「完全支配関係」とされた（法法２十二の八，十二の十一，十二の十六，十二の十七，法令４の３）。これにより，５％未満の従業員持株会の所有株式及びストックオプションの行使により取得された株式を除外して100％所有関係を判定することとなる。

#### b）　支 配 関 係

完全支配関係が定義されたことに伴い，50％超の直接又は間接の保有関係が「支配関係」と定義された。

支配関係とは，一の者（その者が個人である場合には，その者及びこれと法人税法施行令第４条第１項に規定する特殊の関係のある個人を含む。）が法人の発行済株式等の50％超を直接又は間接に保有する関係（当事者間の支配の関係）及び一の者との間に当事者間の支配の関係がある法人相互の関係をいうこととされている（法法２十二の七の五）。

ここで，発行済株式等の50％超を直接又は間接に保有する関係とは，一の者（その者が個人である場合には，その者及びこれと法人税法施行令第４条第１項に規定する特殊の関係のある個人を含む。）が法人の発行済株式等の50％超を保有する場合におけるその一の者とその法人との間の関係（以下「直接支配関係」という。）とされ，その一の者及びこれとの間に直接支配関係がある一若しくは二以上の法人又はその一の者との間に直接支配関係がある一若しくは二以上の法人が他の法人の発行済株式等の50％超を保有するときは，その一の者は当該他の法人の発行済株式等の50％超を保有するものとみなすこととされている（法令４の２①）。なお，発行済株式等からは，自己の株式又は出資は除かれる。

したがって，完全支配関係と異なり，従前と範囲に変更はない。

**ｃ）　共同で事業を営むための合併等の要件**

共同で事業を営むための合併の要件のうち株式の継続保有要件を判定する算式の分子に，新設合併に係る被合併法人の株式で他の被合併法人が有するものの数を含めることとされた（法令４の３④五）。

これにより，継続保有要件の判定式は次のようになる。

$$\frac{\text{合併により交付を受ける合併法人株式（議決権のないものを除く。）の全部を継続して保有することが見込まれる者ならびに合併法人及び他の被合併法人が有する被合併法人の株式（議決権のないものを除く。）の数を合計した数}}{\text{被合併法人の発行済株式（議決権のないものを除く。）の総数}} \geqq 80\%$$

また，共同で事業を営むための分割型分割の要件のうち株式の継続保有要件を判定する算式の分子に，新設分割型分割に係る分割法人の株式で他の分割法人が有するもののうちその分割型分割により分割承継法人に移転するものの数を含めることとされた（法令４の３⑧六イ）。

これにより，継続保有要件の判定式は次のようになる。

$$\frac{\text{分割型分割により交付を受ける分割承継法人株式（議決権のないものを除く。）の全部を継続して保有することが見込まれる者ならびに分割承併法人及び他の分割法人が有する分割法人の株式（議決権のないものを除く。）の数（他の分割法人が有するものにあっては，分割承継法人に移転するものの数に限る。）を合計した数}}{\text{分割法人の発行済株式（議決権のないものを除く。）の総数}} \geqq 80\%$$

株式の継続保有要件は，移転資産に対する株式の所有を通じた支配（間接支配）の継続性を判定するための要件であるところ，合併法人又は分割承継法人は移転資産そのものを直接的に継続支配するもの（事業継続要件（法令４の３④四，⑧五）により担保）であることから，新設合併に係る被合併法人の株式で他の被合併法人が有するもの及び新設分割型分割に係る分割法人の株式で他の分割法人が有するもののうちその分割型分割により分割承継法人に移転するものを，常に上記算式の分子に含むこととされた。

また，この改正に伴い，新設分割型分割により分割法人の株主が交付を受けた株式が会社法第135条等の規定によりその保有の制限をされるものである場合のその株主が有していた分割法人の株式のうち，他の分割法人が有していたものでその分割型分割により分割承継法人に移転するものが，上記算式の分母の発行済株式に含まれないものとされる株式から除外された（法規３の２③９）。

**d）　適格事後設立制度の廃止**

適格事後設立制度については，あまり利用されていないこと，また，100%グループ法人間の資産の譲渡損益の計上が繰り延べられることとなったことに伴い，廃止された。

## （３）　適格合併により増加する資本金等の額及び利益積立金

詳細については，前述Ⅲ１（２）の税制適格組織再編成の適格合併を参照のこと。

**設例32**　適格合併の資本金等の額及び利益積立金額の計算

Ａ社は，次のような内容でＢ社を吸収合併した。税務上の適格合併である。合併法人Ａ社の税務上の受入処理はどうなるか。

**【前提条件】**

イ　被合併法人Ｂ社の合併直前の貸借対照表は次のとおり。

（合併の日の前日の税務上の金額である。）

| 科　　目 | 金　　額 | 科　　目 | 金　　額 |
|---|---|---|---|
| 資　　産 | 10,000 | 負　　債 | 4,000 |
| | | 資　本　金 | 1,000 |
| | | 利益積立金 | 5,000 |
| 合　　計 | 10,000 | 合　　計 | 10,000 |

□　合併法人Ａの受入れの会計処理

| 科　　目 | 金　　額 | 科　　目 | 金　　額 |
|---|---|---|---|
| 資　　産 | 10,000 | 負　　債 | 4,000 |
| | | 資　本　金 | 2,000 |
| | | その他資本剰余金 | 4,000 |

## 解説

**1）　合併法人の資本金等の額，利益積立金額の計算**

適格合併における増加資本金以外の資本金等の額の増加項目は，次の算式により計算される（法令８①五）。

**＜算　式＞**

①－②＝1,000－2,000＝－1,000

①　適格合併の場合の増加すべき資本金等の額は，被合併法人の適格合併の日の前日が属する事業年度終了のときにおける資本金等の額から合併による増加資本金額等を減算した金額（法令８①五）。

→　直前事業年度終了の日の資本金等の額　1,000

②　増加資本金額等→2,000

また，増加する利益積立金額は，移転を受けた資産の直前事業年度終了時の帳簿価額及び増加した資本金等の額などの合計額を減算した金額（法令９①二）。

すなわち，10,000－(4,000＋(2,000－1,000))＝5,000となる。

### 2） 別表上の調整処理

上記計算に基づき，別表による調整は次のとおりとなる。

別表五(一)

Ⅰ　利益積立金額の計算に関する明細書

| 区分 | | 期首現在利益積立金額 | 当期の増減 | | 差引翌期首現在利益積立金額 ①－②＋③ |
|---|---|---|---|---|---|
| | | | 減 | 増 | |
| | | ① | ② | ③ | ④ |
| 資本金等の額 | | | | 5,000 | 5,000 |

Ⅱ　資本金等の額の計算に関する明細書

| 区分 | | 期首現在利益積立金額 | 当期の増減 | | 差引翌期首現在利益積立金額 ①－②＋③ |
|---|---|---|---|---|---|
| | | | 減 | 増 | |
| | | ① | ② | ③ | ④ |
| 資本金 | | | | 2,000 | 2,000 |
| その他資本剰余金 | | | | 4,000 | 4,000 |
| 利益積立金 | | | | △5,000 | △5,000 |

## （4） 新設合併の抱合株式の処理

### ① 改正前の制度の概要

法人が合併により合併法人に移転をする負債には，その法人の法人税等として納付する金額でその申告書の提出期限がその合併の日以後であるものを含むものをされている（法令123①）。また，法人が合併により合併法人に移転をする負債には，その法人のその合併により消滅する新株予約権に代えてその新株予約権に交付すべき資産の交付に係る債務を含むものとされる（法令123②）。

### ② 改正の内容

法人を設立する合併により合併法人に移転する資産には，その合併に係る他の被合併法人の株式を含むものとして，法人税法第62条及び第62条の２の規定を適用することが明確化された。この場合において，非適格合併の場合のその移転する資産に含まれる株式に係る譲渡損益の計算上の譲渡対価の額は，次の金額となることが明確化された（法令123①）。すなわち，当該他の被合併法人の株式の譲渡損益を計上するかどうかは，他の株主と同様となる。

イ　その合併に係る被合併法人の株主等に合併法人の株式以外の資産（合併に反対する株主等に対するその買取請求権の対価として交付される金銭その他の資産を除く。）が交付されない場合……当該他の被合併法人の株式のその合併の直前の帳簿価額に相当する金額

ロ　イ以外の場合……当該他の被合併法人の株式のその合併のときの価額（みなし配当の額がある場合には，その額に相当する金額を控除した金額）

# Ⅳ章

# 連 結 納 税 制 度

1　連結納税制度の概要
2　連結法人の課税所得
3　連結事業年度における税額控除の取扱い
4　連結法人税の個別帰属額
5　連結納税の開始
6　連結事業年度
7　子法人の連結納税への加入・離脱
8　連結子法人株式の帳簿価額の修正
9　連結欠損金の繰越し

# 1　連結納税制度の概要

## （1）　連結納税制度の概要

### ①　連結納税制度とは？

連結納税制度は，企業グループ（内国法人（親法人）とその内国法人による完全支配関係がある他の内国法人（子法人）の全て）を一つの納税単位として，その企業グループの所得に対して課税を行うものとして，平成14年の法人税法の改正により創設されたものである。これは，個々の法人の法人格に着目した従来の法人課税の納税単位より企業グループ全体を納税単位とする方が合理的である場合があり，その場合においては企業活動の実態により即していると考えられるため導入された。

本制度と平成22年度税制改正において制定されたグループ法人税制との関係は，両制度ともに株式保有割合100％の企業グループに対し適用される点からも，連結納税制度はグループ法人税制に内包されるという位置づけになっている。また，グループ法人税制のうち，グループ法人単体課税制度は100％グループ間において強制される制度であるが，連結納税制度は任意であり，選択制である。したがって，これを選択しようとする企業グループは，原則として事前に，承認申請を国税庁長官へ提出し，承認を受けることが必要となる（法法４の３）。

本制度を選択することが可能な企業グループは，親法人（内国法人である普通法人又は協同組合等に限る。）とその親法人が直接又は間接に発行済株式等の100％を保有する子法人（内国法人である普通法人に限る。）の全てである。ただし，本制度は企業グループ内の法人ごとに適用の選択をすることはできず，連結納税を選択適用した場合は当該連結法人が全て対象範囲に含まれることになる。なお，清算中の法人，特定目的会社，投資法人等は本制度の対象範囲から除かれている（法法４の２，法令14の６）。

本制度は，連結親法人及び各連結子法人の各連結事業年度の連結所得金額を課税標準とし，連結親法人と連結子法人との所得を通算して課税されるものである（法法81，81の２）。

### ②　連結納税のメリットとデメリット

**a）メリット**

・　各連結法人の課税所得を通算することによる節税効果

・　親法人の繰越欠損金を子法人の課税所得から控除することができる。

・　連結納税開始時に子法人の有する資産の含み損を計上できる。

**b）デメリット**

・　連結納税手続に係る事務処理の増加

・　連結納税開始時に子法人の有する資産の含み益が計上される。

・　中小法人に対する軽減税率等の特例の適用が受けられなくなる。

・　連結納税適用前に子法人が計上した欠損金が打切りになる。

・　連結納税の承認を受けるとやむを得ない理由がない限り継続して連結納税を適用しなければならない。

上記のうち連結納税制度を選択する最大のメリットは，各連結法人の課税所得を通算することによる節税効果である。各連結法人のうちに黒字法人と赤字法人がある場合には，所得の通算により単体申告に比べて，グループ全体での法人税額が減少することになる。

### ③　適用法人

連結完全支配関係とは，連結親法人と連結子法人との間に完全支配関係又は連結親法人との間に完全支配関係がある連結子法人相互の関係をいい（法法２十二の七の七），連結納税の適用法人は，内国法人（連結親法人）及び当該内国法人により連結完全支配関係のある他の内国法人（連結子法人）で，次の法人以外の法人に限られる（法法４の２）。

**【適用外法人】**

・　普通法人又は協同組合等以外の法人（連結親法人），普通法人以外の法人（連結子法人）

・　破産手続開始の決定を受けた法人

・　普通法人（外国法人を除く。）又は協同組合等の間にその普通法人又は協同組合等による完全支配関係がある法人

・　資産流動化法第２条第３項に規定する特定目的会社

・　投資信託及び投資法人に関する法律第２条第12項に規定する投資法人

・　法人課税信託に係る法人税法第４条の７に規定する受託法人

・　連結納税の承認の取消しをされた法人で承認の取消しの日から５年を経過する日の属する事業年度終了の日までの期間を経過していないもの

・　連結子法人が連結親法人との間に当該連結親法人による完全支配関係を有しなくなったことにより，連結納税に係る承認が取り消された法人でそのみなし取消しの日から５年を経過する日の属する事業年度終了の日までの期間を経過していないもの

・　連結納税の適用の承認を取り消された法人でその承認の取消しの日から５年を経過する日の属する事業年度終了の日までの期間を経過していないもの

#### ④　連結納税の申告・納税義務

連結親法人は各連結事業年度の連結所得に対する法人税について申告・納税する義務を有する（法法４の２）。連結子法人は申告・納税義務はないが，連結所得の個別帰属額の届出書に決算書等を添付して納税地の所轄税務署長に提出する必要がある。なお，連結子法人は連結親法人の各連結事業年度の連結所得に対する法人税について連帯納付責任を有することとされている（法法81の28）。

連結納税の申告納付は単体納税制度と同様に各連結事業年度終了の日の翌日から２月以内に行うことが原則である（法法81の22)。また連結納税制度についても単体納税制度と同様に申告期限の延長の特例（法81の24）が設けられており，連結親法人の申請に基づき，各連結事業年度の連結確定申告書の提出期限を２月延長することができる。したがって，申告期限の延長の特例を受けた場合は，各連結事業年度終了後４月以内に提出することになる。ただし，申告

（納付）期限を延長した場合には，利子税が課されることになるため，実務においては，単体納税制度の場合と同様に納期限までに概算額による予定納付をする必要がある。

なお，連結納税制度についても単体納税制度と同様に，災害等によって決算が確定しない場合等の申告期限の延長の特例（法81の23）がある。

### ⑤　連結納税の承認の申請

連結納税の承認を受けようとする場合には，親法人と親法人による完全支配関係にある子法人の全てが，最初の連結事業年度としようとする期間の開始の日の３月前の日までに，これらの法人の全ての連名で，承認申請書を親法人の納税地の所轄税務署長を経由して，国税庁長官に提出する必要がある（法法４の３）。連結納税の承認又は却下の処分は，最初の連結事業年度としようとする期間の開始の日の前日までに行われる。開始の日の前日までに承認又は却下の処分がなかったときは，その開始の日において承認があったものとみなされる。

連結納税制度を選択した場合，原則として毎期継続して適用しなければならず，取り止めることはできない。連結納税制度を取り止める場合は，事前に国税庁長官の承認を受けるものとされており，やむを得ない場合に限定されている（法法４の５）。

**【連結納税の承認申請時期】**

<table>
<tr><th colspan="2">適用予定時期</th><th>承認書類提出時期</th><th>みなし承認時期</th></tr>
<tr><td>原　則</td><td>通常の場合</td><td>適用事業年度開始の日の前日から起算して３ヶ月前の日</td><td>承認申請書の提出後，３ヶ月以内に承認又は却下の処分がなかった場合</td></tr>
<tr><td rowspan="2">設立事業年度の特例</td><td>親会社の設立第１期から適用</td><td>設立後１ヶ月を経過する日と設立事業年度終了の日から起算して２ヶ月前の日とのいずれか早い日</td><td rowspan="2">承認申請書の提出後，２ヶ月以内に承認又は却下の処分がなかった場合</td></tr>
<tr><td>親会社の設立第２期から適用</td><td>設立事業年度終了の日と翌事業年度終了の日から起算して２ヶ月前の日といずれか早い日</td></tr>
</table>

### ⑥　連結納税の承認の取消し

a）連結法人について，次のいずれかに該当する事実がある場合には，国税庁長官は連結納税の承認を取り消すことができる（法法４の５①）。

・　連結事業年度に係る帳簿書類の備付け，記録又は保存が財務省令で定めるところに従って行われていないこと

・　連結事業年度に係る帳簿書類について国税庁長官，国税局長，又は税務署長の指示に従わなかったこと

・　連結事業年度に係る帳簿書類に取引の全部又は一部を隠ぺいし又は仮装して記載し又は記録し，その他その記載又は記録をした事項の全部についてその真実性を疑うに足りる相当の理由があること

・　法人税法第81条の22（連結確定申告）の規定による連結確定申告書をその提出期限までに提出しなかったこと

b）次に掲げる事実が生じた場合には，連結法人は，連結納税の承認が取り消されたものとみなされる（法法４の５②）。

・　連結親法人と内国法人（普通法人又は協同組合等に限る。）との間に，当該内国法人による完全支配関係が生じたこと

・　連結子法人がなくなり，連結法人が連結親法人のみとなったこと

・　連結親法人又は連結子法人の解散

・　連結子法人（解散したものを除く。）が連結親法人との間に当該連結親法人による連結完全支配関係を有しなくなったこと

・　連結親法人が公益法人等に該当することとなったこと

・　連結親法人と内国法人（公益法人等に限る。）との間に当該内国法人による完全支配関係がある場合において，当該内国法人が普通法人又は協同組合等に該当することとなったこと

### ⑦　連結所得及び連結税額の計算手順

連結所得の計算手順としては，以下のとおりである。

a）各連結法人が単体納税制度の場合と同様に申告調整を行い，個別所得金額（各法人の当期利益に加減する。）を算出する。その際には，連結法人間の

売掛債権等は貸倒引当金繰入れの設定の対象外となる。租税公課項目の調整は各連結法人が個々に計算した損金不算入額及び益金不算入額を合計したものである。また，連結法人税の個別帰属額の精算の際の税務調整は次のとおりである。

・　親法人が子法人に支払う連結法人税の減少額…………損金不算入
・　子法人が親法人に支払う連結法人税の負担額…………損金不算入
・　親法人が子法人から受け取る連結法人税の負担額……益金不算入
・　子法人が親法人から受け取る連結法人税の減少額……益金不算入

b）各連結法人で，連結法人間の譲渡損益調整資産の譲渡損益の調整を行う。
c）連結親法人が以下の調整を入れ，各連結法人の個別所得金額を集計し各連結事業年度の連結所得の金額を算出する。

・　受取配当等の益金不算入額の調整
・　寄附金の損金不算入額の調整
・　交際費の損金不算入額の調整
・　連結欠損金の損金算入額の調整

d）連結事業年度の連結所得の金額に法定税率を乗じて調整前連結税額を算出する。
e）連結親法人で，調整前連結税額に連結法人全体の税額調整を行う。

・　留保金課税
・　所得税額控除
・　外国税額控除
・　試験研究費の特別控除など

f）　e）の連結税額の調整を行い算出された連結税額を各連結子法人に連結法人税の個別帰属額として配分する。

### ⑧　連結納税特有の事項

#### a）　連結事業年度

連結所得の計算対象期間となる連結事業年度は連結親法人の事業年度開始の日から終了の日までの期間とされている（法法15の２）。

したがって，連結親法人と連結子法人の事業年度が異なる場合においては計算対象期間を同一にするため「みなし事業年度」の規定を設けている。

**b）　連結納税への加入に際してのみなし事業年度**

内国法人（普通法人に限る。）が連結事業年度の中途において連結親法人との間に連結親法人による完全支配関係を有することとなった場合には，内国法人は完全支配関係を有することとなった日（加入日）において連結納税の承認があったものとみなされる（法法４の３⑩）。

**c）　連結納税からの離脱に際してのみなし事業年度**

連結子法人が連結事業年度の中途において連結親法人との間に連結親法人による連結完全支配関係を有しなくなった場合には，その有しなくなった日をもって連結納税の承認が取り消される（法法４の５②五）。

**d）　連結納税開始又は加入に伴う資産の時価評価**

連結子法人は，連結納税開始又は加入直前事業年度の所得の金額の計算上原則として，その有する時価評価資産の評価益又は評価損を益金の額又は損金の額に算入する（法法61の11，61の12）。すなわち連結子法人が有する時価評価資産の含み損益は単体納税において精算しなければならず，連結納税に取り込めない規定となっている。

**e）　繰越欠損金の持込制限**

連結納税制度においても単体納税と同様に各連結事業年度開始の日前７年以内に開始した事業年度において生じた欠損金額がある場合には，当該各連結事業年度の所得の金額の計算上，損金の額に算入されるが，原則として連結納税開始前又は加入前に生じた子法人の欠損金額については一定の制限がある。

**f）　連結子法人株式の帳簿価額修正**

連結子法人株式の帳簿価額修正とは連結法人が連結子法人の株式を譲渡した場合に，譲渡原価である連結子法人株式の帳簿価額を修正することである。

具体的には，連結法人が連結子法人株式を連結法人以外の第三者に譲渡した際に，連結個別利益積立金額を調整することで投資額の修正を行う。

連結子法人株式の帳簿価額の修正は，利益の二重課税又は損失の二重課税を防止するためといわれている。この帳簿価額の修正により株式の譲渡損益から連結納税を行って課税済みとなった部分を控除されるのである。

### ⑨　地方税の取扱い

連結納税制度における連結法人の都道府県民税，市町村民税，事業税などの地方税については，各連結法人が納税義務者として各法人ごとに申告を行う必要がある。単体納税における住民税の課税標準は，法人税割額については法人税額で，事業税では法人税法上の所得金額である。これに対し連結納税制度においては前者については「個別帰属法人税額」（個別所得金額に法人税率等を乗じ，所得税額控除等の連結法人帰属額を調整したもの）であり，後者については「連結所得個別帰属額」（個別帰属益金額から個別帰属損金額を控除したもの）が課税標準となる。連結納税制度における法人税では，連結子法人の連結納税適用前に生じた繰越欠損金は連結所得金額から控除することはできないが，地方税においては個別帰属損金額として各連結法人の所得から控除することができる。なお，地方税の事業年度は，連結事業年度と同一である。

## （2）　連結納税の提出書類

### ①　承認申請書

連結納税制度の適用を受けようとする場合には，親法人と親法人による完全支配関係のある子法人の全てが連名で「連結納税の承認の申請書」を親法人の納税地の所轄税務署長を経由して，国税庁長官あてに提出し，その承認を受けなければならない（法法４の３）。また，当該子法人については「連結納税の承認の申請書を提出した旨の届出書」を各子法人の納税地の所轄税務署長に提出する必要がある。

具体的には，連結親法人及び連結子法人となる法人は，それぞれ次表の書類を作成し，提出しなければならない。

図　承認申請書及び届出書の概要

<table>
<tr><th>区　分</th><th>作成者</th><th>書類名</th><th>提出者</th><th>提出先</th><th>部数</th><th>提出期限</th></tr>
<tr><td rowspan="6">連結納税の承認の申請書</td><td rowspan="2">連結親法人となる法人</td><td>連結納税の承認申請書</td><td rowspan="6">連結親法人となる法人</td><td rowspan="6">連結親法人の所轄税務署長を経由して，国税庁長官に提出</td><td rowspan="6">３通</td><td rowspan="6">承認申請期限まで（原則として最初の連結事業年度の３ヶ月前まで）</td></tr>
<tr><td>付表１（連結親法人となる法人の主要株主等の状況）</td></tr>
<tr><td rowspan="2">連結子法人となる法人</td><td>連結納税の承認申請書</td></tr>
<tr><td>付表２（発行済株式等の状況）</td></tr>
<tr><td rowspan="2">連結親法人及び連結子法人となる法人</td><td>添付書類</td></tr>
<tr><td>出資関係図<br>グループ一覧</td></tr>
<tr><td rowspan="3">連結納税の承認の申請書を提出した旨の届出書</td><td rowspan="3">連結子法人となる法人</td><td>連結納税の承認の申請書を提出した旨の届出書</td><td rowspan="3">連結子法人となる法人</td><td rowspan="3">連結子法人のそれぞれの所轄税務署長</td><td rowspan="3">１通</td><td rowspan="3">遅滞なく</td></tr>
<tr><td>添付書類</td></tr>
<tr><td>出資関係図<br>グループ一覧</td></tr>
</table>

## ②　連結申告書

連結親法人が作成し，提出することとなる連結申告書及び個別帰属額等の届出書の概要は以下のとおりである。

**＜連結申告書＞**

| |
|---|
| 別表一の二（連結申告書） |
| 別表四の二（連結所得の金額の計算に関する明細書） |
| 別表四の二付表（個別所得の金額の計算に関する明細書） |
| 別表五の二(一)（連結利益積立金額の計算に関する明細書） |
| 別表五の二(一)付表（連結個別利益積立金額及び連結個別資本金等の額の計算に関する明細書） |
| その他の別表 |

＜添付書類＞

［表　紙］

| |
|---|
| 個別帰属額等の一覧表 |

［親法人分］

| |
|---|
| 連結法人税の個別帰属額の届出書 |
| 別表四の二付表（個別所得の金額の計算に関する明細書） |
| 別表五の二(一)付表（連結利益積立金個別帰属額） |
| その他別表・付表 |
| 決算書類 |
| 組織再編成に係る書類など |

［子法人分］

| |
|---|
| 連結法人税の個別帰属額の届出書 |
| 別表四の二付表（個別所得の金額の計算に関する明細書） |
| 別表五の二(一)付表（連結個別利益積立金額及び連結個別資本金等の額の計算に関する明細書） |
| その他別表・付表 |
| 決算書類 |
| 組織再編成に係る書類など |

### ③　連結法人税の個別帰属額の届出書

連結子法人が作成し，提出することとなる連結法人税の個別帰属額の届出書の概要は以下のとおりである。

＜連結法人税の個別帰属額の届出書＞

| |
|---|
| 連結法人税の個別帰属額の届出書 |
| 別表四の二付表（個別所得の金額の計算に関する明細書） |
| 別表五の二(一)付表（連結個別利益積立金額及び連結個別資本金等の額の計算に関する明細書） |
| その他別表・付表 |
| 決算書類 |
| 組織再編成に係る書類など |

## （３）　平成22年度税制改正の概要

### ①　連結欠損金の繰越控除制度の見直し（法法81の９等）

連結子法人の連結納税導入前に生じた単体欠損金については，原則的には連結納税に持ち込むことはできず，切り捨てられていたが，平成22年度税制改正により，連結子法人の連結納税制度導入前に生じた単体欠損金について，一定要件のもと連結納税に持ち込むことができることとなった。

なお，連結子法人の単体欠損金の控除は，連結子法人の各連結事業年度の個別所得の範囲内に限られている。

### ②　連結納税制度の承認申請書の提出期限の短縮（法法４の３）

内国法人及びその内国法人との間にその内国法人による完全支配関係がある他の内国法人は，連結納税制度の承認を受けようとする場合には，原則として最初の連結事業年度としようとする期間の開始の日の６月前の日までに，これらの法人の全ての連名で，承認申請書を当該内国法人の納税地の所轄税務署長を経由して国税庁長官へ提出しなければならなかった。

平成22年度税制改正により，連結納税制度の承認申請書の提出期限は，最初の連結事業年度としようとする期間の開始の日の３月前の日とされた。

### ③　連結納税の加入に対してのみなし事業年度の特例（法法15の２②）

内国法人が連結事業年度の中途において連結親法人との間に連結親法人による完全支配関係を有することとなった場合には，内国法人は完全支配関係を有することとなった日（加入日）において連結納税の承認があったものとみなされ，加入日より連結子法人としての適用を受ける。この場合，連結子法人のみなし事業年度は，加入日の前日の属する事業年度開始の日から加入日の前日までの期間及び加入日から連結事業年度終了の日までの期間となっていた。

実務上の配慮から平成22年税制改正により加入日が月中である場合には，加入日の前日の属する事業年度に係る確定申告の提出期限日までに税務署長に特例適用の書類を提出したときは，連結子法人のみなし事業年度は，加入日の前日の属する事業年度開始の日から加入日の前日の属する事業年度終了の日までの期間及び当該末日の翌日から連結事業年度終了の日までの期間になった。

### ④　連結納税の開始又は加入に伴う資産の時価評価（法令122の12①七等）

連結納税の開始又は加入に伴い連結子法人となる法人の連結開始又は加入直前事業年度終了のときに有する時価評価資産の評価益又は評価損を，原則，当該子法人の連結開始直前事業年度の所得の金額の計算上，益金の額又は損金の額に算入していた。

平成22年度の税制改正により，連結納税の開始又は加入に伴う時価評価資産について，支配日以後２月以内に連結グループから離脱する法人の保有する資産等が除外されることになった。

この改正の背景には，連結グループ内の法人がグループ外の法人と共同で出資する法人を第三者に売却する場合に株式をいったん全部保有するといった場合のように，一時的に連結グループに加入するに過ぎない場合にも時価評価課税が行われて納税負担及び事務負担が生ずるといった，実務上の問題点に対処するためのものである。

## ⑤ そ の 他

### a） 連結中間申告

連結親法人（普通法人に限る。）は，その連結事業年度が６月を超える場合には，その連結事業年度開始の日以後６月を経過した日から２月以内に連結中間申告書を提出しなければならないこととされている。ただし，前期の実績額を基礎とした連結中間納付額が10万円以下である場合は，連結中間申告書の提出は不要としている（法法81の19①）。

なお，連結中間申告書を提出する連結事業年度の連結中間納付額を前期の実績額を基礎として計算する場合において，その連結グループに加入した法人がある場合，その連結グループから離脱した連結子法人がある場合等には，それぞれ調整をして連結中間納付額を計算することとされている（法法81の19②～⑥）。

平成22年度税制改正により，前期の実績額を基礎とした連結中間納付額の計算について，以下の整備が行われた。

- 解散が連結納税から除外され，残余財産の確定が連結納税の離脱事由とされたことに伴う改正がなされた（法法81の19②一，④二，三）。
- 連結子法人を合併法人とし，連結納税グループ外の法人を被合併法人とする適格合併が行われた場合には，被合併法人の確定法人税額を加算する（法法81の19④）。
- 当期の連結内合併に係る加算調整について，加算額の基礎となる被合併法人の事業年度に６月に満たない事業年度を含める（法法81の19④）。
- 分割型分割のみなし事業年度が廃止されたことに伴い，分割型分割が行われた場合の調整措置が廃止された。

### b） 連結子法人株式の帳簿価額の修正

適格現物分配制度の創設，100％グループ内法人の株式の発行法人に対する譲渡に係る譲渡損益の非計上，解散が連結納税の離脱事由から除外，分割型分割のみなし事業年度の廃止等により，連結子法人株式の帳簿価額の修正の見直しがなされた（法令９②一ロ，ホ，三ハ，四，③一，④）。

**c）　連結法人間の適格合併等に伴う単体欠損金の繰越控除制度の調整規定の整備**

連結法人が，組織再編成が単体申告をすることとなる事業年度（組織再編成が行われることによる場合等）において，他の連結法人を吸収合併していたような場合について，その合併等に係る欠損金の引継ぎの適否等，欠損金の繰越控除制度に係る調整規定の見直しがなされた（法令112⑫⑬⑭）。

# 2　連結法人の課税所得

## （1）　連結所得計算の手順

連結所得の計算は，単体申告と同様に益金の額から損金の額を控除した金額であるが，対象となる益金と損金が，連結グループ全体で計算される。

| |
|---|
| 連結法人税の課税標準＝連結事業年度の連結所得の金額<br>＝連結事業年度の益金の額<br>－連結事業年度の損金の額 |

益金の額，損金の額は，以下の部分について連結納税独自の計算方法により益金の額，損金の額を計算する。なお，グループ内法人間の譲渡損益調整については，平成22年度の改正により，グループ法人税制が導入されたため，単体申告と連結申告で同様の取扱いとなった（法法61の13）。

### ①　単体調整項目の調整

③の全体調整項目以外の税務調整項目であり，連結グループ全体での合算計算を行わない項目である。減価償却超過額や貸倒引当金などが該当する。基本的には単体納税制度での調整計算と同一であるが，一括貸倒引当金の繰入限度額計算で，連結法人に対する債権を一括評価金銭債権に含めない点など，連結納税を採用しているゆえに注意すべき点がある。

### ②　譲渡損益調整

連結法人間は連結完全支配関係がある法人間であり，当然，完全支配関係も有するわけで，連結法人間の譲渡損益調整を行うこととなる。

### ③　全体調整項目の調整

連結グループ全体で限度額計算等を行う項目であり，以下の調整が対象となる。

（イ）　受取配当等の益金不算入（法法81の４）

（ロ）　外国税額の還付金の益金不算入（法法81の５）

（ハ）　寄附金の損金不算入（法法81の６）

（ニ）　控除対象所得税額（法法81の７）

（ホ）　控除対象外国法人税額（法法81の８）

（ヘ）　交際費の損金不算入（措法68の66）

### ④　投資簿価修正（法令９①六，②，119の３⑤）

連結申告で過去に取り込んだ所得について，子会社株式の譲渡等修正事由に該当した場合に益金又は損金に算入される部分についての調整であり，二重課税二重控除とならないために課税所得に加減算する。８にて詳述する。

### ⑤　連結欠損金個別帰属額の控除

連結欠損金の控除がある場合には，個別所得金額を算定する場合には，連結欠損金個別帰属額を各連結法人ごとに控除する。

以上をまとめると以下のようになる。

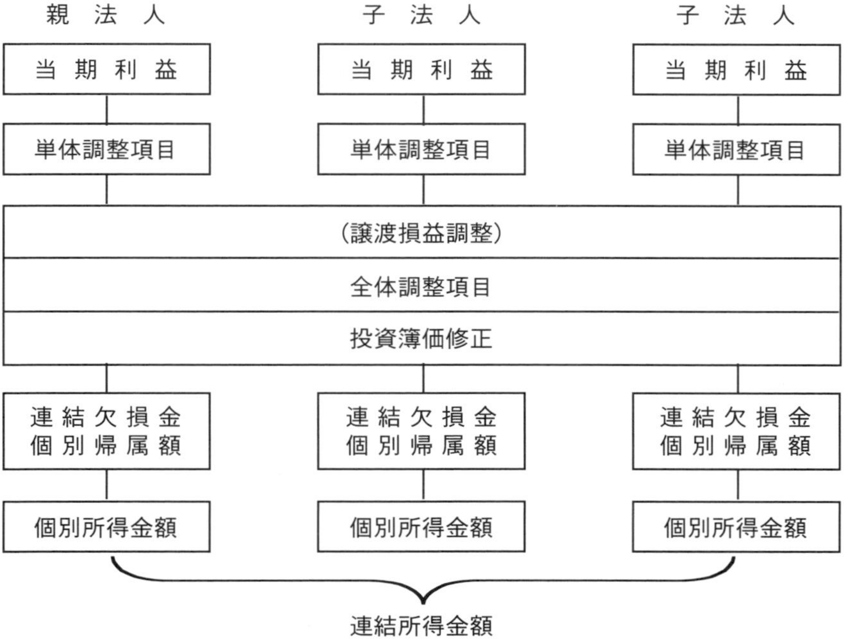

## （2） 連結事業年度における受取配当等の益金不算入

### ① 株式等の区分

受取配当等の益金不算入額を計算するにあたり，単体申告と同様に配当等のもととなる株式の種類に応じ，以下のように区分される。単体申告と異なる点は，保有割合の判定が，連結グループ全体での保有割合となる点である。

**a） 完全子法人株式等（法令155の9①）**

・ 剰余金の配当の場合は，計算期間開始の日から末日まで継続して，連結グループと完全支配関係がある内国法人の株式等

・ みなし配当の場合は，効力発生日の前日において，連結グループと完全支配関係がある内国法人の株式等

【計算期間】

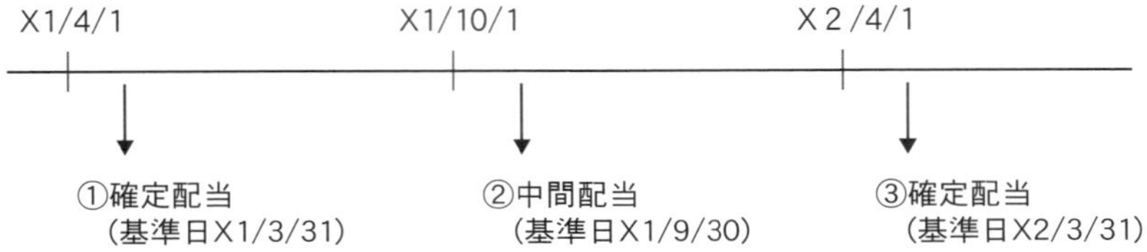


計算期間：今回の配当等の直前の配当等の基準日翌日から今回の配当等の基準日までの期間
なお，配当等には，適格現物分配を含む（法令155の9②)。

③の場合は，X1/10/1～X2/3/31が計算期間となる。

**b） 関係法人株式等（法令155⑩）**

・ 通常配当の場合は，配当等の効力発生日以前6ヶ月以上，連結グループで発行済株式等の25%以上を引き続き有している内国法人の株式等

・ みなし配当の場合は，効力発生日の前日において，連結グループで発行済株式の25%以上を有している内国法人の株式等

なお，適格合併，適格分割，適格現物出資，適格現物分配等で移転を受けた株式等については，被合併法人等が有していた期間を連結グループで有していた期間とみなす。

【保有期間】

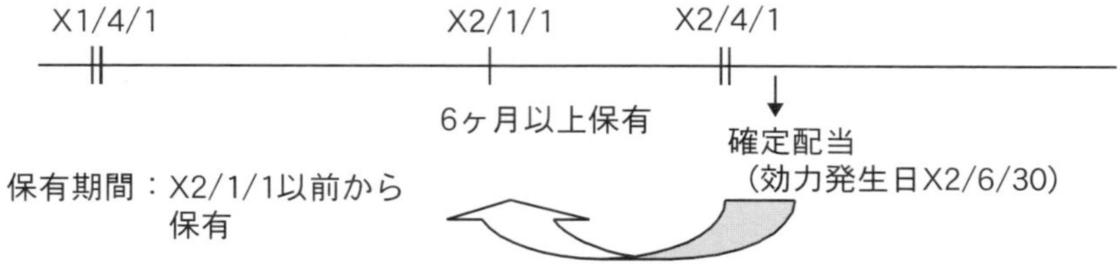


c）　そ　の　他

完全子法人株式等及び関係法人株式等以外の株式等

### ②　負債利子の計算（法法155の８）

負債利子の計算は，①の株式等の区分ごとに，次の算式で計算した金額とする。

**a）　完全子法人株式等**

| |
|---|
| なし。したがって，配当額は全額益金不算入となる。 |

**b）　関係法人株式等**

$$\text{控除負債利子}=\text{連結法人の負債利子の合計額}\times\frac{\text{連結法人の関係法人株式等の帳簿価額の合計額}}{\text{連結法人の総資産の帳簿価額の合計額}}$$

**c）　その他の株式等**

$$\text{控除負債利子}=\text{連結法人の負債利子の合計額}\times\frac{\text{連結法人のその他の株式等の帳簿価額の合計額}}{\text{連結法人の総資産の帳簿価額の合計額}}$$

基本的に単体申告と計算方法は同様であるが，以下の点で注意が必要である。

・　連結法人の支払利子から，他の連結法人に支払う負債利子を除く。

・　連結法人の総資産の帳簿価額から他の連結法人に支払う負債利子の元本（借入金等）を減算する。

・　単体申告で認められている簡便法による控除負債利子の計算は認められない（法令22⑤）。

**＜負債利子の計算例＞**

| | 親法人 | 子法人 | 子法人 | 合　計 |
|---|---|---|---|---|
| 負債利子 | 50 | 100 | 200 | 350 |
| 内，他の連結法人に対する負債利子 | 0 | 20 | 10 | 30 |
| 対象となる負債利子 | 50 | 80 | 190 | 320 |

**＜総資産の計算例＞**（法法155の８①②，連基通３－２－７，３－２－13）

| | | 親法人 | 子法人 | 子法人 | 合　計 |
|---|---|---|---|---|---|
| 貸借対照表の総資産の帳簿価額 | | 800 | 600 | 400 | 1,800 |
| 減算 | 固定資産の圧縮積立金 | 100 | 10 | － | 110 |
| | 特別償却準備金 | － | － | 20 | 20 |
| | 土地再評価差額金 | － | 30 | － | 30 |
| | その他有価証券の評価益 | 200 | 100 | － | 300 |
| | 連結法人に支払う負債利子の元本である負債金額 | － | 200 | 100 | 300 |
| | 対照勘定金額 | 10 | － | － | 10 |
| | 返品債権特別勘定金額 | － | － | － | 0 |
| | 補修用部品・単行本在庫調整勘定の棚卸金額 | － | － | － | 0 |
| 加算 | その他有価証券の評価損 | 20 | － | 10 | 30 |
| | 貸倒引当金 | 60 | 20 | 10 | 90 |
| | 自己株式 | 50 | － | － | 50 |
| 税務上の総資産の帳簿価額 | | 620 | 280 | 300 | 1,200 |

**【参考】 特殊な事業年度の取扱い**（法令155の8，法法15の２）

**【連結初年度】**

負債利子の計算は，通常は前期末と当期末の株式帳簿価額，総資産の合計額により行うが，連結初年度においては，前期の連結事業年度が存在しないため，当期末の数値のみで計算を行う。

**【みなし事業年度】**

期中に子会社が連結グループに加入したような場合には，加入時で事業年度を区切り，期首～加入日の前日までが単体事業年度，加入日～期末までが連結事業年度となる。

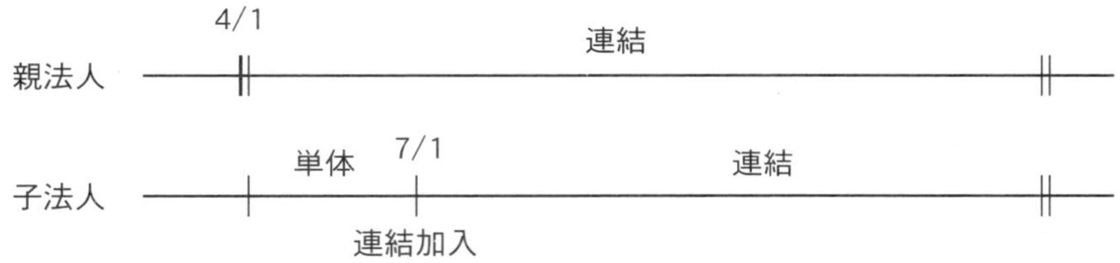


上記の場合においても，子法人は前期の連結事業年度が存在しないため，子法人の部分については連結事業年度である当期末の数値のみで計算を行う。

### ③　益金不算入額の個別帰属額

各連結法人ごとの益金不算入額の個別帰属額は，株式等の区分ごとに以下のように受け取る配当等の額の割合により按分計算する（法令155の11）。

**a）　完全子法人株式等**

個別帰属額＝益金不算入額で当該連結法人が配当等を受ける部分

**b）　関係法人株式等**

$$\text{個別帰属額}=\frac{\text{当該連結法人が受ける関係法人株式等の配当等の額}}{\text{各連結法人が受ける関係法人株式等の配当等の額の合計額}}$$

c）　その他の株式等

$$個別帰属額=\frac{当該連結法人が受けるその他の株式等の配当等の額}{各連結法人が受けるその他の株式等の配当等の額の合計額}$$

## （3）　連結事業年度における寄附金の損金不算入

寄附金の損金不算入額は，連結法人が支出した寄附金の合計額が，損金算入限度額を超える部分となるが，損金算入限度額の計算が親法人の資本金等の額と連結所得金額を用いて行う点で単体申告と異なる（法令155の16）。

### ①　寄附金の種類

損金不算入額を計算するためには，まず，寄附の相手先の区分に応じ以下のように支出した寄附金を区分する必要がある。

a）　**指定寄附金等（法法37③）**

・　最終的に国及び地方公共団体に帰属する寄附金
・　国立大学法人に対する寄附金
・　財務大臣の告示で指定された寄附金のうち指定期間内に支出されたもの

b）　**特定寄附金（法令77）**

・　独立行政法人で一定のものに対する寄附金
・　自動車安全運転センター，日本司法支援センター，日本私立学校振興・共済事業団及び日本赤十字社に対する寄附金
・　公益社団法人及び公益財団法人に対する寄附金
・　一定の学校の設置に係る寄附金
・　社会福祉法人，更生保護法人に対する寄附金

c）　**完全支配関係がある法人に対する寄附金（法法81の6②）**

・　法人による完全支配関係がある他の内国法人に対する寄附金

なお，平成22年の税制改正により，連結法人間で連結法人税個別帰属額や付帯税の精算を行わない場合に寄附金として取り扱われる規定は削除された（旧法令155の15②）。

**d）　国外関連者に対する寄附金（措法66の４③）**

・　国外関連者（外国法人で，当該法人との間にいずれか一方の法人が他方の法人の発行済株式又は出資の50%以上を直接又は間接に保有する関係のあるもの）に対する寄附金

**e）　その他の寄附金**

・　（イ）～（ニ）以外の寄附金

### ②　損金算入限度額

**a）　指定寄附金等**

全額損金算入

**b）　特定寄附金**

次のいずれか低い金額

・寄附金支出前連結所得金額$\times\frac{5}{100}$

・$\left(\text{寄附金支出前連結所得金額}\times\frac{5}{100}+\text{連結親法人の資本金等の額}\times\frac{\text{事業年度の月数}}{12}\times\frac{2.5}{1{,}000}\right)\times\frac{1}{2}$

**c）　完全支配関係がある内国法人に対する寄附金**

０（全額損金不算入）

**d）国外関連者に対する寄附金**

０（全額損金不算入）

**e）　その他の寄附金**

$\left(\text{寄附金支出前連結所得金額}\times\frac{2.5}{100}+\text{連結親法人の資本金等の額}\times\frac{\text{事業年度の月数}}{12}\times\frac{2.5}{1{,}000}\right)$

$$\times \frac{1}{2}$$

③　損金不算入額の個別帰属額

連結全体での損金不算入となる寄附金のうちに，各連結法人の損金不算入となる寄附金の占める割合で損金不算入額を按分した金額と，各連結法人が支出した完全支配関係がある内国法人に対する寄附金の合計額が，個別帰属額となる。

$$\text{個別帰属額}=\text{損金不算入額}\times\frac{\text{当該連結法人の損金不算入となる寄附金額（A）}}{\text{各連結法人の損金不算入となる寄附金額の合計額（B）}}+\text{当該連結法人が支出した完全支配関係がある内国法人に対する寄附金}$$

$$\text{A：連結法人単体の支出寄附金}-\left(\text{連結法人単体の支出寄附金等}+\text{連結法人全体の特定寄附金等の損金算入額}\times\frac{\text{連結法人単体の特定寄附金}}{\text{連結法人全体の特定寄附金}}\right)$$

$$\text{B：連結法人単体の支出寄附金}-\left(\text{連結法人単体の支出寄附金等}+\text{連結法人全体の特定寄附金の損金算入額}\right)$$

## (４)　連結事業年度における交際費の損金不算入

①　判定（措法68の66）

連結納税制度では，交際費の損金不算入額を計算する際の資本金額の判定は，親会社の資本金が１億円以下であるか否かにより行う。したがって，連結納税の適用を行っている場合で，親会社の資本金が１億円を超えるときは，子会社の資本金が１億円以下であっても子会社は定額控除を行えない。

| | 親会社資本金１億円超 | 親会社資本金１億円以下 |
|---|---|---|
| 親会社での600万円控除 | × | ○ |
| 子会社での600万円控除 | × | ○ |

※　子会社の資本金は控除規定の適用に関係ない。

### ②　損金不算入額

**a）　親会社の資本金が１億円超の場合**

各連結法人の支出する交際費等の合計額

**b）　親会社の資本金が１億円以下の場合**

各連結法人の支出する交際費等の合計額のうち定額控除限度額以下の金額×10%＋各連結法人の支出する交際費等の合計額のうち定額控除限度額を超える金額

※　定額控除限度額＝$\dfrac{\text{連結親法人事業年度の月数}}{12}$

### ③　個別帰属額

連結全体での支出した交際費のうちに，各連結法人の支出した交際費の占める割合で損金不算入額を按分した金額が，個別帰属額となる。

個別帰属額＝損金不算入額×$\dfrac{\text{当該連結法人の支出する交際費等}}{\text{各連結法人の支出する交際費等の合計額}}$

### ④　単体申告との比較

平成22年度の税制改正で，大法人（資本金５億円以上）との間に大法人による完全支配関係がある法人については中小特例を適用しないこととされた。したがって親法人が資本金５億円以上である場合は，連結納税と単体納税との間で交際費の取扱いが違いはなくなった。

親法人の資本金が５億円未満の場合は，連結納税と単体納税で納税額に差が出るので連結納税制度の選択の際には注意が必要である。

＜例＞

前提：子法人の資本金は全て１億円以下

親法人～子法人全てが年600万円の交際費を支出

親法人～子法人全てが課税所得800万円以上

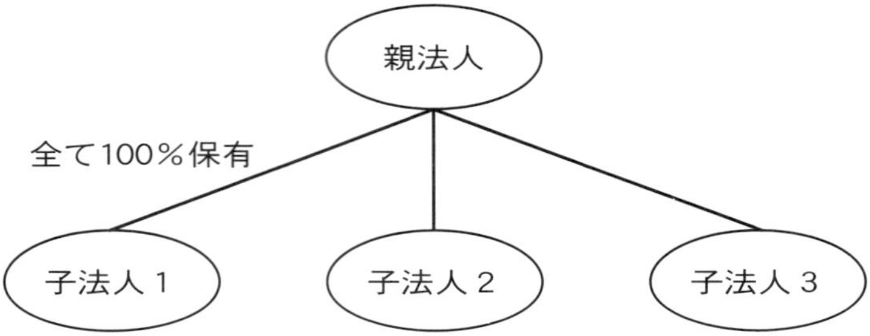


（単位：千円）

| 親法人資本金 | | １億円以下 | １～５億円 | ５億円以上 |
|---|---|---|---|---|
| 連結納税 | 損金不算入額 | | | |
| | 親　　法　　人 | 4,650 | 6,000 | 6,000 |
| | 子　法　人　1 | 4,650 | 6,000 | 6,000 |
| | 子　法　人　2 | 4,650 | 6,000 | 6,000 |
| | 子　法　人　3 | 4,650 | 6,000 | 6,000 |
| | 計 | 18,600 | 24,000 | 24,000 |
| | ３０％相当額 | 5,580 | 7,200 | 7,200 |
| 単体納税 | 損金不算入額 | | | |
| | 親　　法　　人 | 600 | 6,000 | 6,000 |
| | 子　法　人　1 | 600 | 600 | 6,000 |
| | 子　法　人　2 | 600 | 600 | 6,000 |
| | 子　法　人　3 | 600 | 600 | 6,000 |
| | 計 | 2,400 | 7,800 | 24,000 |
| | ３０％相当額 | 720 | 2,340 | 7,200 |
| 差　　額 | | 4,860 | 4,860 | 0 |

## （5）　貸倒引当金

貸倒引当金の繰入限度額については，単体申告と同様の計算を行う。受取配当や寄附金などの計算のように連結全体での計算は行わない。

ただし，他の連結法人に対する債権については，企業グループを一の納税単位と捉える連結納税の考えから，自社に対する貸倒引当金の計上となるため，貸倒引当金の設定対象から除外されている。

### ①　個別貸倒引当金

#### a）　繰入限度額（法令96①）

各連結法人ごとに次の算式で計算した金額とする。

・　会社更生法の更生計画認可決定等の事由が生じた場合

> 繰入限度額＝金銭債権×その事由が生じた事業年度終了の日の翌日から５年以内の弁済予定額－取立見込額

・　債務者の債務超過が相当期間継続し，かつ，事業好転の見通しがないこと等の事由が生じた場合

> 繰入限度額＝金銭債権－取立見込額

・　会社更生法の規定による更生手続開始の申立て等の事由が生じた場合

> 繰入限度額＝（金銭債権－実質的に債権とみられない金額－取立見込額）×50％

※　金銭債権は，連結法人に対するものを除く。

### ②　一括貸倒引当金

#### a）　繰入限度額（法令96②）

各連結法人ごとに以下の算式で計算した金額とする。

> 繰入限度額＝期末一括評価金銭債権×貸倒実績率
> （小数点以下４位未満切上げ）

※　金銭債権は，連結法人に対するものを除く。

### b） 貸倒実績率

貸倒実績率の算定にあたっては，基本的に単体申告と同様であるが，金銭債権及び貸倒実績から連結法人に対するものを除く点で異なる。

| | 金銭債権 | うち<br>連結法人分 | 一括評価<br>金銭債権 | 貸倒損失 | うち<br>連結法人分 | 差　引<br>貸倒損失 |
|---|---|---|---|---|---|---|
| ×１年３月期 | 800 | 0 | 800 | 0 | 0 | 0 |
| ×２年３月期 | 1,200 | 200 | 1,000 | 150 | 100 | 50 |
| ×３年３月期 | 1,500 | 300 | 1,200 | 50 | 0 | 50 |
| 計 | 3,500 | 500 | 3,000 | 200 | 100 | 100 |

$$\text{貸倒実績率}=\frac{100\times\frac{12\text{月}}{36\text{月}}}{3,000\div3\text{年}}=0.03333\cdots\ \rightarrow\ 0.0334$$

なお，事業年度開始前３年以内に単体納税の期間がある場合には，単体納税の期間については連結法人に対する金銭債権，損失を除かない（法令96②）。

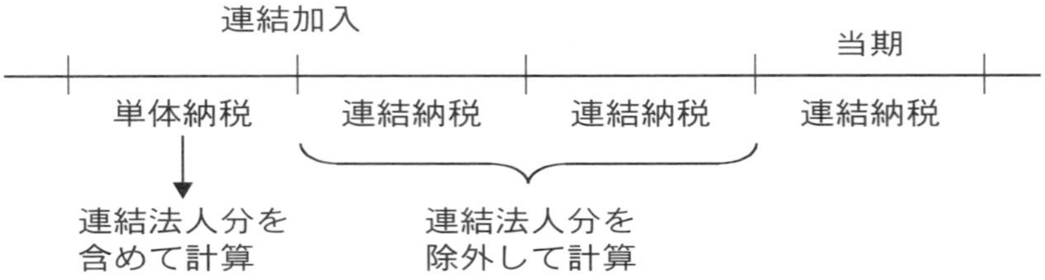


### c） 法定繰入率（措法67の59）

連結納税制度の適用を受ける法人であっても，期末資本金が１億円以下である法人については，単体納税と同様に法定繰入率による限度額計算を行うことができる。この場合の期末資本金は，交際費の判定のように親法人の期末資本金ではなく，各連結法人の期末資本金での判定となる。

## （６） 連結法人間の譲渡損益の繰延べ

平成22年度の税制改正により，連結法人間取引の損益の調整制度（以下，旧制度）が改組され，完全支配関係がある内国法人間で譲渡損益調整資産の移転を行ったことによる譲渡損益の調整制度（以下，新制度）とされた。

新制度の内容については，Ⅰ２完全支配関係がある法人間の資産の譲渡取引で詳述しているため，ここでは旧制度と新制度の違いについて注意点を述べる。

### ①　対象となる譲渡

旧制度では株式の発行法人に対する譲渡は，繰延べの対象外とし譲渡損益を計上していたが，新制度では譲渡損益を計上しないこととされた。

例えば，連結子法人同士が非適格合併を行った場合に，旧制度では保有する他の連結子法人株式については，帳簿価額修正を行ったうえで譲渡損益を計上する（旧法令９の２①一）。

新制度では，保有する他の連結子法人株式については，譲渡対価＝譲渡原価となり，譲渡損益を計上しない（法法61の２⑯）。

### ②　簡便法の簡素化

減価償却資産，繰延資産は，繰り延べられた譲渡利益額又は譲渡損失額の簡便法による計上が認められているが，減価償却資産については事務手続の簡略化の観点から，以下の算式の分子に譲受法人において事業供用していない期間について除かないこととなった。

$$\text{譲渡法人での戻入額}=\text{譲渡損益額}\times\frac{\text{譲渡法人の事業年度の月数（譲渡前日までの期間を除く。）}}{\text{譲受法人で適用する耐用年数}\times 12\text{月}}$$

### ③　連結納税の開始又は加入に伴う繰り延べた譲渡損益の計上

旧制度では連結法人間の譲渡損益のみが調整の対象であったが，新制度では単体納税の対象法人間でも譲渡損益が繰延べ対象となる。譲渡損益を繰り延べている法人が，連結納税の開始又は連結納税への加入により時価評価課税の対象となる連結子法人に該当する場合には，単体納税において繰り延べていた譲渡損益は，連結開始直前事業年度又は連結加入直前事業年度の所得の金額の計算上，益金の額又は損金の額に算入することとなった（法法61の13④）。

# 3　連結事業年度における税額控除の取扱い

## （1）　所得税額控除

連結納税においても，単体納税と計算方法に違いはない。税額控除を受ける所得税については，課税所得計算上は損金不算入で加算される。

企業グループを一の納税単位と捉える連結納税制度では，利子配当等の元本所有期間について，企業グループ全体で所有期間の判定を行う。

### ①　控除所得税額の計算例

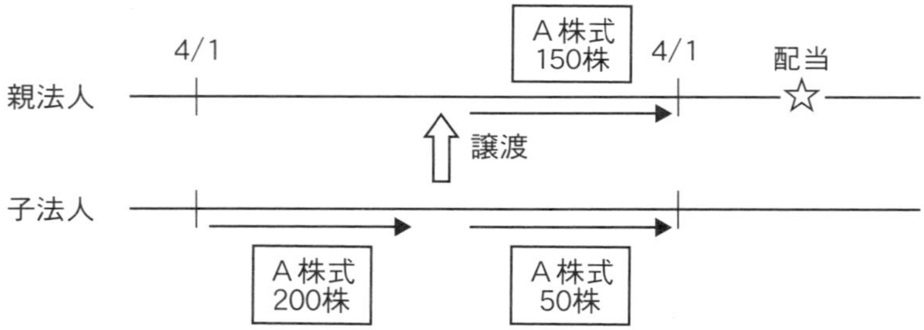


A株式：計算期間４月１日～３月31日

譲渡日：10月１日

配当額：@10円（うち源泉所得税２円）

**a）　個別法（法令155の26②④）**

$$控除所得税額＝所得税額×\frac{元本所有期間の月数}{利子配当等の計算期間の月数}の各連結法人の合計$$

$$＝400$$

| | 親　法　人 | 子　法　人 | 合　　計 |
|---|---|---|---|
| 所　得　税　額 | 300 | 100 | 400 |
| 保有期間割合※1 | 1.000 | 1.000 | − |
| 控　除　税　額 | 300 | 100 | 400 |

※１　小数点以下３位未満切上げ

b）　**簡便法（法令155の26③）**

$$\text{控除所得税額}=\text{各区分等別の所得税額の連結合計}^{※2}\times\underbrace{\frac{B+(A-B)\times\frac{1}{2}^{※3}}{A}}_{\text{小数点以下3位未満切上げ，1を超える場合は1}}$$

$$=(300+100)\times\frac{200+(200-200)\times\frac{1}{2}}{200}$$

$$=400$$

A：各連結法人が計算期間終了時に所有する元本の合計。

なお，公社債については額面金額とし，口数の定めがない出資についてはその金額の合計とする。

B：各連結法人が計算期間開始時に所有する元本の合計。

※２　利子配当等の元本を公社債，株式出資，集団投資信託（合同運用信託を除く。）の受益権の３種類に区分し，さらにその元本をその利子配当等の計算期間が１年超と１年以下に区分し，その銘柄ごとに，各連結法人のその所得税額を合計した金額。

※３　利子配当等の計算期間が１年超であるものについては，1／12。

## ②　個別帰属額

### a）　個別法（法令155の44①一イ）

控除所得税額が各連結法人で個別法により計算した控除額の合計であるため，各連結法人の個別法により計算した金額が個別帰属額となる。

b）　簡便法（法令155の44①一ロ）

以下の算式により計算する。

$$\text{個別帰属額}=\text{銘柄ごとの控除所得税額}\times\frac{\text{その連結法人の銘柄ごとの所得税額}}{\text{各連結法人の銘柄ごとの所得税額の合計}}$$

## （2）　外国税額控除

国際的な二重課税を排除する必要から外国税額控除制度が設けられており，連結納税制度においても同様の制度が設けられている。単体納税制度と異なる部分は，連結納税制度においては連結グループ全体で控除限度額計算を行うこととしている点である。

### ①　概　　要

連結納税制度の外国税額控除の計算は，以下の順序で行う。

（イ）　個別控除対象外国法人税額の把握

（ロ）　連結グループ全体での控除限度額の算定

（ハ）　各連結法人への控除限度額の配分

（ニ）　各連結法人ごとに外国法人税額（イ）と控除限度額（ハ）を比較し，外国税額控除額の個別帰属額を確定

（ホ）　個別帰属額を合計し，連結全体での外国税額の控除税額を算定

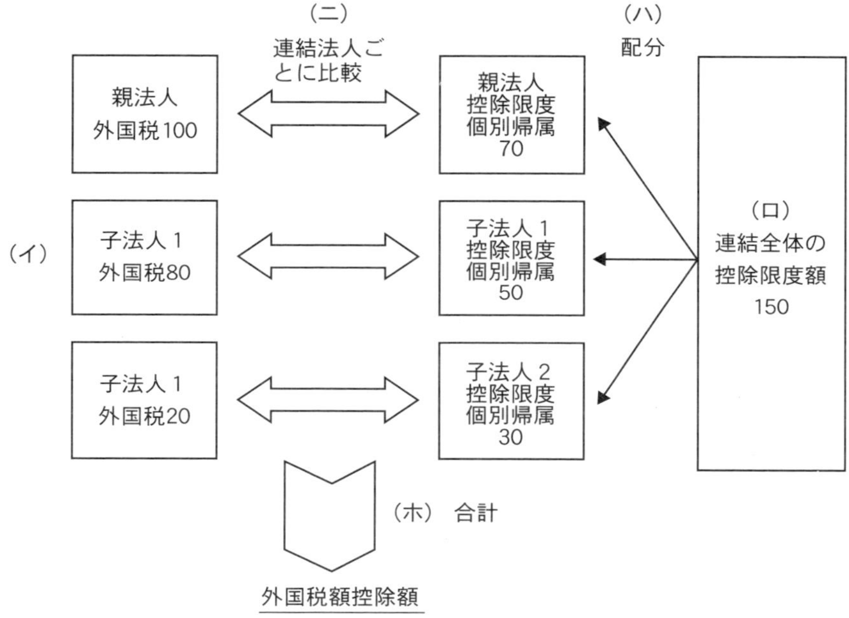


### ②　控除対象外国法人税（法法81の１，法令141）

平成21年度の税制改正により，外国子会社から配当を受けた場合にその配当に対応する外国子会社の外国法人税を控除する間接税額控除制度が廃止となった（経過措置あり）。

したがって，今後は源泉税と海外支店が直接納付した外国法人税に係る税額控除（直接税額控除をいい，みなし外国税額控除を含む。）と特定外国子会社等の課税対象金額等の外国法人税に係る税額控除が適用対象となる。

税額控除の対象となる外国法人税は，原則として法人の所得に対して課税される外国税に相当するものが対象となり，具体的には次に掲げるものとなる。

・　外国の法令に基づき，外国又はその地方公共団体により法人の所得を課税標準として課される税
・　超過利潤税等の法人の所得の特定部分を課税標準として課される税
・　これらの税の付加税

・　法人の所得を課税標準として課される税と同一税目で，徴税上，収入金額等を課税標準として課される税（源泉税）

・　所得に対する税に代え収入金額等を課税標準として課される税

※納税者が，納税後に，任意に税額を還付請求できる税などは除かれる。また，次に掲げる税は外国法人税ではあるが，税額控除の対象である控除外国法人税には該当しない（法令142の3⑤⑥⑦⑧）。

・　通常行われる取引と認められないものに基因して生じた所得に対して課される外国法人税

・　みなし配当により交付を受ける金銭その他の資産に対して課される外国法人税で，交付の基因となった株式等の取得価額を超えない部分

・　租税条約に基づく合意があった場合の更正の特例の規定により減額される場合において，相手国居住者等に支払われない金額に対しみなし配当として課される外国法人税

・　外国子会社配当の益金不算入の対象となる配当に課される外国法人税

・　外国子会社合算税制における特定外国子会社等から受ける配当で益金不算入となるものに課される外国法人税

・　一定の外国法人から受ける配当で益金不算入となるものに課される外国法人税

### ③　連結グループ全体での控除限度額

$$控除限度額＝\begin{array}{c}連結事業年度の\\連結所得に対す\\る法人税（イ）\end{array}\times\frac{連結事業年度の連結国外所得金額（ハ）}{連結事業年度の連結所得金額（ロ）}$$

**a）　連結事業年度の連結所得に対する法人税（法令155の28①）**

連結事業年度の連結所得に税率を乗じた金額であり，連結特定同族会社の特別税率，各種税額控除，使途秘匿金課税，土地重課課税を適用する前の税額となる。

**b）　連結事業年度の連結所得金額（法令155の28②）**

連結欠損金の繰越し，組合事業等による損失がある場合の課税の特例等の規

定を適用しないで計算した場合の連結所得の金額である。

**ｃ）　連結事業年度の連結国外所得（法令155の28③）**

国外所得の考え方については単体申告と同様である。各連結法人の国外所得の合計が連結国外所得となる。

また，連結国外所得金額は，連結所得金額×90％と連結所得金額×国外使用人割合のいずれか多い金額が限度とされる。

**＜参考＞**（連基通19－３－２，19－３－３）

- 国外使用人割合で使用する使用人には，使用人兼務役員を含まない。
- 国外使用人は駐在員事務所，買付け事務所，情報収集事務所等でいわゆるＰＥに該当する施設に就労する者をいう。
- 使用人の数は連結事業年度終了時の使用人の数が原則であるが，継続適用を条件として，延人員等合理的な人数によることができる。

### ④　控除限度額の配分

③で計算した控除限度額は，各連結法人の国外所得金額の比により各連結法人に配分する。

$$\text{控除限度個別帰属額} = \text{連結グループ全体での控除限度額} \times \frac{\text{各連結法人の国外所得金額}^{(注)}}{\text{連結国外所得金額}^{(注)}\text{の合計額}}$$

（注）　国外所得金額はプラスの場合のみ

### ⑤　個別繰越控除限度額と個別繰越控除対象外国法人税額（法法81の15②③）

①(ニ)で，連結全体での控除限度額を各連結法人に配分した控除限度個別帰属額と各連結法人の控除対象外国法人税を比較し，控除税額を計算することとなるが，比較の際，外国法人税が限度額に満たない場合には，満たない部分を個別繰越控除限度額として，外国法人税が限度額を超える場合には，超える部分を個別繰越控除対象外国法人税額として，３年間繰り越すこととなる。

【個別繰越控除限度額】

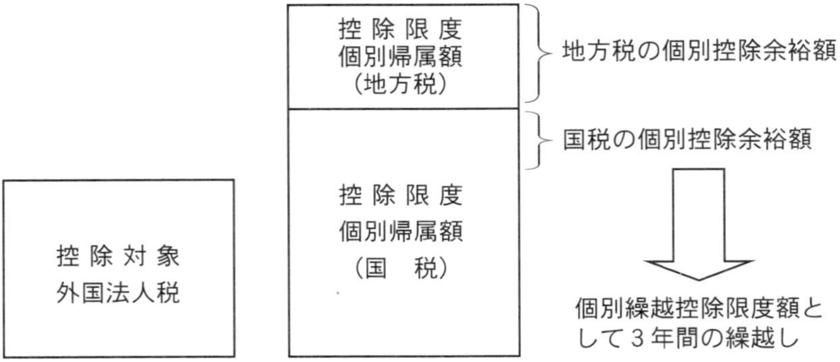


【個別繰越控除対象法人税額】

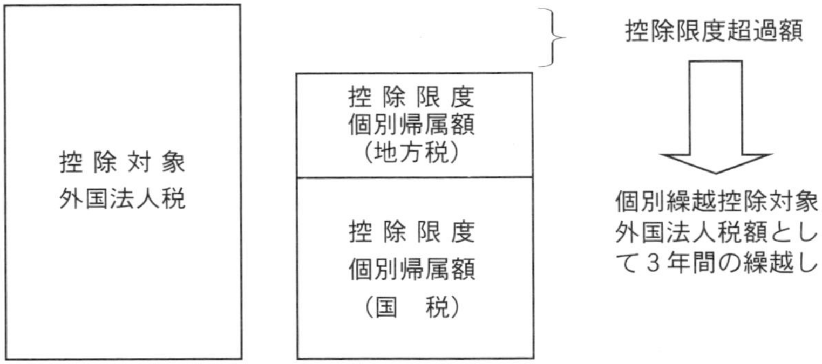


なお，連結納税を開始した場合や連結納税に加入した場合には，前3年内事業年度に単体納税での事業年度が含まれるが，単体納税で繰り越された控除余裕額，控除限度超過額は，連結事業年度における個別繰越控除限度額，個別繰越控除対象外国法人税額とみなす（法令155の32⑧，155の33⑤）。

## (3)　特定同族会社の留保金課税

連結納税制度においても単体納税制度と同様に，特定同族会社に該当する場合は留保金課税の規定の適用がある。

なお，以下の点が連結納税制度特有の項目となる。

・　連結親法人が特定同族会社に該当するか否かにより適用の判定を行う。
・　留保金額，留保控除額の計算は連結グループ全体で行う。

## ①　特定同族会社

その内国法人の株主等から被支配会社でない法人を除外して判定しても被支配会社となる場合のその内国法人（資本金が1億円以下である場合には，資本金が5億円以上である法人等との間にその法人による完全支配関係がある法人に限る。）をいう。

なお，被支配会社とは会社の株主等の1人（その特殊関係者を含む。）により発行済株式又は出資（自己株式又は出資を除く。）の50％超を保有される会社をいう。

したがって，連結納税制度の場合は，親法人が資本金1億円超で被支配会社となる場合が該当することとなる。

## ②　連結留保金に対する税額（法法81の13）

| |
|---|
| 連結留保税額＝(連結留保金額－連結留保控除額)×特別税率 |

連結留保金額から連結留保控除額を引いた金額がマイナスである場合はゼロとする。

また特別税率は，連結留保金額が連結留保控除額を超える部分が次に掲げる金額の区分ごとにそれぞれの税率とする。

年3千万円以下の金額…………………………10％
年3千万円を超え年1億円以下の金額……15％
年1億円を超える金額…………………………20％

**＜例＞**　連結留保金額：2億円，連結留保控除額：5千万円の場合

連結留保税額＝3千万円×10％＋7千万円×15％＋5千万円×20％
＝23,500千円

### ③　連結留保金額（法法81の13②，法令155の23）

| | |
|---|---|
| 連結所得等の金額 | ＋ |
| 連結法人間の支払配当合計 | ＋ |
| 連結法人間の受取配当合計 | － |
| 前期未配当等の額の合計 | ＋ |
| 当期未配当等の額の合計 | － |
| 連結法人税額（注1） | － |
| 各連結法人の住民税（注2）合計 | － |
| 連結留保金額 | 上記合計 |

→別表四の二47の②欄

（注1）　連結法人税額は，留保金課税の適用がないものとして計算した差引連結所得に対する法人税額とする。

（注2）　住民税は，次のいずれか多い金額に20.7％を乗じて計算した金額とする（法令155の25）。

（A）　個別所得金額または個別欠損金額 × 連結所得に係る法人税率 － 一定の税額控除のうち各連結法人に帰せられる金額 ＋（B）

（B）　租税特別措置法の規定により法人税に加算する金額のうち各連結法人に帰せられる金額

### ④　連結留保控除額（法法81の13④）

次のうち最も多い金額をいう。

（A）　連結所得等の額×40％

（B）　年２千万円

（C）　連結法人の資本金または出資金×25％－連結利益積立金額（当期の連結所得等の金額に係る部分を除く。）

なお，（C）の連結利益積立金額は，期末の連結利益積立金額であるが，当期の連結所得等の金額に係る部分を除くため，期中に組織再編成等による利益積立金の増減がない場合は，期首の連結利益積立金額と同額となる。

### ⑤　連結留保税額の個別帰属額

$$連結留保税額の個別帰属額=\frac{各連結法人の連結個別留保税額}{各連結法人の連結個別留保税額の合計}$$

なお，連結個別留保税額は連結法人ごとに，次のように計算する。

| |
|---|
| 連結個別留保税額＝〔留保金個別帰属額－留保控除個別帰属額〕×特別税率 |

## （４）　試験研究費の法人税額の特別控除

連結納税制度においても試験研究費の額がある場合には，連結所得に対する法人税額から，一定額を限度として税額控除をすることができる。その場合において，試験研究費の額，控除限度額の計算は連結グループ全体で行うこととなる。

### ①　試験研究費の範囲（措法42の４⑫一，措令27の４⑥）

法人税額の特別控除の対象となる試験研究費は，製品の製造又は技術の改良，考案若しくは発明に係る試験研究のために要する費用で，その試験研究に要する原材料，人件費，経費，他の者への委託費用等とし，損金の額に算入されるものとする。したがって，当期に繰延資産として資産計上した金額は含まれない。

なお，人件費については，事務職員等，試験研究に直接従事していない者に対する人件費は含まれない（措通42の４－１－３）。ただし，次の全てを満たす者に対する人件費は試験研究費に含まれる。

ａ）研究プロジェクトの全期間に渡り業務に従事しないが，その者がその者の担当業務に係る期間中，専属的にその担当業務に従事すること

ｂ）その者の担当業務が試験研究に必要不可欠であること

ｃ）その者の従事する実態が，おおむね研究プロジェクトに沿って行われるものであり，従事期間がトータルとして実働20日以上の期間であること。

ｄ）その者の担当業務への従事状況が明確に区分され，その担当業務に係る

人件費が適正に計算されていること。

### ②　特別試験研究費の額（措法42の４⑫三，措令27の４⑧⑨）

試験研究費の額のうち，国の試験研究機関又は大学と共同して行う試験研究，国の試験研究機関又は大学に委託する試験研究，その用途に係る対象者が少数である医薬品に関する試験研究などで一定のものをいう。

### ③　控除額の計算等

試験研究費の税額控除制度は，以下の４つからなっている。このうち，中小連結法人に係る税額控除については，他の税額控除との併用はできない。

| 区　分 | 控　除　額 | 控除限度額 |
|---|---|---|
| 試験研究費の総額に係る税額控除（措法68の９①） | 試験研究費の額の合計×試験研究費の総額に係る連結税額控除割合（イ） | 調整前連結税額（ト）×20％ |
| 特別試験研究費に係る税額控除（措法68の９②） | 特別試験研究費の額の合計×税額控除割合（ロ） | 調整前連結税額（ト）×20％－試験研究費の総額に係る税額控除額 |
| 試験研究費の増加等に係る税額控除（措法68の９⑨） | 試験研究費の額の合計が比較試験研究費（ハ）の合計を超え，かつ基準試験研究費（ニ）の額を超える場合は，（試験研究費の額の合計－比較試験研究費の合計）×５％ | 調整前連結税額（ト）×10％ |
| | 試験研究費の額の合計が連結事業年度の平均売上金額（ホ）の合計の10％を超える場合は，超える部分の金額×超過税額控除割合（ヘ） | |
| 中小連結法人に係る税額控除（措法68の９⑥） | 試験研究費の額の合計×12％ | 調整前連結税額（ト）×20％ |

### a）　試験研究費の総額に係る連結税額控除割合

・　試験研究費割合が10％以上の場合

10％

・　試験研究費割合が10％未満の場合

試験研究費割合×0.2＋８％（小数点以下３位未満切捨て）

※　試験研究費割合＝$\dfrac{\text{試験研究費の額の合計}}{\text{当期及び当期首前３年以内開始事業年度の平均売上の合計}}$

| | 試験研究費 | 平均売上 |
|---|---|---|
| 親法人 | 100 | 3,000 |
| 子法人１ | 50 | 1,500 |
| 子法人２ | 0 | 500 |
| 合計 | 150 | 5,000 |

試験研究費割合＝$\dfrac{150}{5,000}$

＝0.03

平均売上金額についてはｅ）参照。

### b）　税額控除割合

12％－ａ）

### c）　比較試験研究費（措法68の９⑫十）

連結事業年度開始の日の３年前の日からその適用連結事業年度開始の日の前日までの間に開始した各連結事業年度（単体事業年度を含む。）に損金算入された試験研究費の額（年間算あり）

| | 年度 | 試験研究費 | 月数 | 改定試験研究費 | 比較試験研究費 |
|---|---|---|---|---|---|
| 親法人 | X 1 | 100 | 12 | 100 | 100 |
| | X 2 | 100 | 12 | 100 | |
| | X 3 | 100 | 12 | 100 | |
| | 計 | 300 | － | 300 | |
| 子法人1 | X 1 | 50 | 12 | 50 | 50 |
| | X 2 | 50 | 12 | 50 | |
| | X 3 | 50 | 12 | 50 | |
| | 計 | 150 | － | 150 | |
| 子法人2 | X 1 | 20 | 12 | 20 | 25 |
| | X 2 | 30 | 6 | 60 | |
| | X 2′ | 10 | 6 | 20 | |
| | X 3 | 0 | 12 | 0 | |
| | 計 | 60 | － | 100 | |
| 合計 | | | | | 175 |

d）　基準試験研究費

連結事業年度開始の日前2年以内に開始した連結親法人事業年度に損金算入された試験研究費の額を合計した金額のうち最も多い金額

| 親法人事業年度 | 試験研究費合計 | 月数 | 改定試験研究費合計 |
|---|---|---|---|
| X 2 | 190 | 12 | 190 |
| X 3 | 150 | 12 | 150 |

多　∴　190

e）　平均売上金額（措法68の9⑫十二）

連結事業年度及びその連結親法人事業年度開始の日の3年前の日からその連結事業年度開始の日の前日までの期間内に開始した各連結事業年度（単体事業年度を含む。）の売上金額の平均額

f）　**超過税額控除割合**

| |
|---|
| （連結事業年度の試験研究費割合－10％）×0.2 |

g）　**調整前連結税額**

| |
|---|
| 連結所得金額×法人税率（特別控除，税額控除等を適用する前の法人税額。別表一の二(一)） |

### ④　連結繰越税額控除限度超過額の控除（措法68の９③）

当期の試験研究費の額が前期の試験研究費の額を超える場合において，連結繰越税額控除限度超過額があるときは，以下の控除額を調整前連結税額から控除する。

| |
|---|
| 控除額：連結繰越税額控除限度超過額 |
| 控除限度額：調整前連結税額×20％ |

なお，単体納税制度において生じた繰越税額控除限度超過額についても連結繰越税額控除限度超過額とみなして同規定の適用がある（措法68の９④一）。

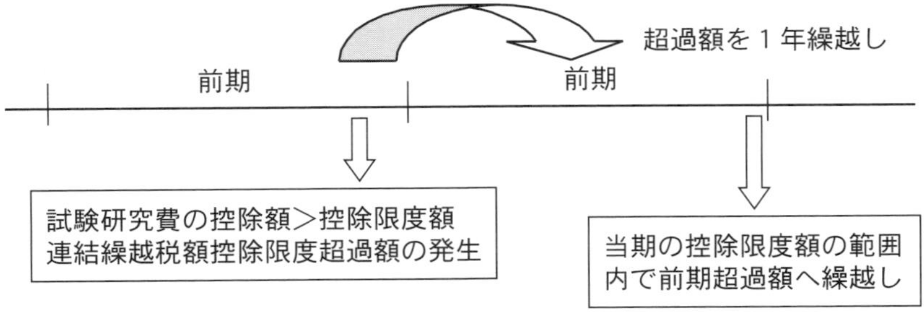

# 4　連結法人税の個別帰属額

## （1）　連結法人税の個別帰属額

### ①　概　　要

連結納税制度を採用している場合，連結親法人が各連結子会社との法人税の受払いを精算し，グループ全体の法人税を代表して納税し，連結親会社は各連結子会社の負担分（個別帰属額）について精算を行う。

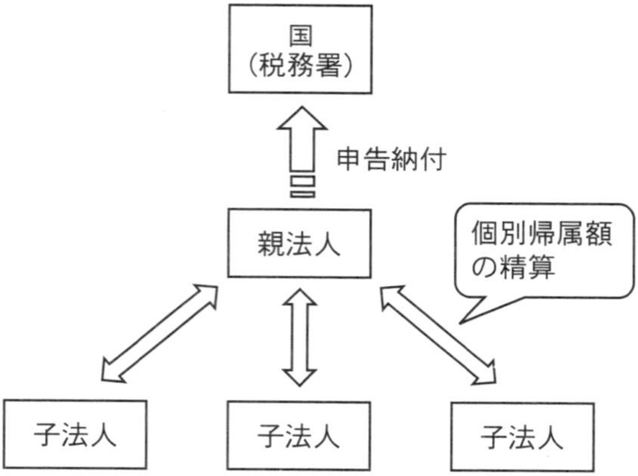


親会社は，国への納付額について未払法人税等を認識するとともに，各子法人の負担分について，未収金・未払金を認識する。

子法人は未払法人税等ではなく，親会社に対する未収金・未払金を計上することとなる。

### ②　個別帰属額の計算

**a）　所得がある場合**

| |
|---|
| 個別所得金額×法人税率＋加算調整項目－減算調整項目 |

### b）欠損がある場合

| |
|---|
| 個別欠損金額×法人税率－減算調整項目 |

※　加算調整項目：連結特定同族会社の特別税率のうち自社帰属分
　　減算調整項目：所得税額控除，外国税額控除，連結欠損金の繰戻還付のうち自社帰属分

## ③　計　算　例

親法人資本金：３億円

| | 親　法　人 | 子法人１ | 子法人２ | 合　　計 |
|---|---|---|---|---|
| 個別所得 | 300 | －100 | 200 | 400 |
| ×税率 | 90 | －30 | 60 | 120 |
| 所得税控除 | 10 | 5 | 0 | 15 |
| 外国税控除 | 0 | 0 | 10 | 10 |
| 個別帰属額 | 80 | －35 | 50 | 95 |

上記の場合，

　親法人が納付すべき連結法人税：95

　親法人が子法人１に支払うべき子法人１の個別帰属額：35

　親法人が子法人２から徴収すべき子法人２の個別帰属額：50

となる。

# 5　連結納税の開始

## （1）　連結納税の承認の申請

連結納税の承認申請は，下記の①によることが原則であるが，新たに連結親法人となる内国法人を設立して，設立の日の属する事業年度又はその事業年度の翌事業年度から連結納税を適用しようとする場合のために，その申請書類の提出期限について②の特例が設けられている。

平成22年税制改正により，納税者が中間決算の業績等を参考にして連結納税の有利不利の判断を行ったうえで，申請するかどうかの判断ができるように連結納税の承認申請書の提出期限の短縮が図られた。

### ①　承認申請の方法（原則）

内国法人及びその内国法人との間にその内国法人による完全支配関係がある他の内国法人は，連結納税の承認を受けようとする場合には，その承認を受けて各連結事業年度の連結所得に対する法人税を納める最初の連結事業年度としようとする期間の開始の日の３月前の日（改正前は６月前の日）までに，これらの法人の全ての連名で，承認申請書を連結親法人の納税地の所轄税務署長を経由して，国税庁長官に提出しなければならない（法法４の３①）。

連結納税制度を選択するか否かは法人の任意であるが，選択した場合は毎期継続適用しなければならず，原則として取り止めることはできない。連結納税制度の適用の取止めは，やむを得ない事由がある場合に限定され，事前に国税庁長官の承認を受けるものとされている（法法４の５③）。

なお，承認申請書を提出した場合，連結納税を開始しようとする期間の開始の日の前日までにその申請につき承認又は却下の処分がなかったときは，連結納税の対象法人全てについて，その開始の日において承認があったものとみなされる（法法４の３④）。

### ②　設立事業年度等の承認申請特例

連結親法人が新設された場合において，設立事業年度又は設立事業年度の翌事業年度から連結納税を開始する場合には，下記の申請期限の特例が設けられている。

ａ）連結親法人の設立の日の属する事業年度（設立事業年度）を最初の連結事業年度とする場合は以下のいずれか早い日が申請期限となる。

・　設立事業年度開始の日から１月を経過する日

・　設立事業年度終了の日から２月前の日（改正前は５月前の日）

ｂ）連結親法人の設立事業年度の翌事業年度を最初の連結事業年度とする場合は，以下のいずれか早い日が申請期限となる。

・　設立事業年度終了の日

・　設立事業年度の翌事業年度終了の日から２月前の日（改正前は５月前の日）

| 適用予定時期 | | 承認書類提出時期 |
|---|---|---|
| 原　　　則 | 通常の場合 | 適用事業年度開始の日の前日から起算して３ヶ月前の日 |
| 設立事業年度の特例 | 親会社の設立第１期から適用 | 設立後１ヶ月を経過する日と設立事業年度終了の日から起算して２ヶ月前の日とのいずれか早い日 |
| | 親会社の設立第２期から適用 | 設立事業年度終了の日と翌事業年度終了の日から起算して２ヶ月前の日とのいずれか早い日 |

# 6　連結事業年度

## （1）　連結納税開始の場合のみなし事業年度

連結所得の計算対象となる連結事業年度は連結親法人の事業年度の開始の日から終了の日までの期間とされている（法法15の２①）。連結親法人と事業年度が異なる連結子法人は連結納税に際して，連結親法人の事業年度に合わせた事業年度を設ける必要があり，これをみなし事業年度という。

連結納税を新たに開始する場合，連結子法人は事業年度開始の日から連結事業年度開始の日の前日までの期間をみなし事業年度として単体申告を行う必要がある（法法14①三）。例えば，連結親法人が３月決算，連結子法人が12月決算である場合，子法人は子法人の事業年度開始の日である１月１日から連結事業年度開始の日の前日である３月31日までの３ヶ月間をみなし事業年度として単体申告を行い，４月１日以降については，連結事業年度である４月１日から３月31日をみなし事業年度として連結申告を行う必要がある。

みなし事業年度を設定する場合には，１年間に２度の決算を行う必要があるため，実務上は，親法人の事業年度に合わせて子法人の事業年度を設定することが望ましいといえる。

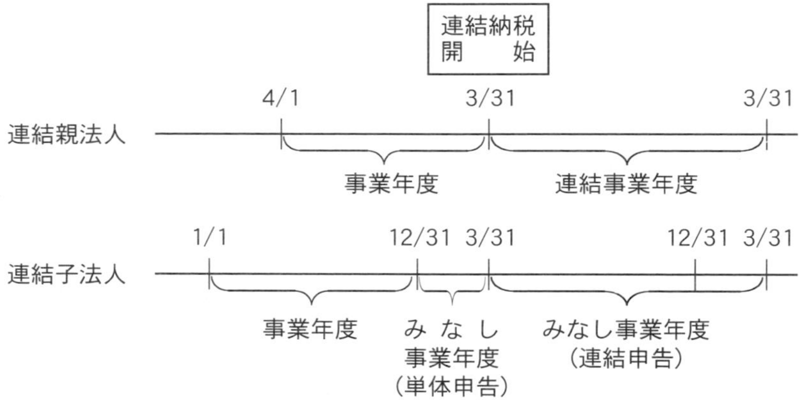

## （２）　連結納税への加入の場合のみなし事業年度

### ①　原則的取扱い

連結納税の開始後，他の内国法人が連結事業年度の途中において連結親法人との間に連結親法人による完全支配関係を有することとなった場合には，他の内国法人は完全支配関係を有することとなった日（加入日）において連結納税の承認があったものとみなされ，加入日より連結子法人としての適用を受ける（法法４の３⑩）。この場合，連結納税に新たに加入する連結子法人は，加入日の前日の属する事業年度開始の日から加入日の前日までの期間をみなし事業年度として単体申告を行い，加入日から連結親法人の事業年度終了の日までの期間をみなし事業年度として連結申告を行う必要がある（法法14①六）。

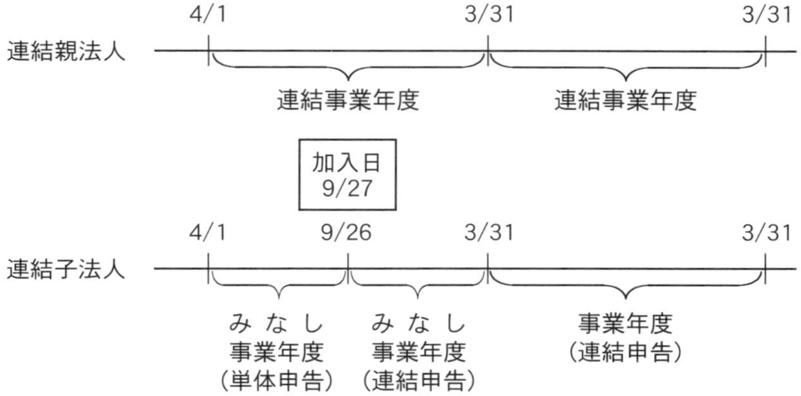


### ②　連結納税への加入の場合のみなし事業年度の特例

#### ａ）　改正の趣旨

内国法人が連結事業年度の中途において連結親法人との間に連結親法人による完全支配関係を有することとなった場合には，内国法人は完全支配関係を有することとなった日（加入日）において連結納税の承認があったものとみなされ，加入日より連結子法人としての適用を受ける（法法４の３⑩）。したがって，月の途中で完全支配関係が生じた場合，その発生日の前日までの期間がみなし事業年度となるため，本来の決算や月次決算とは別に納税のために月の途中で決算を行う必要があり，多大な事務負担を要することから実務上の障害となっていた。従来においても特例制度は設けられていたが，連結事業年度末日と連結子法人となる法人の完全支配関係が生じた日及びその事業年度の末日が近くなければ利用できないといった制約があった。

そこで，事業年度の中途で連結親法人との間に完全支配関係が生じた場合の加入法人の加入時期の特例制度について，加入法人のその完全支配関係が生じた日（加入日）以降最初の月次決算日の翌日を効力発生日とすることができるようになり，既存の加入時期特例がより実態に応じた形に改組され，事務負担の軽減が図られた。

加入日が月中である場合，加入日の前日の属する事業年度に係る確定申告の提出期限日までに税務署長に特例適用の書類を提出したときには，連結子法人のみなし事業年度は，加入日の前日の属する事業年度開始の日から加入日の前日の属する月次決算期間の末日までの期間及び末日の翌日から連結事業年度終了の日までの期間になる（法法14②一）。したがって，この場合実際の加入日が９月27日であれば，みなし事業年度の末日は９月30日となり，10月１日より連結納税に参加することになる。

また，株式購入により完全支配関係を有することになる場合について，加入日の改正が行われているので留意が必要である。すなわち，従来，株式の購入の場合は，当該購入に係る契約の成立した日が加入日とされていたが，改正後は株主権が行使できる状態になる株式の引渡しが行われた日となる。

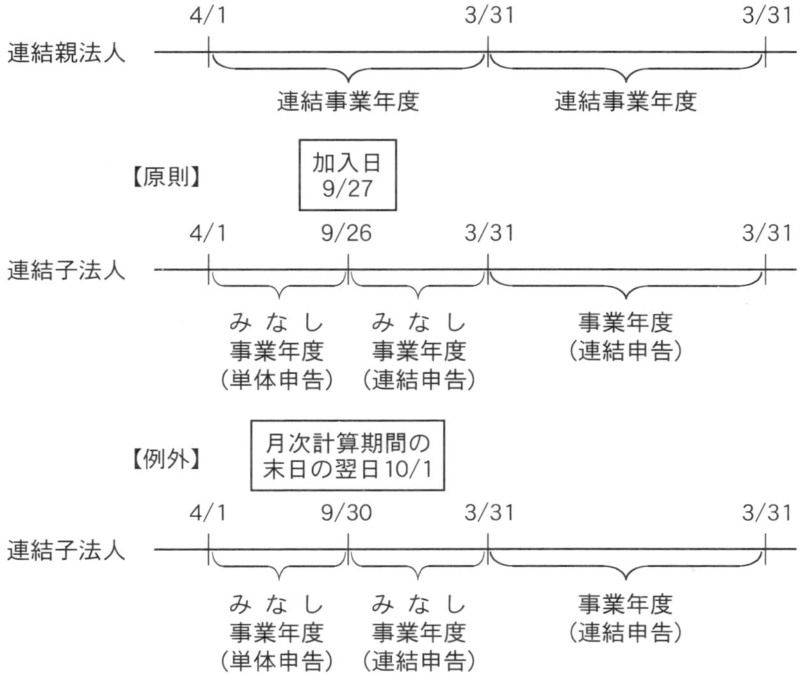


### b）　加入法人のみなし事業年度の特例

連結親法人事業年度の中途において連結親法人との間に完全支配関係を有することとなった他の内国法人（連結子法人となる法人）のみなし事業年度の終了の日を加入日の前日の属する月次決算期間の末日とすることができる。

具体的には，他の内国法人（連結子法人となる法人）が，連結親法人又は設立事業年度等の承認申請特例の適用を受けて連結納税の承認申請書を提出した内国法人との間にこれらの法人による完全支配関係を有することとなった場合（同時に他の連結グループを離脱する場合を除く。）には，次のとおりのみなし事業年度とすることができることとされた（法法14②）。

（ア）　加入日から加入日の前日の属する月次決算期間の末日まで継続して当該他の内国法人と連結親法人との間にその連結親法人による完全支配関係がある場合

・　加入日の前日の属する事業年度開始の日から加入日の前日の属する月次決算期間の末日までの期間

・　加入日の前日の属する月次決算期間の末日の翌日から当該翌日の属する連結親法人事業年度終了の日までの期間

（注）　この場合には，月次決算期間の末日の翌日が，連結納税の承認の効力発生日及び最初連結事業年度開始の日となる（法法４の３⑩，15の２②）。

（イ）　設立事業年度等の承認申請特例の適用を受けて連結納税の承認申請書を提出した内国法人との間に完全支配関係を有することとなった日（加入日）から加入日の前日の属する月次決算期間の末日まで継続して当該他の内国法人とその内国法人との間にその内国法人による完全支配関係がある場合において，その内国法人が連結納税の承認を受けたとき

・　加入日の前日の属する事業年度開始の日から加入日の前日の属する月次決算期間の末日までの期間

・　加入日の前日の属する月次決算期間の末日の翌日から同日の属する連結申請特例年度終了の日（その月次決算期間の末日の翌日が連結申請特例年度終了の日後である場合には，その連結申請特例年度終了の日の翌日の属する連結親法人事業年度終了の日）

（注）　この場合には，月次決算期間の末日の翌日が，連結納税の承認の効力発生日及び最初連結事業年度開始の日となる（法法４の３⑪，15の２②）。ただし，時価評価法人等である場合には，連結申請特例年度終了の日の翌日と月次決算期間の末日の翌日とのうちいずれか遅い日が，連結納税の承認の効力発生日及び最初連結事業年度開始の日となる（法法４の３⑪，15の２②）。

（ウ）　設立事業年度等の承認申請特例の適用を受けて連結納税の承認申請書を提出した内国法人との間に完全支配関係を有することとなった日（加入日）から加入日の前日の属する月次決算期間の末日まで継続して当該他の内国法人とその内国法人との間にその内国法人による完全支配関係がある場合において，連結納税の承認の申請が却下されたとき

・　加入日の前日の属する事業年度開始の日から加入日の前日の属する月次決算期間の末日までの期間

・　加入日の前日の属する月次決算期間の末日の翌日から同日の属する連結申請特例年度終了の日までの期間

・　その連結申請特例年度終了の日の翌日から同日の属する事業年度終了の日までの期間（その月次決算期間の末日の翌日が連結申請特例年度終了の日後である場合には，加入日の前日の属する事業年度開始の日から加入日の前日の属する月次決算期間の末日までの期間及びその月次決算期間の末日の翌日から同日の属する事業年度終了の日までの期間）

（エ）　連結親法人又は設立事業年度等の承認申請特例の適用を受けて連結納税の承認申請書を提出した内国法人との間に完全支配関係を有することとなった日（加入日）から加入日の前日の属する月次決算期間の末日までの間に完全支配関係を有しないこととなった場合は，加入日の前日を事業年度終了の日とせず，加入日で事業年度を区切らないこととなり，また，連結納税の承認も受けないことから，連結納税への加入に伴う資産の時価評価（法法61の12）の適用もない。

**c）　月次決算期間**

月次決算期間とは，法人の会計期間をその開始の日以後１月ごとに区分した各期間をいい，最後に１月未満の期間を生じたときは，その１月未満の期間をいう。なお，合併により解散した法人は，合併の日の前日が月次決算期間の末日となる。

**d）　適 用 要 件**

特例の適用を受けるためには，連結子法人が，この特例の適用がないものとした場合に加入日の前日の属する事業年度に係る確定申告書の提出期限となる日までに，この特例の適用を受ける旨及び次の事項を記載した書類を納税地の所轄税務署長に提出する必要がある（法法14②，法規８の３の12）。

（ア）　この書類の提出をする他の内国法人の名称及び納税地並びに代表者の氏名

（イ）　（ア）の他の内国法人に係る連結親法人又は設立事業年度等の承認申請特例の適用を受けて連結納税の承認申請書を提出した内国法人の名称及

び納税地並びに代表者の氏名

（ウ）（ア）の他の内国法人の加入日

（エ）（ア）の他の内国法人の加入日の前日の属する月次決算期間の初日及び末日

（オ）その他参考となるべき事項

## （3） 連結納税取止めにおけるみなし事業年度

連結納税が取止めになる場合には以下の3つがある。

**a） 連結親法人の連結納税の承認が国税庁長官の職権によって取り消される場合（法法4の5①）**

この場合，連結親法人のみなし事業年度は連結事業年度開始の日から取消日の前日までの期間及び取消日から連結事業年度終了の日までの期間になり（法法14十七），取り消された日から単体納税に戻ることになる。

**b） 連結親法人の解散や，連結親法人が他の内国法人の100％子法人になった等，一定の場合に承認が取り消されたとみなされる場合（法法4の5②）**

それぞれの事由に応じて連結納税の承認が取り消されたとみなされる日（みなし取消日）が規定されており，みなし取消日の前後でみなし事業年度を設け，みなし取消日の前日までの事業年度について，連結申告を行い，みなし取消日以後の期間について単体申告に戻ることになる。

| 取　消　事　由 | みなし取消日 |
|---|---|
| 連結親法人と内国法人（普通法人又は協同組合等に限る。）との間に当該内国法人による完全支配関係が生じたこと | その生じた日 |
| 連結子法人がなくなったことにより，連結法人が連結親法人のみとなったこと | そのなくなった日 |
| 連結親法人の解散（合併を除く。） | その解散の日の翌日 |
| 合併による連結親法人の解散 | その合併の日 |

**c）　やむを得ない事情により国税庁長官の承認を得て連結納税を取り止める場合（法法４の５③）**

連結納税取止めの承認を受けた場合には，承認を受けた日の属する連結親法人事業年度終了日の日以後の期間について，連結納税の承認は効力を失う（法法４の５⑥）。したがって，取止めの承認を受けた日の属する連結事業年度末までは連結納税を行うこととなる。

## （４）　連結納税からの離脱の際のみなし事業年度

連結子法人が連結納税から離脱する場合には以下の２つがある。

**a）　連結子法人の連結納税の承認が国税庁長官の職権によって取り消される場合（法法４の５①）**

連結子法人のみなし事業年度は，連結事業年度開始の日から取消日の前日までの期間，取消日から連結事業年度終了の日までの期間，終了の日の翌日から翌日の属する事業年度終了の日までの期間になり（法法14十七），取消日以後の期間について，単体申告に戻ることになる。

**b）　連結子法人の解散や，連結親法人との間に連結完全支配関係を有しなくなったこと等，一定の場合に承認が取り消されたとみなされる場合（法法４の５②）**

それぞれの事由に応じて連結納税の承認が取り消されたとみなされる日（みなし取消日）が規定されており，みなし取消日の前後でみなし事業年度を設け，みなし取消日の前日までの事業年度について，連結申告を行い，みなし取消日以後の期間について単体申告に戻ることになる。

| 取　消　事　由 | みなし取消日 |
| --- | --- |
| 連結子法人の解散（合併又は破産手続開始の決定による解散に限る。）又は残余財産の確定 | その解散の日の翌日又は残余財産の確定の日の翌日（合併による解散の場合には，その合併の日） |
| 連結子法人が連結親法人との間に当該連結親法人による連結完全支配関係を有しなくなったこと | その有しなくなった日 |
| 連結親法人が公益法人等に該当することとなったこと | その該当することになった日 |
| 連結親法人と内国法人（公益法人等に限る。）との間に当該内国法人による完全支配関係がある場合において，当該内国法人が普通法人又は協同組合等に該当することとなったこと | その該当することになった日 |

なお，平成22年度税制改正により清算所得課税が廃止されたことに伴い，連結子法人の解散（合併又は破産手続開始の決定を除く。）は連結納税の離脱事由から除外された。したがって，合併又は破産手続開始決定以外の事由で解散したとしても，連結納税の承認は取り消されず残余財産の確定によって承認が取り消されることになるため，解散日の前後でみなし事業年度を設ける必要はない。

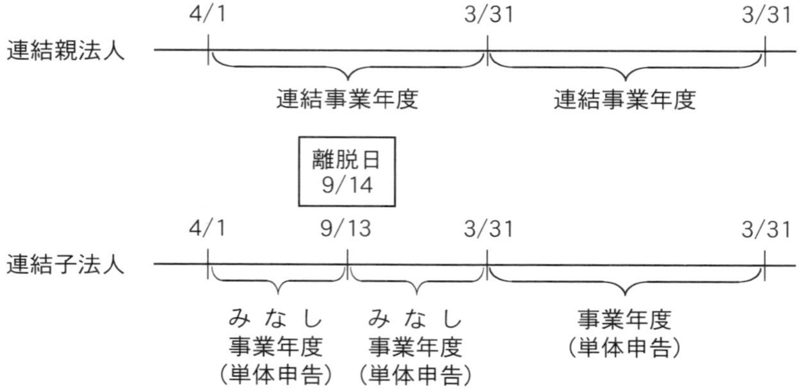

## (5)　連結法人として単体申告するみなし事業年度

### ①　連結子法人の離脱

前述のとおり，連結子法人が連結親法人との間に連結親法人による連結完全支配関係を有しなくなった場合には，その有しなくなった日（離脱日）をもって連結納税の承認が取り消されたものとみなされ（法法４の５②五），連結子法人のみなし事業年度は連結事業年度開始の日から離脱日の前日までの期間となる。

連結納税の承認は離脱日の前日までは有効であるが，当該みなし事業年度と連結事業年度が一致しないため，連結親法人と一緒に連結申告を行うことは不可能である。そこで，連結子法人が連結事業年度の途中で離脱した場合には，連結グループの一員として当該みなし事業年度について単体申告を行うことになる（法法15の２①二～四）。

なお，単体申告であるが連結納税の規定の一部が適用されることになるので留意が必要である。例えば，受取配当金の益金不算入，寄附金の損金不算入等について，連結法人としての取扱いを受けるが，あくまで単体申告であるため，連結法人との損益通算を行うことはできない。

# 7　子法人の連結納税への加入・離脱

## （1）　連結納税の開始・加入に伴う資産の時価評価損益

### ①　改正前の制度

連結子法人は，連結納税の開始又は加入する際に単体納税から連結納税に移行する。そのため，単体納税時の含み損益をいったん清算してから連結納税に加入する必要がある。したがって，法人税法は，連結納税の承認を受ける子法人のうち親法人との間に完全支配関係を有するものが連結開始又は加入直前事業年度終了のときに有する時価評価資産の評価益又は評価損は，連結開始又は加入直前事業年度の所得の金額の計算上，益金の額又は損金の額に算入することを義務付けている（法法61の11①，61の12①）。ただし，例外的に一定の要件を満たす連結子法人については，時価評価の対象外として取り扱われる。

**【時価評価対象資産】**

連結子法人が連結納税の開始又は加入に際して時価評価すべき資産は，固定資産，土地（土地の上に存する権利を含み，固定資産に該当するものを除く。），有価証券，金銭債権及び繰延資産をいい，次のものは除かれている（法令122の12①）。

イ　前５年内事業年度等において一定の圧縮記帳の規定の適用を受けた減価償却資産（法令122の12①一）

ロ　売買目的有価証券（法令122の12①二）

ハ　償還有価証券（法令122の12①三）

ニ　資産の価額とその帳簿価額との差額（含み損益）が他の内国法人の資本金等の額の２分の１に相当する金額又は1,000万円のいずれか少ない金額に満たない場合のその資産（法令122の12①四）

ホ　最初連結事業年度開始日に連結子法人が被合併法人又は分割法人とした

合併又は分割型分割が行われたことにより連結グループ外に移転する資産又は連結親法人又は連結子法人にその発行済株式又は出資を直接又は間接に保有されている他の内国法人がその合併又は分割型分割により連結親法人との間に完全支配関係を有しなくなる場合のその保有されている他の内国法人の保有する資産（法令122の12①五）。

へ　最初連結事業年度開始日に連結子法人が自己を合併法人又は分割承継法人とする合併又は分割型分割により連結親法人との間に完全支配関係を有しなくなる場合の連結子法人の保有する資産及びその合併又は分割型分割により連結子法人にその発行済株式又は出資を直接又は間接に保有されている他の内国法人が連結親法人との間に完全支配関係を有しなくなる場合のその保有されている他の内国法人の保有する資産（法令122の12①六）

棚卸資産は時価評価の対象資産から除外されている。したがって，例えば機械メーカーが販売を目的として保有する機械は固定資産ではなく棚卸資産であるため，時価評価を行う必要はない。ただし，不動産販売会社が保有する土地は棚卸資産であっても，時価評価の対象となる。また，営業権であるが営業権は固定資産に該当するため，時価評価の対象資産となる。

なお，長期割賦販売等に係る繰延長期割賦損益額及び租税特別措置法の圧縮特別勘定についても同様の措置が設けられている（法法63③，措法64の２⑩等）。

**【時価評価対象外子法人】**

支配が継続している子法人については，連結納税開始又は加入前後で経済的実態が何ら変わることがなく，また，租税回避的に連結納税制度を利用することも考えにくいことから，以下の一定の要件を満たす連結子法人については，時価評価の対象外として取り扱われる。

a）　親法人が５年(注)以内に株式移転により設立され，かつ，株式移転日より継続して完全支配関係がある完全子法人

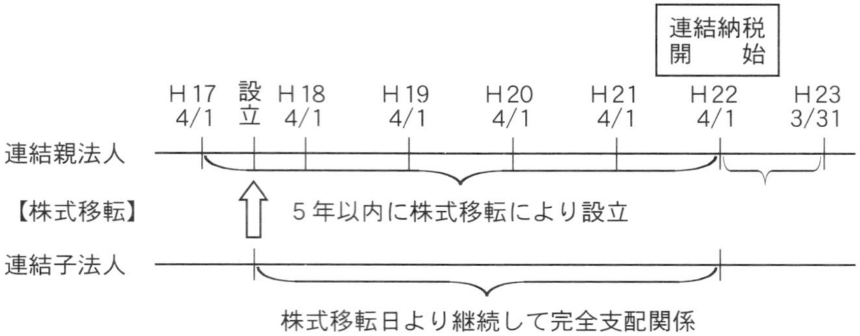


b）　５年(注)超，継続して完全子法人である法人

【５年超の長期保有】

c）　５年(注)以内に連結親法人に設立された新設完全子法人で，設立日より継続して完全支配関係にある法人

【設立時より完全支配関係】

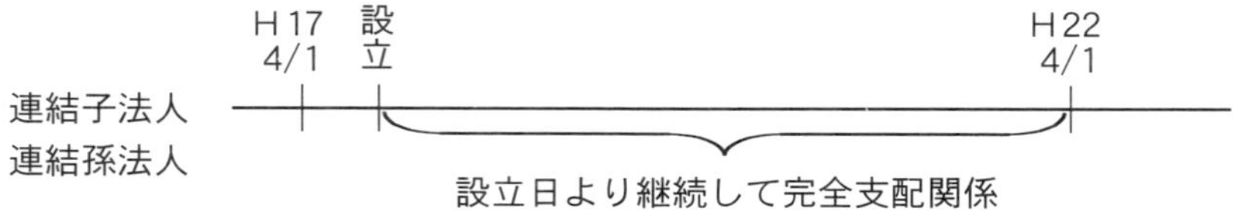

**d）　連結親法人や連結子法人により５年(注)以内に適格株式交換された株式交換完全子法人で，適格株式交換の日より継続して完全支配関係にある法人**

【適格株式交換】

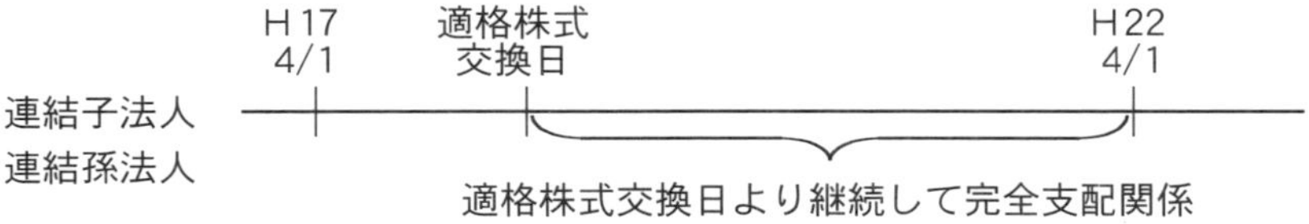


**e）　５年(注)以内に適格合併・適格株式交換・適格株式移転（適格合併等）により完全支配関係を有することになった法人（ただし，５年間若しくは設立日より継続して被合併法人等による完全支配関係のあった法人）で，当該適格合併等の日より継続して完全支配関係にある法人**

【逆さ合併等】

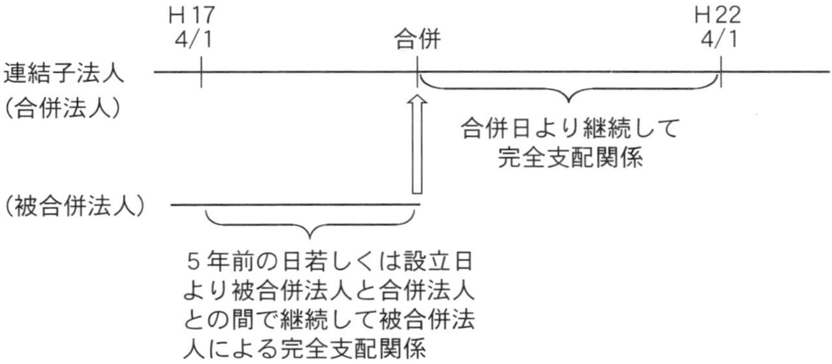


**f）　５年(注)以内に法令の規定（株式買取請求等）に基づく株式の当該法人・親法人・その100％子法人の買取りにより100％子法人となった法人**

【株式買取請求】

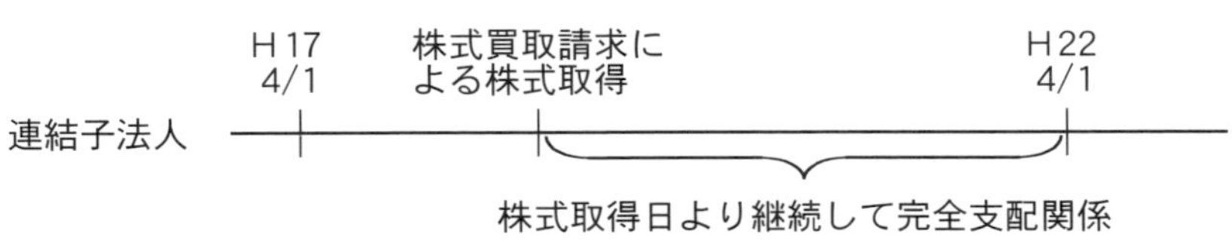

（注） 最初の連結事業年度開始の日（a～f）又は加入の日（c～f）の5年前の日から連結事業年度開始の日まで

### ② 改正の内容

連結納税の開始又は連結グループへの加入に伴う時価評価の対象となる資産等について，支配日以後2ヶ月以内に完全支配関係を有しなくなる子法人の保有する資産等が実務上の配慮から時価評価対象から除外された（法令122の12①七等）。この改正は，連結グループ内の法人がグループ外の法人と共同で出資する法人を第三者に売却する場合に株式の集約のため持株をいったん全部保有するといった事例のように，一時的に連結グループに加入するに過ぎない場合にも時価評価課税が行われて納税負担及び事務負担が生ずるといった問題点に対応するためのものものである。

ただし，2ヶ月以内であっても以下の場合は時価評価の対象となる。

ア 連結法人内の法人との合併により完全支配関係を有しなくなる場合

イ 最初連結事業年度終了の日後に完全支配関係を有しなくなる場合

これは，アの場合は連結納税から離脱したとはいえないこと，イの場合は連結グループで一度申告することとなるので通常の場合と同様に連結納税に含み損益を持ち込むことを制限する必要があるからである。

なお，支配日とは，完全支配関係を有することとなった日をいうが，加入法人のみなし事業年度の特例の適用を受ける場合には，加入日の前日の属する月次決算期間の末日の翌日をいう（法令122の12①七）。

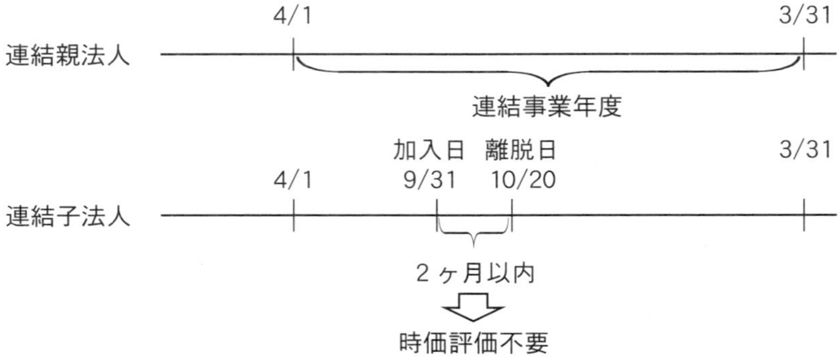

## 設例33　連結納税開始に伴う資産の時価評価

**【前提条件】**

連結納税の適用を受けている連結親法人Ｐ社はＳ社の全株式を取得し，連結子法人とした。加入日におけるＳ社の貸借対照表及び資産の内訳は下記のとおりである。

貸　借　対　照　表

| 科　目 | 金　額 | 科　目 | 金　額 |
|---|---|---|---|
| 資　産 | | 負　債 | |
| 諸資産 | 5,000 | 諸負債 | 2,000 |
| 土　地 | 1,000 | 負債合計 | 2,000 |
| 有価証券 | 500 | 純資産 | |
| | | 資本金 | 1,000 |
| | | 繰越利益剰余金 | 3,500 |
| | | 純資産合計 | 4,500 |
| 資産合計 | 6,500 | 負債・純資産合計 | 6,500 |

**Ｓ社資産の時価は土地1,200（簿価1,000），有価証券595（簿価500）である。また，営業権の時価は100（簿価ゼロ）と評価された。**

土地の内訳

| | 簿　価 | 時　価 | 含み損益 |
|---|---|---|---|
| 土　地　Ａ | 700 | 1,000 | 300 |
| 土　地　Ｂ | 300 | 200 | △100 |
| 合　計 | 1,000 | 1,200 | 200 |

**有価証券の内訳**

| | 簿　価 | 時　価 | 含み損益 |
|---|---|---|---|
| 有価証券Ａ | 400 | 500 | 100 |
| 有価証券Ｂ | 100 | 95 | △5 |
| 合　計 | 500 | 595 | 95 |

## 解説

**【会計処理】** なし

**【税務処理】**

| | | | | | |
|---|---|---|---|---|---|
| **(借)** | 土　　　　地 | 200 | **(貸)** | 評 価 損 益 | 200 |
| **(借)** | 有 価 証 券 | 100 | **(貸)** | 評 価 損 益 | 100 |
| **(借)** | 営　業　権 | 100 | **(貸)** | 評 価 損 益 | 100 |

土地の評価損益

土地A（1,000－700）＋土地B（200－300）＝200

有価証券の評価損益

有価証券Aの100のみ（有価証券Bは含み損益が10百万円未満のため，時価評価の対象外である。）

**【申告調整】**

**別表四　所得の金額の計算に関する明細書**

| 区分 | | | 総額 | 処分 | | |
|---|---|---|---|---|---|---|
| | | | | 留保 | 社外流出 | |
| | | | ① | ② | ③ | |
| 加算 | 連結納税加入に伴う資産評価損益 | | 400 | 400 | | |
| 減算 | | | | | | |

土地200＋有価証券100＋営業権100＝400

別表五(一)

Ⅰ　利益積立金額の計算に関する明細書

| 区　　分 | 期首現在利益積立金額 | 当期の増減 | | 差引翌期首現在利益積立金額 ①－②＋③ |
|---|---|---|---|---|
| | | 減 | 増 | |
| | ① | ② | ③ | ④ |
| 土　地 | | | 200 | 200 |
| 有価証券 | | | 100 | 100 |
| 営業権 | | | 100 | 100 |

## (2)　子法人の連結納税からの離脱

子法人が連結納税グループから離脱する場合としては，下記の場合がある。

### ①　国税庁長官の職権によって連結納税の承認を取り消されるケース（法法4の5①）

国税庁長官は連結法人につき下記のいずれかに該当する事実がある場合には，連結納税の承認を取り消すことができ，承認が取り消されたときは，その承認は取り消された日以後の期間について，その効力を失う（法法4の5①）。

a）連結事業年度に係る帳簿書類の備付け，記録又は保存が財務省令で定めるところに従って行われていないこと

b）連結事業年度に係る帳簿書類について国税庁長官，国税局長又は税務署長の指示に従わなかったこと

c）連結事業年度に係る帳簿書類に取引の全部又は一部を隠ぺいし又は仮装して記載し又は記録し，その他その記載又は記録をした事項の全体についてその真実性を疑うに足りる相当の理由があること

### ②　連結子法人の解散(合併又は破産手続開始の決定による解散に限る。）及び連結子法人が連結親法人による連結完全支配関係を有しなくなった場合等により連結納税の承認が取り消されたとみなされるケース（法法4の5②）

次に掲げる事実が生じた場合には，連結法人は，連結納税の承認が取り消さ

れたものとみなされ，そのみなされた日以後の期間について承認はその効力を失うものとされている（法法4の5②）。なお，清算所得課税の廃止に伴い，連結納税の承認取消し事由から，連結子法人の解散が除外されている（法法4の2②四）。したがって，連結子法人が解散したとしても連結納税から離脱しないが，破産手続開始決定による解散の場合は，従前どおり連結納税の承認取消し事由とされている。

a）連結親法人と内国法人（普通法人又は協同組合等に限る。）との間に当該内国法人による完全支配関係が生じたこと

b）連結子法人がなくなったことにより，連結法人が連結親法人のみとなったこと

c）連結子法人の解散（合併又は破産手続開始の決定による解散に限る。）又は残余財産の確定

d）連結子法人が連結親法人との間に当該連結親法人による連結完全支配関係を有しなくなったこと

e）連結親法人が公益法人等に該当することとなったこと

f）連結親法人と内国法人（公益法人等に限る。）との間に当該内国法人による完全支配関係がある場合において，当該内国法人が普通法人又は協同組合等に該当することとなったこと

# 8　連結子法人株式の帳簿価額の修正

## (1)　連結子法人株式の帳簿価額の修正の概要

連結子法人株式の帳簿価額の修正と連結個別利益積立金額の調整（投資簿価修正）は，連結法人が連結子法人の株式について譲渡を行うなどの事由が生ずることとなる場合に，その連結子法人の株式を保有する全ての連結法人が，その譲渡等の処理の前に，その連結子法人の株式についてその連結子法人の連結期間中の連結個別利益積立金額の増加額又は減少額に相当する金額の帳簿価額の修正を行うとともに，自己の連結個別利益積立金額又は利益積立金額についてその修正金額に相当する金額の増加又は減少の調整を行う（法令９①六，９の２①六，119の３⑤，119の４①）。

これは，連結子法人株式を譲渡した場合に生じる損益には，その連結子法人の損益で連結納税においてすでに課税済みのものの影響が含まれているため，二重課税の防止の観点から，連結子法人の株式の譲渡等に際しては，その株式の帳簿価額を修正することにしている。

具体的な計算方法は以下のとおりである。

$$帳簿価額修正額＝要修正額×\frac{事由が生じたときの連結子法人の保有株式数等}{事由が生じたときの連結子法人の直前の発行済株式等の総数}$$

要修正額＝当該連結子法人が連結納税に加入してから当該事由が生じる前の利益積立金の増減

## (2)　改　正　点

これについて，平成22年の税制改正により，以下の点が改正された。

①　適格現物分配制度の創設に伴い，連結法人が有する他の連結法人の株式

の投資簿価修正について，適格現物分配による連結法人の株式の譲渡は，譲渡等修正事由に該当しないこととなった（法令９②一ロ）。

② 100％グループ内法人の株式の発行法人に対する譲渡に係る譲渡損益が非計上になったことに伴い，連結法人が有する他の連結法人の株式の投資簿価修正を行うこととなる事由について，他の連結法人に法人税法第24条第１項各号に掲げる事由（みなし配当の基因となる事由）が生じたことが追加され，その場合の投資簿価修正額が，0から既修正等額を減算した金額とされた（法令９②一ホ，三ハ，四，③一）。

③ 従来清算所得に移行するため控除できない欠損金が解散の時点で確定することから，欠損金に相当する金額に調整を加えた金額を投資帳簿修正額に加算していたが，解散が連結納税の離脱事由から除外されたことに伴い，連結子法人が解散をしたことにより連結完全支配関係がなくなった場合の投資簿価修正額について，欠損金に相当する金額に調整を加えた金額を投資簿価修正額に加算する措置が廃止された。

④ 分割型分割のみなし事業年度が廃止されたこと等に伴う整備が行われた（法令９③一ロ，④）。

# 9　連結欠損金の繰越し

## (1)　改正前の制度の概要

連結欠損金とは，各連結事業年度の連結所得の金額の計算上，損金の額が益金の額を超える場合のその超える部分をいう（法法2十九の二)。

連結親法人の各連結事業年度開始の日前7年以内に開始した連結事業年度において生じた連結欠損金額がある場合には，当該連結欠損金額に相当する金額は，当該各連結事業年度の連結所得の計算上，損金の額に算入するとされている（法法81の9①)。連結欠損金の損金算入額は当該各連結事業年度の連結所得の範囲内に限定されており，連結所得を超える連結欠損金はその後の各連結事業年度の連結所得に対して繰越控除が認められる（法法81の9①)。

また，新たに連結納税を適用した場合には，連結親法人の連結納税開始前の事業年度において生じた欠損金額，株式移転に係る株式移転完全子法人であった連結子法人の連結納税開始前に生じた欠損金額又は連結欠損金個別帰属額，連結親法人を合併法人とする適格合併に係る被合併法人の適格合併の日前7年以内に生じた未処理欠損金額等については，連結欠損金とみなされ（これらをみなし連結欠損金額という。)連結事業年度開始以降も当該欠損金の繰越控除が可能とされていた。

しかし，連結納税開始前又は加入前の事業年度において生じた連結子法人の単体欠損金額については，株式移転完全子法人であった連結子法人の欠損金額のみが例外的に連結納税に持ち込むことができ，それ以外は連結納税に持ち込むことはできず，連結納税開始若しくは加入の前日までの事業年度により当該欠損金額が切り捨てられていた。

## （2） 連結子法人の連結開始前欠損金の持込緩和

### ① 概要及び趣旨

連結納税制度を利用しやすいものとするため，税制改正により今まで切り捨てられていた連結納税の開始又は加入に伴う連結子法人のその開始前又は加入前の事業年度において生じた欠損金額を繰越控除の対象に加えることになった。仕組みとしては連結子法人の欠損金額の控除は当該連結子法人の個別所得の範囲内に制限している（法法81の９）。

この場合，連結グループ外で生じた欠損金額を利用した租税回避を防止するため，連結グループ内で繰越控除の対象になる欠損金額については，特定連結子法人の欠損金額に限られることになる。

### ② 特定連結子法人

特定連結子法人は，法人税法第61条の11第１項（連結納税の開始に伴う資産の時価評価損益）又は第61条の12第１項（連結納税への加入に伴う資産の時価評価損益）に掲げる時価評価対象外子法人（法法81の９②）とされている（法法81の９②一）（時価評価対象外子法人については「７　子法人の連結納税への加入・離脱」のページ参照）。

### ③ みなし連結欠損金額

前述のように従来のみなし連結欠損金額は，連結親法人の連結納税開始前の事業年度において生じた欠損金額，株式移転に係る株式移転完全子法人であった連結子法人の連結納税開始前に生じた欠損金額又は連結欠損金個別帰属額，及び連結親法人を合併法人とする適格合併に係る被合併法人の適格合併の日前７年以内に生じた未処理欠損金額に限られていたが，今回の税制改正によりみなし連結欠損金額については以下のように拡大された（法法81の９②）。

ａ）最初連結事業年度(注１)開始の日前７年以内に開始した連結親法人の各事業年度において生じた青色欠損金額又は災害損失欠損金額（連結親法人の単体欠損金額）

ｂ）最初連結事業年度開始の日前７年以内に開始した特定連結子法人の各事業年度において生じた青色欠損金額又は災害損失欠損金額（連結子法人の

単体欠損金額）

c）　最初連結事業年度開始の日前７年以内に開始した特定連結子法人の各連結事業年度において生じた特定連結子法人の連結欠損金個別帰属額（注２）

d）連結親法人若しくは連結子法人を合併法人とし，連結親法人との間に完全支配関係がない法人を被合併法人とする適格合併が行われた場合のその被合併法人の適格合併の日前７年以内に開始した各事業年度又は各連結事業年度において生じた未処理欠損金額若しくは未処理災害損失欠損金額又は連結欠損金個別帰属額（注２）（被合併法人から引継ぎした欠損金額等）

e）連結親法人と完全支配関係がある他の内国法人で，連結親法人又は連結子法人が発行済株式等の全部又は一部を有するものの残余財産が確定した場合の当該他の内国法人の残余財産の確定の日の翌日前７年以内に開始した各事業年度又は各連結事業年度において生じた未処理欠損金額若しくは未処理災害損失金額又は連結欠損金額個別帰属額（注３）

（注１）　各連結事業年度の連結所得に対する法人税を課せられる最初の連結事業年度

（注２）　その開始の日の前日，適格合併の日の前日であるものに限られることから，この連結欠損金個別帰属額の引継ぎは，その最初連結事業年度開始の日の直前において別の連結承認を受けていた連結子法人を対象にしている。

（注３）　当該残余財産の確定の日が連結終了の日であるものに限られる。

### ④　みなし連結欠損金額の帰属連結事業年度等

みなし連結欠損金額の帰属連結事業年度については，従前は連結親法人の欠損金額，株式移転完全子法人であった連結子法人の欠損金額又は連結欠損金個別帰属額，適格合併等に係る被適格合併法人等の欠損金額又は連結欠損金個別帰属額の区分に応じて定められていた。しかし，税制改正により特定連結子法人の連結納税開始前又は加入前の欠損金又は連結欠損金個別帰属額や，連結親法人との間に完全支配関係がある他の内国法人の残余財産の確定した場合の当該他の内国法人の欠損金額がみなし連結欠損金に加わったことにより，これらも含めてみなし連結欠損金額の整備が行われている。

具体的に，みなし連結欠損金額が生じたものとされる連結事業年度は次のとおりである（法法81の９②，法令155の19①）。

**ａ）　上記③のａ）～ｃ）の欠損金額又は連結欠損金個別帰属額**

・　連結親法人の欠損金額……その欠損金額の生じた事業年度を連結事業年度とみなした場合における当該連結事業年度

・　特定連結子法人の欠損金額又は連結欠損金個別帰属額……特定連結子法人の連結親法人対応事業年度（注４）を特定連結子法人の連結事業年度とみなした場合における当該事業年度。最も古い当該開始の日が連結親法人の設立前であるときは，特定連結子法人の事業年度又は旧連結事業年度の期間を連結事業年度とみなすとされている。

（注４）　特定連結子法人の欠損金額又は連結欠損金額個別帰属額の生じた事業年度又は旧連結事業年度開始の日の属する連結親法人の事業年度に対応する期間

**【連結親法人の欠損金額】**

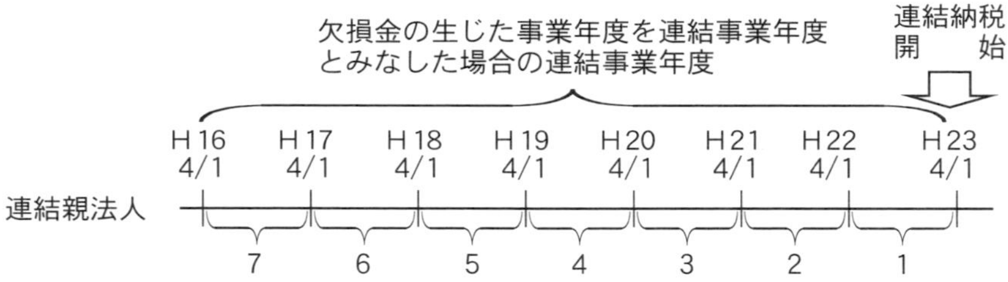

【特定連結子法人の欠損金額又は連結欠損金個別帰属額】

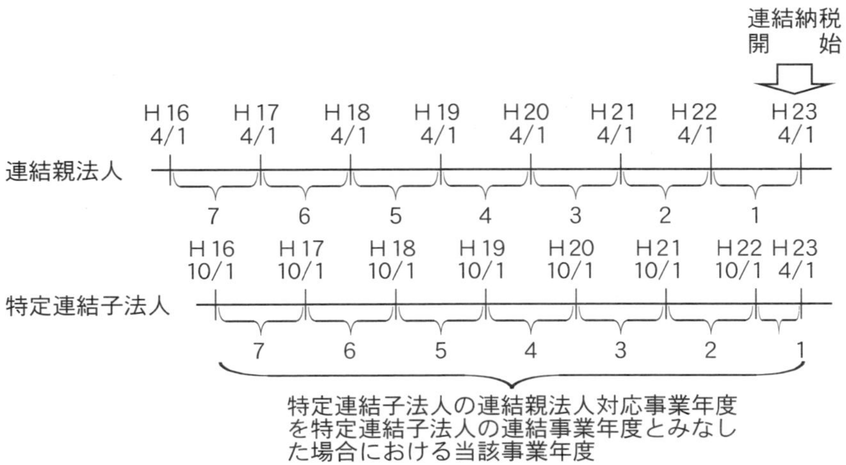

　　　　　　　　　　　　　　　　　　　　　　　　　　　　連結納税
　　　　　　　　　　　　　　　　　　　　　　　　　　　　開　　始
　　　　　　　H 16　H 17　H 18　H 19　H 20　H 21　H 22　H 23
　　　　　　　4/1　 4/1　 4/1　 4/1　 4/1　 4/1　 4/1　 4/1
連結親法人　──┼────┼────┼────┼────┼────┼────┼────┼──
　　　　　　　　 7　   6　   5　   4　   3　   2　   1

　　　　　　　　　H 16　H 17　H 18　H 19　H 20　H 21　H 22　H 23
　　　　　　　　　10/1　10/1　10/1　10/1　10/1　10/1　10/1　4/1
特定連結子法人　──┼────┼────┼────┼────┼────┼────┼───┼─
　　　　　　　　　　 7　   6　   5　   4　   3　   2　  1

　　　　　　　　　　特定連結子法人の連結親法人対応事業年度
　　　　　　　　　　を特定連結子法人の連結事業年度とみなし
　　　　　　　　　　た場合における当該事業年度

【特定連結子法人の欠損金額又は連結欠損金個別帰属額の生じた最も古い事業年度又は旧連結事業年度開始の日が連結親法人の事業年度のうち最も古い事業年度開始の日の前であるとき】

　　　　　　　　　　　　　　　　　　　　　　　　会社　　連結納税
　　　　　　　　　　　　　　　　　　　　　　　　設立　　開　　始
　　　　　　　　　　　　　　　　　　　　　　　　H22　　 H23
　　　　　　　　　　　　　　　　　　　　　　　　4/1　　 4/1
連結親法人　　　　　　　　　　　　　　　　　　──┼──────┼──
　　　　　　　　　　　　　　　　　　　　　　　　　　1

　　　　　　H 16　H 17　H 18　H 19　H 20　H 21　H 22　H 23
　　　　　　4/1　 4/1　 4/1　 4/1　 4/1　 4/1　 4/1　 4/1
連結子法人　──┼────┼────┼────┼────┼────┼────┼────┼──
　　　　　　　 7　   6　   5　   4　   3　   2　   1

　　　　　　　　特定連結子法人の事業年度又は旧連結事業
　　　　　　　　年度の期間を連結事業年度とみなす。

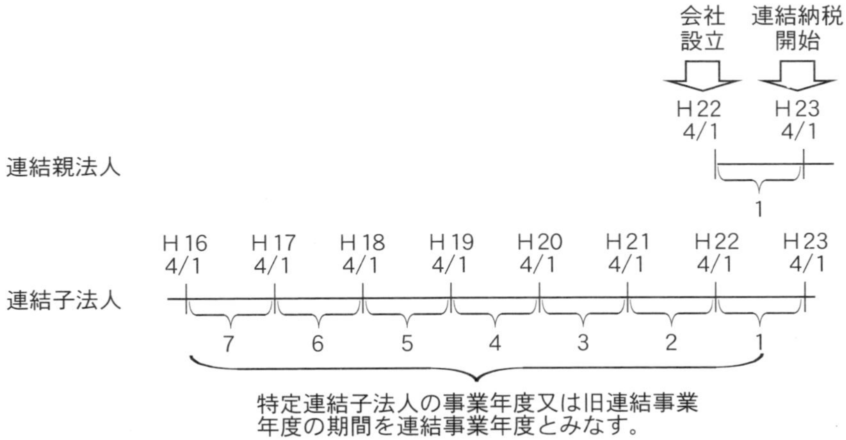

b） 上記③のｄ），ｅ）の欠損金額又は連結欠損金個別帰属額

・ 欠損金額……被合併法人又は他の内国法人の欠損金額の生じた事業年度開始の日の属する連結親法人の連結事業年度とする。

・ 特定連結欠損金個別帰属額……被合併法人又は他の内国法人の連結欠損金個別帰属額の生じた旧連結事業年度開始の日の属する連結親法人の連結事業年度とする。

ただし，下記の場合には，以下の事業年度とみなされる。

・ 連結親法人の最初連結事業年度前である場合……連結親法人対応事業年度を当該連結親法人の連結事業年度とみなした場合の当該連結事業年度（なお，最も古い当該開始の日が連結親法人の設立前であるときは，その設立までの期間は，被合併法人又は他の内国法人の事業年度又は旧連結事業年度の期間を連結親法人の連結事業年度とみなすこととされている。）

・ 当該連結親法人の適格合併の日の属する連結事業年度又は残余財産の確定の日の翌日の属する連結事業年度開始の日以後に開始した被合併法人又は他の内国法人の事業年度又は旧連結事業年度において生じた欠損金額又は連結欠損金個別帰属額の場合……適格合併の日の属する連結事業年度又は残余財産の確定の日の翌日の属する連結事業年度の前連結事業年度

### ⑤ 特定連結欠損金

今回の税制改正により，特定連結子法人の連結納税の開始又は加入前の欠損金額を連結グループに持ち込んで，連結欠損金として繰越控除することが可能になった。

ただし，これらの欠損金額については，その特定連結子法人等の個別所得金額を限度として繰越控除が認められるため，個別所得金額を限度として繰越控除ができる連結欠損金とそれ以外の連結欠損金（個別所得金額を限度としない連結欠損金額のことで以下「非特定連結欠損金額」という。）と区分する必要がある。

そこで，法人税法においては，この個別所得金額を限度として繰越控除ができる連結欠損金額を特定連結欠損金額と定義づけている。

この場合の特定連結欠損金額とは，法人税法第81条の９第２項に規定する特定連結子法人に係る欠損金額又は連結欠損金個別帰属額（上記③のｂ）～ｅ）のもの）（法法81の９③）をいい，特定連結欠損金個別帰属額とは特定連結欠損金に係る連結欠損金個別帰属額（連結欠損金額のうち各連結法人に帰せられる金額）をいう（法法81の９③⑥）。

また，従来からみなし連結欠損金額として取り扱われていた株式移転完全子法人（適格株式移転の場合に限る。）であった連結子法人の欠損金額又は連結欠損金個別帰属額は，特定連結欠損金額から除かれ，非特定連結欠損金額として取り扱われることになり，特定連結子法人の個別所得の制限を受けないことになる（法法81の９③）。

ただし，非適格株式移転である場合には，特定連結欠損金額として特定連結子法人の個別所得金額の制限を受ける。

なお，従来，みなし連結欠損金額として取り扱われていた連結親法人が引き継ぐ被合併法人等の欠損金額については，特定連結欠損金額として取り扱われるようになり，個別所得の制限を受けることになる。

### ⑥　連結欠損金の繰越控除の適用順位

連結欠損金額の繰越控除は，連結所得の金額が連結欠損金に相当する金額に満たない場合，その連結所得の金額が限度となる。そのため，当期の連結所得の金額に達するまで，連結欠損金額のうち古い連結事業年度に生じた連結欠損金額から順次繰越控除することになる。

今回の税制改正により，特定連結欠損金額と非特定連結欠損金額とに区分されたことにより，特定連結欠損金額の繰越控除の順序については，同一の事業年度において，特定連結欠損金額と非特定連結欠損金額とがある場合には，まず，特定連結欠損金額が繰越控除され，その後に非特定連結欠損金額が繰越控除される（法法81の９①）。

したがって，繰越連結欠損金額が２年以上の連結事業年度において生じたものからなる場合には，最も古い連結事業年度において生じたものから順に控除し，次に同一の連結事業年度において特定連結欠損金額と非特定連結欠損金額がある場合には，まず特定連結欠損金額についてその特定連結子法人の個別所得金額を限度に繰越控除し，その後に非連結欠損金額について連結所得の金額の残額を限度に繰越控除することになる。

## (3) 連結欠損金額の限度超過額の計算

連結子法人の連結開始前欠損金の持込緩和により改正法人税法においては，連結欠損金額のうち当期において繰越控除ができない限度超過額の規定が以下のように改正されている（法法81の9①）。

### ① 連結欠損金に特定連結欠損金が含まれる場合

次に掲げる金額の合計額

| |
|---|
| a） 各連結法人の特定連結欠損金個別帰属額が控除対象個別所得金額を超える部分の金額の合計額 |

この場合の控除対象個別所得金額とは，連結欠損金個別帰属額の当期控除額や残余財産の確定の日の属する事業税の損金算入を控除する前の個別所得金額をいい，特定連結欠損金個別帰属額の生じた連結事業年度前の連結事業年度において生じた連結欠損金額に相当する金額で当該各連結事業年度の連結所得の金額の計算上損金の額に算入されるもののうち当該連結法人に帰せられる金額がある場合には，当該帰せられる金額に相当する金額を控除した金額をさす。

| |
|---|
| b） 連結欠損金額から特定連結欠損金額を控除した金額【控除対象額】が控除前連結所得金額から各連結法人の特定連結欠損金個別控除額（特定連結欠損金個別帰属額と控除対象個別所得金額のいずれか少ない金額）の合計額を控除した金額【控除限度額】を超える部分の金額 |

この場合の控除前連結所得金額とは，連結欠損金等の当期控除額や残余財産の確定の日の属する連結事業年度に係る事業税の損金算入額を控除する前の連結所得金額をいう。

### ②　連結欠損金に特定連結欠損金が含まれない場合

| |
|---|
| 連結欠損金額が控除前連結所得金額を超える場合のその超える部分の金額が限度超過額になる。 |

### ③　連結欠損金に係る限度超過額

①と②とを比較し，限度超過額が①に満たない場合には，②が限度超過額になる。

## (4)　連結欠損金当期控除額の個別帰属額の計算

連結欠損金個別帰属額とは，連結欠損金額のうち各連結法人に帰せられる金額をいい（法法81の９⑥），連結欠損金額のうち繰越控除する金額（以下「連結欠損金繰越控除額」という。）がある場合には，その連結欠損金繰越控除額の各連結法人に帰せられる金額を各連結法人の連結欠損金個別帰属額から控除することになる。

従来は，連結欠損金繰越控除額の各連結法人に帰せられる金額は連結欠損金個別帰属額のうち各連結法人の連結欠損金個別帰属額の占める割合により按分することとされてきた。

しかし，税制改正により特定連結欠損金額と非特定連結欠損金額とでは計算方法が異なるため，連結欠損金個別控除額のうち各連結法人に帰せられる額は，以下のように連結欠損金をその生じた連結事業年度ごとに区分した後のそれぞれの連結欠損金額に係る限度額の合計額に改められた（法令155の21③）。

### ①　その連結欠損金額のうち特定連結欠損金額が含まれる場合

#### a）　特定連結欠損金当期控除額の個別帰属額

| |
|---|
| ・　特定連結欠損金個別帰属額と連結法人の控除対象個別所得額のいずれか少ない金額の合計額<br>・　(３)①の超過額が(３)②の超過額に満たない場合には，<br>$\text{連結欠損金額に係る連結欠損金繰越控除額} \times \dfrac{\text{いずれか少ない金額}}{\text{いずれか少ない金額の合計額}}$ |

b）　非特定連結欠損金当期控除額の個別帰属額

$$\left(\text{連結欠損金繰越控除額} - \text{各連結法人の特定連結欠損金繰越控除額}\right) \times \frac{\text{各連結法人の控除前非特定連結欠損金個別帰属額}}{\text{各連結法人の控除前非特定連結欠損金個別帰属額の合計}}$$

②　連結欠損金額のうちに特定連結欠損金額が含まれていない場合

$$\text{連結欠損金繰越控除額} \times \frac{\text{各連結法人の連結欠損金個別帰属額}}{\text{各連結法人の連結欠損金個別帰属額の合計}}$$

**設例34**　連結欠損金等の損金算入に関する取扱い

【前提条件】

・　連結親法人Ｐ社，連結子法人Ｓ１社，Ｓ２社，Ｓ３社の４社は当期より連結納税を行っている。

・　Ｓ１社，Ｓ２社，Ｓ３社の欠損金は連結納税加入前に生じた特定連結欠損金である。

・　控除前連結所得金額及び前々事業年度（×１），前事業年度（×２）より繰り越された欠損金は以下のとおりである。

| 連結法人 | 個別所得金額(×３) | 欠損金（×１） | 欠損金（×２） |
|---|---|---|---|
| Ｐ　　社 | 12,000 | 15,000 | |
| Ｓ１社 | 13,000 | 15,000 | |
| Ｓ２社 | 41,000 | 6,000 | 11,000 |
| Ｓ３社 | △23,000 | 0 | 10,000 |
| 合　　計 | 43,000 | 36,000 | 21,000 |

・　Ｐ社は資本金１億円超の大法人である。

## 解説

### 1)　連結欠損金に係る限度超過額の計算

連結欠損金に係る限度超過額計算は，繰越連結欠損金額が２年以上の連結事業年度において生じたものからなる場合には，最も古い連結事業年度において生じたものから順に控除し，次に同一の連結事業年度において特定連結欠損金額と非特定連結欠損金額がある場合には，まず特定連結欠損金額についてその特定連結子法人の個別所得金額を限度に繰越控除し，その後に非連結欠損金額について連結所得の金額の残額を限度に繰越控除することになる。

**【２年前（×１)】**

**①　特定連結欠損金**

| | 1 | 2 | 3 | 4 |
|---|---|---|---|---|
| 連結法人 | 控除対象個別所得金額 | 特定連結欠損金個別帰属額 | 特定連結欠損金個別控除額（１と２のいずれか少ない方） | 限度超過額（２－３） |
| Ｓ１社 | 13,000 | 15,000 | 13,000 | 2,000 |
| Ｓ２社 | 41,000 | 6,000 | 6,000 | 0 |
| 合計 | 54,000 | 21,000 | 19,000 | 2,000 |

Ｓ１社においては控除対象個別所得金額13,000の方が，特定連結欠損金個別帰属額15,000より少ないため，13,000が特定連結欠損金個別控除額になる。

Ｓ２社においては控除対象個別所得金額41,000より特定連結欠損金個別帰属額6,000の方が少ないため6,000が特定連結欠損金個別控除額になる。

したがって，連結欠損金に係る限度超過額は2,000になる。

**②　非特定連結欠損金**

・　連結欠損金額から特定連結欠損金額を控除した金額【控除対象額】
　36,000－(15,000＋6,000)＝15,000

・　控除前連結所得金額から各連結法人の特定連結欠損金個別控除額（特定

連結欠損金個別帰属額と控除対象個別所得金額のいずれか少ない金額）の合計額を控除した金額【控除限度額】

43,000－(13,000＋6,000)＝24,000

・【控除対象額】が【控除限度額】を超える部分の金額

15,000＜24,000なので限度超過額はない。

③ **連結欠損金に特定連結欠損金が含まれない場合**

連結所得43,000＞連結欠損金36,000なので，限度超過額はない。

④ **連結欠損金に係る繰越限度超過額**

繰越限度超過額はＳ１社の2,000となる。

**【１年前（×２)】**

① **特定連結欠損金**

| | 1 | 2 | 3 | 4 |
|---|---|---|---|---|
| 連結法人 | 控除対象個別所得金額 | 特定連結欠損金個別帰属額 | 特定連結欠損金個別控除額（1と2のいずれか少ない方） | 限度超過額（2－3） |
| Ｓ２社 | 35,000 | 11,000 | 11,000 | 0 |
| Ｓ１社 | △23,000 | 10,000 | 0 | 10,000 |
| 合計 | 12,000 | 21,000 | 11,000 | 10,000 |

この場合，Ｓ２社控除対象個別帰属額は，×１年に生じた連結欠損金に相当する額で，損金算入されるもののうち，Ｓ１社に帰せられる金額6,000を控除した額の35,000（＝41,000－6,000）になる。

② **非特定連結欠損金**

なし

③ **連結欠損金に特定連結欠損金が含まれない場合の計算**

控除前連結所得金額が連結欠損金額に満たない金額

(36,000＋21,000)－43,000＝14,000が限度超過額になる。

### ④　連結欠損金に係る繰越限度超過額

①と②の合計額10,000より③の金額14,000が多いため，連結欠損金に係る繰越限度超過額は14,000になる。したがって，連結欠損金額に係る連結欠損金繰越控除額は21,000－14,000＝7,000となる。

### 2）　連結欠損金個別帰属額の計算

**【2年前】**

特定連結欠損金当期控除額の個別帰属額

S 1 社13,000，S 2 社6,000

非特定連結欠損金当期控除額の個別帰属額

P社 $(34,000-(13,000+6,000))\times\frac{15,000}{15,000}=15,000$

**【1年前】**

特定連結欠損金当期控除額の個別帰属額

①と②の合計額10,000が③の金額14,000に満たないため，S 2 の特定連結欠損金の個別帰属額は，$7,000\times\frac{11,000}{11,000}=7,000$となる。

したがって，特定連結欠損金当期控除額の個別帰属額は，

S 1 社13,000，S 2 社6,000＋7,000＝13,000

非特定連結欠損金当期控除額の個別帰属額は，

P社15,000となる。

### 3）　連結所得金額

| | 1 | 2 | 3 | 4 |
|---|---|---|---|---|
| 連結法人 | 控除前連結所得金額 | 連結欠損金当期控除額 | 連結所得金額 | 繰越連結欠損金額 |
| P　社 | 12,000 | 15,000 | △3,000 | 0 |
| S 1 社 | 13,000 | 13,000 | 0 | 2,000 |
| S 2 社 | 41,000 | 13,000 | 28,000 | 4,000 |
| S 3 社 | △23,000 | 0 | △23,000 | 10,000 |
| 連　結 | 43,000 | 41,000 | 2,000 | 16,000 |

## 4） 別表記載例

別表の記載例は以下のとおりである。

### 別表七の二（連結欠損金等の損金算入に関する明細書）

| 連結事業年度 | 控除未済連結欠損金額 | (1)のうち特定連結欠損金額 | 当期控除額 | (3)のうち特定連結欠損金額 | 翌期繰越額 | (5)のうち特定連結欠損金額 |
|---|---|---|---|---|---|---|
| | 1 | 2 | 3 | 4 | 5 | 6 |
| × 1 | 36,000 | 21,000 | 34,000 | 19,000 | 2,000 | 2,000 |
| × 2 | 21,000 | 21,000 | 7,000 | 7,000 | 14,000 | 14,000 |
| 合計 | 57,000 | 42,000 | 41,000 | 26,000 | 16,000 | 16,000 |

### 別表七の二付表一（連結欠損金当期控除額及び連結欠損金個別帰属額の計算に関する明細書）

| 連結欠損金当期控除額の計算 | | | | | | |
|---|---|---|---|---|---|---|
| 発生連結事業年度 | 控除未済連結欠損金額 | 特定連結欠損金当期控除額 | | 非特定連結欠損金当期控除額 | | 連結欠損金当期控除額 |
| | | うち特定連結欠損金分 | 当期控除額 | うち非特定連結欠損金分 | 当期控除額 | |
| | 1 | 2 | 3 | 4 | 5 | 6 |
| × 1 | 36,000 | 21,000 | 19,000 | 15,000 | 15,000 | 34,000 |
| × 2 | 21,000 | 21,000 | 7,000 | 0 | 0 | 7,000 |
| 合計 | 57,000 | 42,000 | 26,000 | 15,000 | 15,000 | 41,000 |

| 連結法人名 | P社 | | | | | |
|---|---|---|---|---|---|---|
| 発生連結事業年度 | 控除未済連結欠損金個別帰属額 | 特定連結欠損金個別帰属額の計算 | | | | |
| | | うち特定連結欠損金に係る控除未済額の個別帰属額 | 調整前当期控除額 | 各連結法人の調整前当期控除額の合計額 | 特定連結欠損金当期控除額の個別帰属額 | 特定連結欠損金個別帰属額の翌期繰越額 |
| | 7 | 8 | 9 | 10 | 11 | 12 |
| × 1 | 15,000 | | 0 | 0 | 0 | 0 |
| × 2 | 0 | | 0 | 0 | 0 | |
| 合計 | 15,000 | 0 | 0 | 0 | 0 | 0 |

| 連結法人名 | S1社 | | | | | |
|---|---|---|---|---|---|---|
| 発生連結事業年度 | 7 | 8 | 9 | 10 | 11 | 12 |
| × 1 | 15,000 | 15,000 | 13,000 | 19,000 | 13,000 | 2,000 |
| × 2 | 0 | 0 | 0 | 0 | 0 | 0 |
| 合計 | 15,000 | 15,000 | 13,000 | 19,000 | 13,000 | 2,000 |

| 連結法人名 | S　2　社 | | | | | |
|---|---|---|---|---|---|---|
| 発生連結事業年度 | 7 | 8 | 9 | 10 | 11 | 12 |
| ×　1 | 6,000 | 6,000 | 6,000 | 19,000 | 6,000 | 0 |
| ×　2 | 11,000 | 11,000 | 11,000 | 11,000 | 7,000 | 4,000 |
| 合　計 | 17,000 | 17,000 | 17,000 | 30,000 | 13,000 | 4,000 |

| 連結法人名 | S　3　社 | | | | | |
|---|---|---|---|---|---|---|
| 発生連結事業年度 | 7 | 8 | 9 | 10 | 11 | 12 |
| ×　1 | 0 | 0 | 0 | 0 | 0 | 0 |
| ×　2 | 10,000 | 10,000 | 0 | 0 | 0 | 10,000 |
| 合　計 | 10,000 | 10,000 | 0 | 0 | 0 | 10,000 |

| 連結法人名 | P　社 | | | | | |
|---|---|---|---|---|---|---|
| 発生連結事業年度 | 非特定連結欠損金個別帰属額の計算 | | | | 連結欠損金当期控除額の個別帰属額 | 連結欠損金個別帰属額の翌期繰越額 |
| | (7)のうち非特定連結欠損金に係る控除未済額の個別帰属額 | 各連結法人の非特定連結欠損金に係る控除未済額の個別帰属額の合計 | 非特定連結欠損金の当期控除額の個別帰属額 | 非特定連結欠損金個別帰属額の翌期繰越額 | | |
| | 13 | 14 | 15 | 16 | 17 | 18 |
| ×　1 | 15,000 | 15,000 | 15,000 | 0 | 15,000 | 0 |
| ×　2 | 0 | 0 | 0 | 0 | 0 | 0 |
| 合　計 | 15,000 | 15,000 | 15,000 | 0 | 15,000 | 0 |

| 連結法人名 | S　1　社 | | | | | |
|---|---|---|---|---|---|---|
| | 13 | 14 | 15 | 16 | 17 | 18 |
| ×　1 | 0 | 0 | 0 | 0 | 13,000 | 2,000 |
| ×　2 | 0 | 0 | 0 | 0 | 0 | 0 |
| 合　計 | 0 | 0 | 0 | 0 | 13,000 | 2,000 |

| 連結法人名 | S　2　社 | | | | | |
|---|---|---|---|---|---|---|
| | 13 | 14 | 15 | 16 | 17 | 18 |
| ×　1 | 0 | 0 | 0 | 0 | 6,000 | 0 |
| ×　2 | 0 | 0 | 0 | 0 | 7,000 | 4,000 |
| 合　計 | 0 | 0 | 0 | 0 | 13,000 | 4,000 |

| 連結法人名 | S　3　社 | | | | | |
|---|---|---|---|---|---|---|
| | 13 | 14 | 15 | 16 | 17 | 18 |
| ×　1 | 0 | 0 | 0 | 0 | 0 | 0 |
| ×　2 | 0 | 0 | 0 | 0 | 0 | 10,000 |
| 合　計 | 0 | 0 | 0 | 0 | 0 | 10,000 |

# 参考文献


・『法人税法の改正』財務省

・『平成22年度税制改正に係る法人税質疑応答事例（グループ法人税制関係）』国税庁ＨＰより

・『平成22年版　法人税の重要計算』税務弘報　2010年10月臨時増刊号，中央経済社

・『平成22年版　図解グループ法人課税』中村慈美（著），大蔵財務協会

・『平成22年版　図解　法人税』山口秀巳（編），大蔵財務協会

・『グループ法人税制と申告調整実務』諸星健司（著），税務研究会出版局

・『新しいグループ企業の税制と実務対応』ＭＩＤストラクチャーズ（著），緑川正博（編集），阿部泰久（編集），新日本法規出版

・『経営戦略としての自己株式の活用』平石孝行（著），加藤幸人（著），六法出版社

・『「純資産の部」完全解説』太田達也（著），税務研究会出版局

・『資本・株式の会計・税務』三宅茂久（著），中央経済社

・『「解散・清算の実務」完全解説』太田達也（著），税務研究会出版局

・『詳解　連結納税Ｑ＆Ａ』税理士法人トーマツ　稲見誠一，大野久子（監修），清文社

・『解説とＱ＆Ａによる法的・私的整理における債権者・債務者の税務』中村慈美（著），大蔵財務協会

・『新しい「グループ法人税制」の仕組みと実務』上西左大信（著），税務研究会出版局

・『組織再編成の税務調整ガイド』木村一夫（著），中央経済社

・『会社税務マニュアルシリーズ３　合併・分割』寺西尚人（著），ぎょうせい

・『企業再生の会計と税務』税理士法人山田＆パートナーズ（編集），金融財政事情研究会

・『M＆A組織再編の実務―手続・人事労務・会計・税務・事例研究』日本公認会計士協会東京会（編集），清文社

# 索　　引

## 事務所紹介

**辻・本郷税理士法人**

平成14年４月設立。東京新宿に本部を置き，青森，八戸，盛岡，秋田，仙台，館林，横浜，小田原，伊東，名古屋，大阪，福岡に支部がある。全体のスタッフ数は450名（関連グループ会社を含む）のうち公認会計士・税理士が150名（試験合格者を含む)。税務コンサルティング，相続，事業承継，Ｍ＆Ａ，企業再生，医療，公益法人，移転価格，国際税務など各税務分野別に専門特化したプロ集団。弁護士，不動産鑑定士，司法書士との連携により顧客の立場に立ったワンストップサービスとあらゆるニーズに応える総合力に定評がある。

住所：〒163－0631　東京都新宿区西新宿１－25－１　新宿センタービル31Ｆ

電話：03－5323－3301(代)　　ＦＡＸ：03－5323－3302

URL:http://www.ht-tax.or.jp/

## 監修者紹介

**本郷　孔洋**（ほんごう　よしひろ）

公認会計士・税理士

昭和20年岩手県生まれ。昭和44年，早稲田大学第一政経学部卒業。昭和47年，早稲田大学大学院商学研究科修士課程修了。同年，昭和監査法人入所（現，新日本有限責任監査法人)。昭和50年，公認会計士登録。昭和52年，本郷公認会計士事務所開設。昭和60年，神奈川大学講師。

平成14年，辻・本郷税理士法人理事長就任。平成17年，東京理科大学講師。平成20年，東京大学講師。平成21年，環境省中央環境審議会専門委員。著書に『営業利益２割の経営』『稼げる税理士になる方法』他多数

## 編著者紹介

**吉田　博之**（よしだ　ひろゆき）

公認会計士

昭和43年神奈川県生まれ。平成５年，関西大学商学部卒業。平成６年，監査法人誠和会計事務所入所（現 有限責任監査法人トーマツ)。平成10年，公認会計士登録。

平成16年，辻・本郷税理士法人入所。現在Ｍ＆Ａ・事業再編部統括部長。組織再編・事業再生コンサル業務を主に担当。著書には『中小企業・オーナー企業のためのグループ法人税制実務Ｑ＆Ａ』(税務経理協会)，共著に『小さな会社の新会社法100％活用術』(実業之日本社)，『一番よくわかる会社の設立と運営』(西東社）がある。

## 執筆協力者一覧


**佐々木洋子**（ささき　ようこ）
税理士　M＆A・事業再編部　部長兼伊東支部所長

**小尾太志**（こお　ふとし）
公認会計士　M＆A･事業再編部　部長

**大沼　蔵人**（おおぬま　くらひと）
税理士　福岡支部　所長

**須田　一英**（すだ　かずひで）
M＆A・事業再編部　課長

**村崎　一貴**（むらざき　かずたか）
M＆A・事業再編部　課長

**宮岡　秀峰**（みやおか　しゅうほう）
公認会計士　M＆A・事業再編部

**野澤　和也**（のざわ　かずや）
M＆A・事業再編部

**佐藤　正太**（さとう　しょうた）
M＆A・事業再編部

**飯塚　啓至**（いいづか　ひろのり）
税理士　八戸支部　所長

**齊藤　泰彰**（さいとう　ひろあき）
公認会計士　M＆A･事業再編部　課長

**土橋　道章**（どばし　みちあき）
M＆A・事業再編部　課長

**磯崎嘉平太**（いそざき　かへいた）
税理士　M＆A・事業再編部

**前澤　秀行**（まえざわ　ひでゆき）
M＆A・事業再編部

**川嶋　克彦**（かわしま　よしひこ）
M＆A・事業再編部

監修者との契約により検印省略

平成23年8月1日　初　版　発　行

設例による
グループ法人税制完全解説

| | |
|---|---|
| 監　修　者 | 辻・本郷税理士法人<br>本　郷　孔　洋 |
| 編　著　者 | 吉　田　博　之 |
| 発　行　者 | 大　坪　嘉　春 |
| 印　刷　所 | 税経印刷株式会社 |
| 製　本　所 | 牧製本印刷株式会社 |

発行所　東京都新宿区 下落合2丁目5番13号　株式会社　税務経理協会

郵便番号 161−0033　振替 00190−2−187408　電話(03)3953−3301(編集部)
FAX(03)3565−3391　(03)3953−3325(営業部)
URL http://www.zeikei.co.jp/
乱丁・落丁の場合はお取替えいたします。



ISBN978−4−419−05607−0　C3032